Nancy

Avant et Après 1830

Nancy. — Imp. A. Crépin-Leblond, 21, rue Saint-Dizier.

STANISLAS THOMAS

MEMBRE DE LA SOCIÉTÉ D'ARCHÉOLOGIE

ÉTUDES RÉTROSPECTIVES

NANCY

AVANT, APRÈS

1880

Nancy avant et après 1830

Stanislas THOMAS
Membre de la Société d'Archéologie Lorraine.

A MA VILLE NATALE

A MES PARENTS BIEN AIMÉS, A MES AMIS

A LA MÉMOIRE VÉNÉRÉE DE

MONSIEUR JULES-FRANÇOIS GOÜY

Ancien Magistrat, Doyen et Membre titulaire de l'Académie de Stanislas
Décédé à Nancy le 12 février 1892

SOUVENIR DE RESPECTUEUSE RECONNAISSANCE

PRÉFACE

Depuis un certain nombre d'années, j'ai recueilli un assez grand nombre de notes et de documents concernant la ville de Nancy, à partir de la Révolution de 1830. Ces différentes notes, prises au hasard, et à des sources authentiques, étaient restées consignées dans un tiroir de mon bureau, lorsqu'un jour il me prit la fantaisie de les relire, et, au moment où je m'abandonnais à cette lecture, je reçus la visite d'un ami, Nancéïen comme moi, qui prit connaissance de quelques pièces, et m'encouragera à les produire au grand jour. Depuis, quelques autres amis me tinrent le même langage, j'ai cru devoir céder à leurs instances.

Je n'ai certes pas la prétention d'être auteur ; cependant il m'a semblé utile de ne pas tout à fait laisser tomber dans l'oubli certaines choses qui pourront peut-être faire plaisir à quelques anciens habitants de la ville. Notre Société d'archéologie Lorraine ne vient-elle pas de célébrer son cinquantenaire ? C'est ce qui m'a décidé à mettre en ordre mes différentes notes, et à les classer aussi bien qu'il m'a été possible.

Guidé par de pieux et bien chers souvenirs, j'ai éprouvé un charme indéfinissable à me transporter dans le passé, à me retrouver encore au milieu de ceux qui ne sont plus, revivant pour quelques instants de la vie si douce et si paisible d'autrefois !

Je me bornerai à citer des faits purement et simplement, sans critique aucune, je ne compte soulever aucun voile, ni donner aucune appréciation, désirant me renfermer scrupuleusement dans le rôle d'un simple historien.

Mes lecteurs, ou mes souscripteurs, si j'en ai, me sauront peut-être gré du travail que je me suis imposé et des recherches auxquelles je me suis livré, je serais bien heureux si j'avais atteint le but que je me suis proposé.

Mon honorable et bien sympathique ami, Monsieur Adrien Recouvreur, de Commercy, peintre amateur distingué, et habile graveur sur cuivre, a bien voulu enrichir mon modeste volume de quelques gravures et dessins exécutés par lui. Qu'il reçoive donc ici l'expression de toute ma gratitude.

NANCY

AVANT ET APRÈS 1830

Commencements de la Révolution de 1830

Nous sommes au 30 Juillet 1830, date que j'assigne pour servir d'entrée à cette étude retrospective des mœurs et des événements de cette époque déjà lointaine. Depuis trois jours on était sans nouvelles de Paris, car à cette date on ne connaissait que la Malle Poste et le télégraphe plus ou moins aérien qui ne fonctionnait plus depuis la rupture des communications avec la grande ville.

Dans la matinée dudit jour, un certain nombre de soi-disant gardes nationaux s'installent à la Porte de l'Hôtel-de-Ville ; la générale est battue dans un quartier populeux par un garçon boucher ; la foule se répand dans les rues et sur les places ; il faisait, paraît-il, un soleil dévorant. Dans la soirée, d'absurdes propos, comme cela arrive presque toujours en pareille circonstance, commencent à circuler en ville, et, sous le fallacieux prétexte que les Séminaristes ont des armes et font même l'exercice, on se précipite au faubourg St-Pierre, le Grand Séminaire de la rue de Strasbourg est envahi et saccagé ; les gardes nationaux improvisés, armés pour la plupart de fusils de chasse, se distinguèrent et furent soutenus par le 15e de chasseurs à cheval. Mon père m'a raconté souvent ces incidents dont il avait été le témoin. L'Evèque de Nancy, Mgr de Forbin-Janson, s'empressa de gagner la frontière ; il n'était pas populaire, s'était attiré les rancunes de la Cour Royale, des fonctionnaires, et d'une grande partie de la population. Pour mettre l'Evêché à l'abri de la fureur populaire, on met sur ses murailles ces simples mots pour sauvegarde : Propriété Nationale.

Le lendemain dimanche 31, au matin, la foule encombrait la Place Royale, on voulait maintenir l'ordre, troublé la veille si violemment ; c'est alors qu'on amena à l'Hôtel-de-Ville un cabriolet de Paris, transformé en chaise de poste, contenant deux voyageurs, un artilleur et un civil, qui, un passeport à la main, demandait à continuer son voyage, ce qui lui fut accordé. Il paraît que c'étaient deux officiers supérieurs déguisés, dont le dernier portait dans sa cravate l'ordre signé du prince de Polignac de lever le camp de Lunéville et de marcher rapidement sur Saint-Cloud. Peu après, les campagnes autour de notre ville étaient couvertes de troupes sous le commandement du général Bourbon-Busset, il visita le poste de la Garde Nationale qui se trouvait alors dans le local aujourd'hui occupé par le dépôt de pompes à incendie et par le poste permanent de sapeurs-pompiers, à l'angle de la rue des Dominicains. Le général établit son camp entre Maxéville et Champigneulles. Il alla jusqu'à Verdun, dont les ponts-levis furent dressés, les régiments rentrèrent alors dans leurs garnisons.

Les généraux Drouot et Hulot étaient descendus en uniforme sur la place publique en demandant la tranquillité. C'est alors que le vénéré général Drouot fit insérer la lettre suivante dans le *Journal de la Meurthe*, sous la date du 4 août 1830 :

« Monsieur le Rédacteur,

« On lit dans votre feuille du 1er août que les généraux Drouot et Hulot sont à la tête de la garde nationale, et que le général Drouot préside aussi à l'administration municipale. Cette phrase renferme des inexactitudes que je vous prie de rectifier en insérant ma lettre dans votre prochain numéro.

« Une Commission, prise dans le Conseil municipal et présidée par M. le Maire, s'est réunie le 31 juillet à l'hôtel de ville, pour y rester en permanence et veiller au maintien de l'ordre ; j'ai fait partie de cette Commission en ma qualité de conseiller municipal. M. le général Hulot, nommé, par M. le Préfet, commandant supérieur de la garde nationale, s'est établi près de la Commission, à laquelle se sont réunis plusieurs fois M. le Préfet, M. le général de Pange et MM. les chefs des deux régiments pour concerter les mesures qui devaient assurer la tranquillité publique, le respect des personnes et des propriétés. Le zèle et la conduite admirables des autorités, de la garnison, et de la garde nationale, ont été couronnés du plus heureux succès.

Dans la matinée du 2 août, je suis rentré dans ma retraite, mais j'en sortirai toutes les fois que je pourrai être utile à mes chers concitoyens, et leur donner des preuves de toute mon affection, de mon dévouement et de ma reconnaissance. Signé, Général Drouot. »

Le 6 août 1830, le généreux guerrier, malgré ses infirmités, partait pour Metz, dont il fit sur le champ armer les remparts. La jeunesse de Pont-à-Mousson lui avait formé une garde d'honneur.

Dans la nuit du 1er au 2 août, quand notre ville était dans l'attente des graves événements qui se passaient à Paris, un jeune homme, Mansuy de Dieulouard, arrive à franc étrier. Combattant des barricades pendant deux jours et deux nuits, il avait fait le trajet en 27 heures, et il mourut des suites de la fatigue et de l'émotion. On trouva dans la doublure de son habit une lettre du député Marchal, datée du 31 juillet, adressée à notre comité constitutionnel. En instruisant du résultat des trois journées, on y indiquait, par les lignes suivantes, la marche à suivre et qu'on suivit : Les esprits sont partagés..... ce qui presse dans les départements, c'est l'appel insurrectionnel du duc d'Orléans, l'adoption des couleurs nationales. C'est à faire réussir l'admission de la branche d'Orléans que doivent tendre tous les efforts des amis de la patrie... Le Préfet et le Maire furent alors mis en demeure de se retirer.

A la première certitude d'un nouvel ordre de choses, l'opinion publique semblait avoir jeté les yeux sur M. Moreau, avocat, dont la capacité était connue, la vie modeste honorée, pour être appelé à remplir les fonctions de Maire.

Le 7 août, MM. Tardieu aîné, beau-frère du député Marchal, Poirel et Fabvier fils, déposèrent à la Chambre des Députés, avant l'ouverture de la séance, une pétition rédigée le 4 à Nancy et recouverte de 300 signatures, dans laquelle, en votant des remerciements à la population parisienne, en demandant l'exclusion des Bourbons de la branche aînée, on terminait ainsi :

« Déjà, un nom a été proclamé, qui répond à tous les besoins d'ordre et de liberté de la France ; déjà la lieutenance générale du royaume a été remise aux mains d'un prince dont le cœur n'est étranger à aucun des sentiments qui nous animent ; c'est vers lui, c'est vers ce prince citoyen, père de famille et soldat, que nos espérances et nos vœux se tournent en ce moment ; c'est dans ses mains que nous désirons tous voir placer le dépôt du salut de la France ; qu'il s'asseoie enfin sur un trône auquel déjà depuis longtemps l'appelle le pressentiment et comme l'instinct de la nation..... »

Ces mandataires improvisés furent reçus dans la soirée du même jour par le roi, encore duc d'Orléans, et M. Poirel lui adressa ainsi la parole :

« Les Chambres viennent de réaliser aujourd'hui un vœu déjà exprimé depuis trois jours par la Ville de Nancy, et dont nous avons ce matin déposé l'expression entre les mains de nos députés. Oui, Sire, permettez-moi de vous donner déjà ce nom, joignez-vous à la France pour son indépendance et sa liberté, devenez son roi constitutionnel, et qu'elle jouisse enfin avec vous de ce gouvernement libre et libéral, après lequel elle soupire depuis si longtemps. »

Le duc répondit : « Messieurs, comptez sur mon attachement à la liberté constitutionnelle ; aucune considération humaine ne m'en fera jamais dévier. » Mme la duchesse ajouta : « Vous pouvez, Messieurs, vous en rapporter à la parole de mon mari ; il n'y a jamais manqué ; ce qu'il promettra, il le tiendra. »

A Nancy, tout était en effervescence ; la croix de mission

érigée sur la place Mengin fut enlevé le 29 août 1830. Deux
bataillons du 13ᵉ de ligne, venant de Metz pour tenir garnison à Nancy, à peine entrés dans leur quartier, chassè-
rent leurs officiers qui avaient refusé d'arborer les couleurs
nationales, et leurs pelotons commandés par des sous-officiers, parcoururent la ville au chant de la *Marseillaise* et de
la *Parisienne*. On vit aussitôt arriver, et on complimenta à
l'entrée et à la sortie de nos portes, les régiments de la
charte, bandes indisciplinées, à moitié vêtues de guenilles,
cheminant presque sans chaussures sur des routes boueu-
ses, côte à côte des débris des régiments de la garde royale
qui encombraient passagèrement notre ville. Un garde national en faction courut la baïonnette en avant sur un de
ces soldats désormais sans défense.

La milice citoyenne s'organisait comme par enchantement ; on se réunissait par groupes dans les cours attenant
aux habitations ; mon père, qui avait l'honneur de posséder
der le grade de sergent-fourrier, m'a souvent répété qu'au
nᵒ 24 de la rue St-Dizier, maison St-Joire, qu'il habitait
alors, la cour de cette maison était devenue par moments
une vraie cour de caserne dans laquelle on n'entendait plus
que commandements militaires.

Elle devint superbe, notre garde nationale ; composée de
quatre bataillons, commandée par un colonel et un lieutenant-colonel, avec une excellente musique et un magnifique tambour-major, tout cela avait très bon air. N'oublions
pas de mentionner d'une façon toute particulière nos magnifiques sapeurs revêtus de l'uniforme légendaire. Le
bonnet à poils, le grand tablier blanc, les longs gants à
revers, le mousqueton et la hache sur l'épaule, ils étaient
réellement imposants, et se tenaient fort bien, c'étaient
d'anciens et braves militaires, presque tous tanneurs, et

habitant le faubourg Ste-Catherine. Il y avait en outre une compagnie de cavalerie commandée par un capitaine et une d'artillerie. Le poste de la garde nationale se trouvait à l'Hôtel-de-Ville, angle de la rue des Dominicains, dans le local actuellement occupé par le poste permanent des sapeurs-pompiers et un dépôt de matériel et de pompes à incendie. Le poste militaire occupait un local sous l'Arc de Triomphe, du côté de la rue des Maréchaux et de la rue de la Pépinière ; ce poste a disparu et le dessous de l'Arc rendu complètement accessible.

La misère commençait à pénétrer dans les classes laborieuses ; on murmurait de la cherté des vivres et du manque d'ouvrage ; on fut obligé d'ouvrir une souscription pour secourir les indigents pendant six mois, et c'est à ces circonstances qu'on dut les beaux chemins vicinaux de Boudonville et de Buthgnémont.

Le 8 novembre 1830, la Cour Royale est sifflée à son audience solennelle de rentrée.

Quelques jours après, des gardes nationaux se portèrent de leur chef au Grand Séminaire, afin d'empêcher la réouverture des cours ; la générale est battue, et le désordre est réprimé par la garde nationale elle-même. Notre légion avait été passée en revue le 26 octobre dans la prairie de Tomblaine, par le général Sémélé, inspecteur général des troupes de l'Est ; il ne resta dans la ville que les vieillards et les enfants. L'entrain semblait général, on croyait à une guerre prochaine.

Dans ces prévisions, le 11 décembre, M. le général Drouot, premier lieutenant de l'artillerie de la garde nationale, demandait au maire, Tardieu aîné, l'ouverture d'une souscription pour mobiliser, en cas d'événement, deux pièces de canon, deux caissons à munitions et un caisson d'in-

fanterie, pour appuyer le détachemeut de notre garde nationale qui serait appelé à donner à la France l'exemple du
dévouement à la Patrie : « Mes infirmités ne m'empêcheront pas, dit-il, de partir avec notre brave garde nationale »,
et il souscrivait le premier pour une somme de 100 francs.

L'ancien comité constitutionnel, alors aux affaires, rédigea, au nom de la ville de Nancy, une adresse au roi, en
janvier 1831, contre l'hérédité de la pairie, et en demandant le complément des institutions promises par le gouvernement de Juillet. Signataire, le préfet Merville,
sa créature, fut révoqué, et M. Lucien Arnault, dont le nom
seul était une garantie, fils de l'auteur de Marius, du coopérateur de la journée du 18 Brumaire, le remplaça et resta
en fonctions jusqu'au moment où éclata la révolution de
1848. Pendant tout ce laps de temps, M. le Préfet sut se
concilier les sympathies universelles, et sa paternelle administration ne laissa que les meilleurs souvenirs.

Ce magistrat, après les épisodes si fâcheux de St-Germain-l'Auxerrois, et sur le bruit de l'arrivée de M. de Forbin-Janson, fit occuper militairement le Séminaire et
l'Evêché le 17 février 1831, pour prévenir les désordres que
faisaient présager l'exaltation des esprits.

Arrivée de Louis-Philippe à Nancy.

Les Chambres avaient été dissoutes, de nouveaux éléments allaient surgir, l'avenir paraissait incertain et menaçant. Le roi des Français résolut de visiter les départements
de la frontière les plus exposés, et, pour la première fois,

fit son entrée à Nancy, le lundi 13 juin 1831, à 6 heures et demie du soir, ayant à ses côtés deux de ses fils, les ducs d'Orléans et de Nemours. Les maréchaux Soult, Gérard, M. d'Argout, ministre du commerce, accompagnaient S. M. qui était en uniforme de général de la garde nationale. On remarquait aussi dans son cortège le général Drouot, portant l'épaulette de lieutenant de la compagnie d'artillerie de la garde citoyenne.

Le Maire, Tardieu aîné, en complimentant le roi au nom du corps municipal, l'engagea à se défier de l'esprit des cours, à marcher ainsi à la tête du généreux et irrésistible mouvement de la civilisation. « Plantez, Sire, dit-il, avec confiance, l'arbre de la royauté populaire au sein de la nation. Convaincus que vous éprouvez comme nous le besoin de voir triompher enfin les intérêts nationaux, nous ne craindrons pas, Sire, de vous faire entendre les mots si mal sonnants autrefois de liberté, d'économie, d'allègement dans les charges qui écrasent les classes laborieuses ; nécessités inévitables de ces temps d'examen et de réforme... » Il ajoutait en finissant : « Votre cœur est trop généreux, trop français pour accueillir des insinuations dont le déplorable résultat serait de séparer encore les intérêts du prince et ceux de la nation. »

A cette espèce de leçon, par trop directe, où perçait la méfiance, le monarque sentit couler dans ses veines le sang de Louis XIV et répondit explicitement par ces mots dont s'empara l'histoire :

« Les insinuations que vous redoutez ne peuvent se faire autour de moi. Je suis trop connu pour que personne et surtout pour que ceux qui m'entourent osassent jamais tenter de me séparer de ma nation, de me persuader qu'il

existe pour moi d'autres intérêts que ceux de son bonheur,
de ses libertés et de sa grandeur. On sait que cette doctrine
est contraire à celle que j'ai soutenue toute ma vie ; j'ai
toujours pensé qu'il n'y a de gouvernements solidement
établis que ceux qui s'identifient avec les intérêts nationaux, avec la gloire et les libertés de la nation. Lorsqu'un
gouvernement s'aperçoit qu'il ne peut plus agir conformément à ses intérêts, il devrait abdiquer de lui-même. Voilà
quels sont mes sentiments. Je suis bien convaincu que la
monarchie constitutionnelle est le seul gouvernement qui
puisse convenir à la France, pourvu qu'il soit franchement
et loyalement exécuté, et que chercher à l'ébranler, c'est
vouloir renverser les libertés publiques. Si j'avais pu faire
entendre mes conseils au Gouvernement qui m'a précédé,
il n'aurait pas été renversé sous la violation de la charte.
Il ne m'appartient pas de dire pourquoi je n'y ai pas réussi ;
ce que je puis dire, c'est que j'ai toujours eu dans la tête
et dans le cœur les sentiments que j'ai manifestés. Vous
pouvez compter sur ma loyauté, sur ma franchise et sur
mon entier dévouement à la patrie. »

Et s'adressant au colonel de la garde nationale, M. Adam,
digne vétéran des armées de la République et de l'Empire,
Louis-Philippe Iᵉʳ se plut à compléter ainsi son discours
précédent :

« J'entends avec grand plaisir l'expression des sentiments patriotiques que vous venez de m'adresser par l'or-
gane d'un vieux vétéran, compagnon de ma jeunesse. Vous
étiez à Jemmapes. — Oui, Sire. — C'est un motif de plus
pour moi de vous entendre avec plaisir. J'ai pu, à cette
époque, servir mon pays, combattre pour son indépendance

et donner à ma patrie un gage certain que je serais toujours prêt à soutenir son honneur et sa dignité. Quand les circonstances m'ont éloigné de mon pays, j'ai gémi de cet éloignement, qui provenait du malheur des temps, de l'état de confusion et d'anarchie dans lequel la France était tombée et dont tous mes efforts tendent aujourd'hui à prévenir le retour. C'est dans cet espoir que j'ai accepté le trône, et que je m'y suis déterminé parce que j'ai cru qu'en m'appuyant sur la confiance que la nation m'accordait, je pourrais y parvenir et empêcher tout ce qui pourrait s'opposer au développement de ses libertés et à la consolidation de nos institutions..... Croyez que je n'aurai jamais d'autre but que l'honneur, la gloire et la prospérité de la France. »

Le 14, il y eut grande revue et distribution de drapeaux aux régiments de la garnison. Les gardes nationales, au nombre de plus de 12,000 hommes, étaient accourues de six lieues à la ronde. Le défilé fut imposant ; quelques paysans armés de leurs haches de travail, coiffés de bonnets en peaux de loups, tués par eux, ouvraient la marche ; les habitants de Rosières avaient, en place de fusils, leurs faulx déployées, aiguisées fraîchement, aux hampes desquelles flottaient des banderolles tricolores. On voyait çà et là dans les rangs, des anciens soldats de l'empire, décorés et portent leurs vieux uniformes. Le soleil était resplendissant, l'air retentissait des cris d'ovation, du bruit des tambours, et pour comble, nul accident ne troubla la fête.

Après la visite des établissements publics, le roi partit, le 15, à midi, pour Strasbourg, étant reconduit aux limites du territoire par le Maire qui termina son allocution d'adieu par les cris de : Vive le roi, vive la Liberté ! « Vive le roi, vive la liberté, répliqua vivement le prince, c'est pour moi synonymes quand ces deux cris sont réunis ; car dans mon cœur comme dans mon esprit, le roi est inséparable de la cause de la liberté, et c'est cette union qui fait leur force. Je saisis avec empressement cette occasion de vous le témoigner. J'aime à vous témoigner aussi, et je voudrais que ma voix puisse se faire entendre de toute cette population qui m'entoure, combien je jouis de l'accueil qui m'a été fait dans la ville de Nancy, et que j'en emporte un sentiment qui ne s'effacera jamais de mon cœur. »

Inauguration de la Statue du Roi Stanislas

Sur la place Royale de Nancy le 6 Novembre 1831.

L'approbation royale pour l'érection de cette statue avait été donnée dès le 22 janvier 1823 ; une souscription fut alors immédiatement ouverte dans les départements de la Meurthe, de la Meuse et des Vosges composant l'ancienne Lorraine ; la statue devait originairement être érigée sur la place Carrière. Le Ministre de l'Intérieur autorisa en même temps les Conseils Généraux des trois départements à voter des fonds supplémentaires, dans le cas où le produit de la souscription ne suffirait pas, pour couvrir les frais du monument. Une première Commission fut nommée, dans le sein de laquelle on voyait figurer d'anciens serviteurs du roi Stanislas, qui avaient fait partie de sa maison militaire, ou qui avaient été attachés à ses conseils. La première réunion de cette Commission eut lieu le 23 avril 1823, elle décida qu'une statue pédestre en bronze serait élevée, et notre compatriote Jacquot fut choisi comme sculpteur.

Au bout d'une année, la souscription atteignait déjà plus de 40,000 fr. ; elle atteignit enfin le chiffre de 66,976 fr.

Lorsque toutes les parties du modèle en grand de la statue furent terminées, M. Jacquot en fit la remise à MM. Soyer et Inger, qui s'étaient chargés de la couler en bronze. On avait demandé un délai de dix mois pour mener cette opération à bien.

Ce fut le 1er octobre 1829, en présence d'une assemblée choisie, quoique nombreuse, réunie dans les ateliers des fondeurs, que l'opération put avoir lieu ; mais elle échoua complètement. La matière en fusion rencontrant une fissure dans le voisinage de la conduite, se précipita en partie hors du moule, et par son contact avec la terre humide, produisit une explosion qui en dilatant l'air, dans son mouvement d'ascension et éclatant avec le bruit de la foudre, déchira le toit de la fonderie et blessa plus ou moins grièvement 18 personnes, au nombre desquelles se trouvèrent, par une singulière fatalité, le sculpteur lui-même, et M. le marquis de l'ange, Pair de France, qui avait fait partie de la Commission centrale des souscripteurs, depuis sa création.

Par suite de mésintelligence regrettable entre le statuaire et les fondeurs, les travaux ne purent être repris qu'à la fin de 1830, la fonte de la statue ne put être effectuée qu'au mois de septembre 1831. Le monument fut expédié de Paris le 5 octobre, et après diverses expertises, fut mis sur son piédestal, et la statue inaugurée le dimanche 6 novembre. On a consigné dans une brochure, devenue très rare aujourd'hui, tous les incidents qui survinrent, et le programme détaillé des fêtes qui furent célébrées en cette circonstance exceptionnelle. Cette brochure a été imprimée en 1834 chez la veuve Hissette, 53, rue de la Hache, 80 pages, avec une belle reproduction de la statue du roi, due à l'habile crayon de Thorelle.

Le samedi 5 novembre, veille de l'inauguration, la solennité fut annoncée, à 4 heures du soir, par des fanfares exécutées sur le grand balcon de l'Hôtel-de-Ville, par une salve de neuf coups de canon et le son de toutes les cloches.

Le dimanche, six novembre, à sept heures du matin, une nouvelle salve de neuf coups de canon et le son de toutes les cloches donnèrent le premier signal des cérémonies de la journée.

A dix heures, la Garde Nationale, la Gendarmerie en grande tenue et toute la garnison, composée du 58e régiment de ligne, d'un bataillon du 17e régiment d'infanterie légère, et du 7e régiment de cuirassiers, se rendirent sur la place Royale et y formèrent le carré, de manière à laisser libre le centre de cette place. Une foule innombrable en inondait déjà les approches, et toutes les fenêtres des superbes bâtiments qui l'entourent étaient garnies de dames élégamment parées qui attendaient avec impatience le moment de la cérémonie.

A onze heures, toutes les autorités civiles et militaires et les personnes invitées à la cérémonie se réunirent dans le grand salon de l'Hôtel-de-Ville, où elles furent reçues par les membres de la Commission centrale.

A onze heures et demie, le cortège quitta l'Hôtel-de-Ville pour se rendre sur la place Royale. Pendant sa marche et jusqu'à son arrivée en face du monument, la musique de la Garde Nationale et celle des régiments exécutèrent des airs appropriés à la circonstance. Le cortège étant arrivé au lieu de la cérémonie se forma en demi-cercle à six pas de distance de la grille d'enceinte du monument. M. le Préfet du département de la Meurthe, Président de la Commission centrale, ayant donné le signal de découvrir la statue qui était restée voilée, M. Jacquot, sculpteur, sur qui se portaient en ce moment les démonstrations les plus vives de l'intérêt public, fit tomber le voile, et les regards avides de contempler l'image du bienfaiteur de la Lorraine se reportèrent de l'artiste au héros ; tous les assistants se découvrirent, les troupes présentèrent les armes, les tambours battirent aux champs, et l'artillerie de la garde nationale, placée sur la terrasse de la Pépinière, tira vingt-et-un coups de canon, qui ne purent étouffer les acclamations universelles, mais qui annoncèrent au loin dans les campagnes que l'image d'un bon Roi venait d'être offerte à la vénération des Lorrains.

En ce moment M. le Préfet de la Meurthe, deux membres du Conseil général, représentant, à la cérémonie, les départements de la Meuse et des Vosges, M. Charles-Louis Moreau, né à Bar-le-Duc, M. Nicolas Welche, né à Senones, et M. le Maire de Nancy, suivis de tous les membres de la Commission centrale, montèrent à l'amphithéâtre pratiqué dans la grille d'enceinte, détachèrent de quatre trophées placés autour du monument, une couronne d'immortelles entrelacées de feuilles de chêne et de laurier et les placèrent aux angles du piédestal. Ces quatre trophées portaient chacun le nom d'un des trois départements de l'ancienne Lorraine qui avaient pris part à la souscription et celui de la ville de Nancy. La grille d'enceinte était ornée de plusieurs lances à écussons chargées des inscriptions qui devaient être gravées, plus tard, sur le piédestal, et qui rappelaient les nombreux bienfaits de Stanislas.

Un roulement général des tambours de la garde nationale et de la garnison annonça les discours qui allaient être prononcés en l'honneur du roi Stanislas.

Il y en eut trois ; l'un par M. Lucien Arnault, Préfet de la Meurthe ; le second, par M. Chenut, adjoint, remplissant par intérim les fonctions de Maire, et le troisième par M. Lamoureux, Président de l'Académie Royale des Sciences, Lettres et Arts de Nancy, qui doit son institution à Stanislas.

Chacun des discours, prononcé au pied de la statue, fut suivi de fanfares, et le dernier, d'une salve de neuf coups de canon qui termina l'hommage rendu à la mémoire de Stanislas.

La garde nationale et les troupes de la garnison défilèrent ensuite devant le cortège qui s'était rapproché de la grille d'enceinte et qui de là se rendit, au son de la musique de la garde nationale, dans le grand salon de l'Hôtel-de-Ville, pour y entendre la lecture du procès-verbal de l'inauguration et le signer.

A quatre heures du soir, la musique se fit entendre de nouveau sur le grand balcon de l'Hôtel de Ville, et à cinq heures et demie tous les édifices de la place Royale et de la place Carrière furent illuminés, ainsi que l'Arc-de-Triomphe, sur le faîte duquel on lisait cette inscription en lettres de feu : A Stanislas.

M. le Préfet réunit dans un banquet les membres de la Commission centrale et les chefs des principales autorités civiles et militaires.

Un bal par souscription, au profit des pauvres, fut donné dans la grande salle des Redoutes (1) de l'Hôtel-de-Ville, et

____

(1) La salle des Redoutes occupait le local qui se trouve à droite en pénétrant sous le péristyle de l'Hôtel-de-Ville. Cet emplacement comprend aujourd'hui la salle des pas-perdus, la salle des mariages et la salle des séances du Conseil municipal. L'ancienne salle des Redoutes était surtout affectée aux bals, concerts et réunions.

pour imiter, autant que possible, le genre de largesses, qui fut le plus selon le vœu du cœur de Stanislas, on distribua aux indigents une somme de mille francs, prise sur le reliquat des fonds affectés au monument et qui s'augmenta des produits de la souscription du bal.

C'était couronner dignement la fin d'une si belle journée. Nous reproduisons ci-après le texte des trois discours.

Discours de M. Lucien Arnault, Préfet de la Meurthe :

MESSIEURS,

Près d'un siècle s'est écoulé depuis que Stanislas vint s'établir parmi vous.

Deux fois roi, deux fois proscrit, initié à la jouissance comme au néant de toutes les grandeurs humaines, il vous fut accordé par une faveur de la Providence ; car chez les princes généreux, les leçons de l'adversité sont un gage de bonheur pour les peuples.

Quelles preuves Stanislas n'en a-t-il pas données ? Du pied de cette statue, levez les yeux, regardez autour de vous et jugez !... Aussi, Messieurs, lorsque voulant décorer ce monument, votre commission cherchait avec une pieuse sollicitude des inscriptions dignes d'y figurer, elle crut sa tâche remplie quand une voix s'écria : Gravons au pied de Stanislas la liste de ses bienfaits. Et tel est le privilège des bons princes ; leur éloge n'a besoin ni des artifices de la poésie, ni des prestiges de l'éloquence : pour être justes envers eux, il suffit d'être exacts ; pour les louer, il suffit de raconter.

Cependant, Messieurs, le récit même des bonnes actions de Stanislas deviendrait superflu. Depuis plus d'un demi-siècle, il a cessé de vivre ; mais cessera-t-il jamais d'être immortel ?

Qu'importe qu'il ait passé du séjour d'un palais sous les marbres d'un tombeau ? Depuis qu'il a payé à la nature ce tribut inévitable, lui, ses vertus et ses ouvrages en sont-ils moins au milieu de nous ?

Non ; Stanislas respire dans tout ce qu'il a fait ; il respire dans ces nobles maximes réalisées d'avance par ses bonnes actions ; il respire dans tous les établissements utiles qu'il a fondés ; il respire identifié même par sa dépouille mortelle à cette Lorraine où il multiplia son existence par le nombre de ses bienfaits.

Que dis-je, Messieurs, est-il une circonstance glorieuse qui ne se rattache pas à la mémoire de Stanislas ? N'est-ce pas de son règne que date cette époque qui nous sera si chère à jamais ; cette époque où le nombre des Français s'accrut pour leur gloire ; cette époque, enfin, où la Lorraine devint France !

Ce prince qui se vengea des maux qu'il avait soufferts par le bien qu'il prodigua, ce roi qui présenta au monde l'alliance sublime de la philosophie et du pouvoir, reçoit de vous aujourd'hui le plus bel hommage que les vertus d'un monarque puissent devoir à la justice d'un peuple. Ce n'est point à des faveurs espérées, mais à des bienfaits reçus que vous consacrez ce bronze ; ce n'est point la flatterie qui le prodigue, c'est la reconnaissance qui l'élève ; et les enfants se sont noblement cotisés pour solder la dette de leurs pères.

Français des départements de la vieille Lorraine, si l'ombre de Stanislas doit être fière du souvenir qui lui vaut de pareils honneurs, soyez fiers du sentiment qui les décerne : un peuple capable d'apprécier un tel prince était digne de le posséder.

M. Chenut, adjoint. remplissant par intérim les fonctions de Maire, et représentant la cité qui avait joui plus particulièrement des bienfaits de Stanislas, s'exprima en ces termes :

MESSIEURS,

Dans cette solennité où toute une province, inspirée par la reconnaissance, se lève à la fois pour inaugurer ce monument à la mémoire de Stanislas Lecszinsky, roi de Pologne, duc de Lorraine et de Bar, je ne puis me défendre de quelque émotion, en sentant combien mes paroles sont au-dessous de ce que vous éprouvez et de ce que je ressens si vivement moi-même.

Le voilà donc enfin reproduit à nos yeux ce Prince si cher, dont les traits heureux expriment à la fois la hardiesse et la douceur, la probité et la franchise.

Si l'airain est destiné à consacrer tant de vertus, qui pourra le dire plus éloquemment que ces temples, ces collèges, ces hôpitaux fondés par lui, ces villes reconstruites ou embellies, ces édifices sans nombre, et tant d'autres monuments de sa bienfaisance : routes nouvelles, ponts, grenier d'abondance, écoles gratuites, école de médecine, académie, jardin des plantes, dotations en faveur des pauvres, dotations pour parer aux catastrophes de l'industrie et du commerce, pour secourir la vertu dans l'indigence ; encouragements pour l'agriculture, encouragements pour les sciences, les lettres, les arts, qui, en ouvrant de toutes parts des sources de richesses et de lumières, ont avancé de plus d'un siècle la civilisation dans la Lorraine.

Cependant, les revenus que ce Prince devait à la munificence de Louis XV, son gendre, étaient modiques ; et lorsqu'on cherche à apprécier ce qu'il a fait, on est tenté de croire qu'il était le plus riche potentat de l'Europe, tant sa bienfaisance était au-dessus de ce qu'il est possible d'imaginer, tant il trouvait de ressource dans son économie et dans la simplicité de ses mœurs.

Elu deux fois roi de Pologne, et détrôné deux fois, frappé dans ce qu'il avait de plus cher, vaincu par le nombre de ses ennemis, persécuté, obligé de se réfugier successivement en Suède, en Turquie, en Allemagne, en Prusse ; ayant vu sa tête mise à prix par le général moscovite, dans sa propre patrie, après avoir bravé tant et de si violents orages, il abdiqua la couronne et, mis en possession du duché de Lorraine et de Bar, il vint se consoler de ses disgrâces en faisant des heureux parmi nous.

Ses principes étaient toujours puisés dans l'amour de ses peuples et de la liberté. Lorsqu'on voulut toucher aux lois politiques de la Pologne, il citait ce fameux adage : Mieux vaut une liberté agitée que le repos de la servitude.

Il s'était endurci à la fatigue dès sa jeunesse et avait fortifié son esprit en fortifiant son corps ; il était tempérant, doux et adoré de tout ce qui l'environnait : lorsqu'il fut forcé de s'expatrier de Dantzick, un centumvir en mourut de douleur sur les genoux du comte Poniatowsky. Ami des sciences et des lettres, il réunissait à sa cour les hommes les plus célèbres de l'époque. Charles XII disait de lui qu'il n'avait jamais vu un homme si propre à concilier tous les partis.

Homme d'Etat, homme éloquent, roi citoyen, prince généreux, il fut encore un ami fidèle, et l'Histoire a dit ce qu'à l'époque des revers de Charles XII il fit pour lui lors de sa captivité, à Stralsund, à Stettin, à Rostock, à Gustow, où il se montra digne de ce héros, et comme soldat intrépide et comme général habile. Plein de modération, même avec ses plus cruels ennemis, il sut pardonner à ses assassins.

Que dis-je ! Lorsque Frédéric-Auguste, son compétiteur, fut détrôné lui-même et se trouva sans asile, c'est à Stanislas qu'il adressa ses enfants, et ce prince leur servit de père.

Que ne nous est-il permis, Messieurs, en rendant hommage à ce héros, de célébrer aussi sa patrie ! Mais, ô Pologne infortunée, nous n'avons plus que des larmes à donner à tes malheurs !.. Tu t'es élevée si haut, et tel est l'abîme qui s'est ouvert tout à coup sous tes pas, qu'il faut dire avec l'univers, où retentit ton nom, qu'il n'y a eu d'égal à ta gloire que tes malheurs. O peuple infortuné ! O roi malheureux ! Vous étiez dignes d'un meilleur sort.

Cependant, tout n'est point perdu : quand les peuples t'admirent et te pleurent, tous les yeux sont fixés sur tes vainqueurs, et ils seront odieux et à jamais sans gloire, s'ils ne te rendent tes lois et ta liberté. Mais n'attristons point ces jours de fêtes. O Stanislas ! O le meilleur des hommes ! puisses-tu, du sein des immortels, entendre nos cris d'amour et de reconnaissance ! Ce n'est ni la vanité ni la flatterie qui t'élèvent cette statue ; c'est trois quarts de siècle après ta mort, c'est après avoir conquis sa liberté avec toute la France, que la Lorraine se rend ici pour perpétuer ton nom et sa reconnaissance. Elle a voulu élever seule ce monument ; elle a choisi dans son propre sein l'artiste le plus habile, afin que sous la même inspiration et sous les coups de son ciseau, tu nous apparusses toujours le même. Gloire à toi ! Gloire à jamais ! Gloire aussi au Prince adoré sous qui s'élèvent de pareils monuments ! La France, ivre d'amour et de gloire, ne peut plus enfanter que des héros, et son courage et sa grandeur, en maintenant la paix du monde, assureront ses belles destinées.

> Vive à jamais la mémoire de Stanislas !
> Vive le Roi ! Vive la liberté !

Enfin M. Justin Lamoureux, Président de l'Académie royale des sciences, lettres et arts de Nancy, qui doit son institution à Stanislas, prononça le discours suivant :

Au milieu de ces magnificences des arts qui s'élevèrent à la voix puissante du génie, on cherchait en vain l'effigie du créateur de tant de merveilles. Il n'avait parmi nous qu'un tombeau, ce prince magnanime qui passa la moitié de sa vie à nous accabler de bienfaits ! Quand, depuis près d'un siècle, la reconnaissance publique eut voulu lui dresser des autels, quand son nom populaire, comme celui de Henri IV, n'était répété par toutes les bouches qu'avec l'accent d'un amour qui semble s'accroître avec les générations, on ne retrouvait son image qu'au fond de nos cœurs. C'est du sein de l'Académie Royale des Sciences et des Lettres, la seule des Institutions fondées par lui qui ait survécu aux ravages du temps et des révolutions, que se fit entendre le vœu d'ériger un monument à sa mémoire, soit que la Société littéraire doive à ce double titre l'honneur de concourir à l'inauguration de la statue de Stanislas, soit que, dans ce jour de triomphe pour les arts et pour le patriotisme, on ait pu justement compter sur ses inspirations, elle n'ira pas altérer, par d'ambitieuses paroles, la pureté de l'hommage que la Lorraine rend aujourd'hui au philosophe bienfaisant. Quelle éloquence d'ailleurs ne serait impuissante à célébrer tant de vertus ? Comment peindre, d'une manière digne d'un modèle aussi parfait, ces éminentes qualités qui méritèrent à Stanislas Lesczinski, à peine âgé de 20 ans, les titres glorieux d'ornement de la Pologne, d'amour de la patrie, de délices du genre humain ! (1). Le suivrons-nous dans cette carrière orageuse, où l'héroïsme de la liberté vint se briser contre les forces d'un grand empire, sans que l'âme stoïque du défenseur de la Pologne pût être ébranlée sous les coups de la mauvaise fortune ? Retracerons-nous ces luttes formidables qui firent tomber deux fois la couronne du front de Lesczinski, sans en troubler la sérénité ? De tels tableaux attendent sans doute encore le coloris d'un grand maître. Jusque-là, laissons à l'histoire le soin de les conserver dans leur noble simplicité.

Déjà les malheurs du Prince exilé touchent à leur terme ; il va monter encore sur un trône ! Mais la Lorraine, qui vivait heureuse sous le sceptre de ses Ducs, s'afflige de ce changement de dynastie. Les premières paroles que Stanislas recueille en arrivant parmi nous, sont des expressions de regret pour ses prédécesseurs. Votre Majesté va régner enfin, et sur qui ? lui dit le Prévôt de Saint-Georges. Ah ! sire, jugez par nos larmes de ce que nous perdons, et de ce que nous attendons de vous. (L'abbé de Vence). L'éloquence égale la majesté des

____

(1) *Deliciæ generis humani, decus Poloniæ, patriæ communis amor vocatur.* (Extrait d'une lettre d'André Zaluski, grand chancelier de Pologne. *Epistolæ historicæ familiares, Brunsbergæ*, 1709, in-f°, tome 2, page 82.)

rois quand elle leur parle ce langage. (*Histoire de Lorraine*, par l'abbé Bexon, 1777, in-8°, tome I et unique, page 331.)

Son âme généreuse ne s'offense point d'un pareil langage ; elle était faite pour le comprendre, et mieux encore pour en accomplir le vœu. Vous l'avez vu, pendant trente années, uniquement occupé du soin d'assurer le bonheur de sa patrie adoptive. Ingénieux à faire le bien, il devina toutes les souffrances et toutes les misères pour les soulager. (La publication du recueil intitulé : *Précis des fondations et établissements faits par S. M. le Roi de Pologne, Duc de Lorraine et de Bar*, Nancy, 1773, in-4°, eut surtout pour but de répandre la connaissance de toutes les dispositions charitables que Stanislas avait ordonnées en faveur des malheureux et des affligés de toutes les classes.)

Lorsque de tant de créations en faveur de l'humanité, qui auraient seules suffi pour procurer une gloire immortelle à leur auteur, on reporte ses regards sur les monuments splendides qui s'élevèrent comme par enchantement, sous la direction même et d'après les plans de cet autre Amphion, on ne sait ce qu'on doit admirer le plus, du caractère fortement trempé du héros, de l'âme royale si profondément pénétrée de pitié pour le malheur, ou du génie heureux dont les méditations répandaient un jour nouveau sur les bases de l'ordre social, et jetaient les fondements de notre ville rajeunie. Son amour pour le peuple qu'il gouverne éclate encore dans les moindres détails. Il ne cherche et ne veut employer que des ouvriers ou des artistes lorrains.

Notre âge s'est vu presque aussi favorisé que le sien. Il fallait une main habile pour reproduire les traits chéris du roi qui s'honora, sur deux trônes, du titre de citoyen (1) ; et c'est encore au milieu de nous que s'est rencontré ce jeune sculpteur dont le ciseau patriotique vient d'enrichir sa ville natale d'un nouveau chef-d'œuvre. Ah ! quand notre bon Stanislas refusait pour lui-même (2) un hommage que les peuples, ordinairement novices en adulations, ne sont point accoutumés à prodiguer, lorsqu'il déclarait ne vouloir revivre que dans les

(1) *La voix libre du citoyen, ou observations sur le gouvernement de Pologne, 1749 et 1753*, in-12° ; ouvrage publié d'abord en Polonais, sous le titre de *Glos Wolny*, 1743, in-4°, et traduit ensuite en Français par Stanislas lui-même.

(2) *Relation de la dédicace de la statue pédestre de S. M. très chrétienne Louis XV, 1755*, in-4° page 9.

cœurs, une vive. modestie relevait encore l'éclat de ses vertus, et redoublait les regrets de nos pères. Avec quel sentiment de bonheur nous acquittons aujourd'hui leur dette ! Que le souvenir de cette pieuse solennité nous rende fiers de notre reconnaissance même. Pour être Français, n'oublions pas que nous eûmes aussi notre nationalité ; nous en exerçons encore aujourd'hui un grand acte, mais ce sera le dernier. Que cette statue, qui manquait à l'ensemble de nos monuments, s'élève du milieu de la cité, pour apprendre aux rois qu'il n'est qu'un seul moyen de rendre les peuples heureux : c'est de les aimer (1). Les peuples aussi, qui ne sont pas toujours ingrats, viendront entretenir aux pieds de Stanislas le feu sacré de la reconnaissance, et s'ils ne veulent être infidèles aux maximes du philosophe couronné, ils comprendront, à leur tour, que le respect pour les lois est la seule garantie de la durée des états et du maintien de la liberté (2). Cette grande image sera donc encore une puissance !

Les Saints-Simoniens.

La Révolution de 1830 ouvrait l'arène aux théories les plus étranges. La doctrine Saint-Simonienne, qui devait succomber sous le poids de son immoralité et sous les traits du ridicule, faisait son apparition qu'avait précédée la religion de l'abbé Châtel. Le mardi 25 octobre 1831, un apôtre de Saint-Simon, Jules Lechevalier, ouvrit une mission, à Nancy, dans la salle des Redoutes. Si la curiosité y poussa quelques personnes, en revanche on ne comprit rien aux mesures régénératrices débitées. Profitant de l'irritation profonde des membres du clergé du diocèse de Nancy

(1) Voyez le chapitre intitulé : *De l'amour des peuples*, œuvres choisies de Stanislas, par Mme de Saint-Ouën, pages 271-277.

(2) *Œuvres du Philosophe bienfaisant. Observation sur le Gouvernement de Pologne*, tome III, pages 158 et suivantes.

contre l'administration épiscopale de Mgr de Forbin-Janson,
et de son décri général, un nommé Jean-Baptiste L'Hôte
s'intitulait pompeusement évêque de Nancy primat-coad-
juteur de Lorraine, il donna même son mandement, ce qui
lui attira les rigueurs de la police. Ces misérables comé-
dies occupèrent davantage certains journaux qu'elles
n'eurent d'influence sur les esprits. Ce fut au contraire le
signal d'une tacite réaction religieuse, chrétienne et catholique, qui, peu de temps après, devait se manifester avec
éclat.

La Pologne, abandonnée à ses propres forces, avait suc-
combé dans sa lutte désespérée avec la Russie ; résultat
prévu par quiconque connaissait l'état physique et politique de ce pays, sans organisation homogène, ce qui
l'avait déjà perdu en 1772 Le dimanche 29 janvier 1832, la
première colonne des réfugiés passa ici ; on tâcha, par le
plus touchant accueil, de leur faire oublier un instant leurs
maux. Une souscription ouverte produisit 2000 francs. Le
30 janvier et le 1er février, d'autres débris se succédèrent,
mais les manifestations devinrent moins bruyantes, et peu
à peu le silence s'étendit et se fit définitivement autour
d'eux.

Au mois de septembre 1830, le haut prix du blé avait
occasionné quelques désordres à la Halle de la porte St-
Georges ; d'autres excès plus graves furent commis les 25,
26 et 27 mai 1832. On brisa les fenêtres chez plusieurs bou-
langers, et même des gardes nationaux tombèrent blessés.
Pour prévenir la disette, la ville acheta à l'étranger 7,116
sacs, faisant 4000 quintaux métriques de blé. La dépense
totale se monta à 254,272 fr. 90 centimes, dont 120,000 fr.
de souscriptions, et au moyen de bons, 14.000 personnes
furent secourues.

Les Journaux de Nancy en 1847.

Jusqu'alors, Nancy n'avait compté qu'un seul journal, le *Journal de la Meurthe et des Vosges*, datant du commencement du siècle, seul journal officiel ; le premier numéro du *Patriote*, feuille avancée, parut le 13 février 1832, anniversaire de l'assassinat du duc de Berry. Un cercle de républicains s'était formée, et quelques-uns de ses membres passaient pour être affiliés à la Société des Droits de l'homme, contrefaçon, à Paris. du trop célèbre club des Jacobins de 93. A la suite des événements des 5 et 6 juin, on revit des visites domiciliaires chez diverses personnes, elles furent faites avec appareil, attristèrent, et n'amenèrent aucun résultat.

Voici la nomenclature des écrits périodiques qui se publiaient à Nancy en 1847 :

Opinion légitimiste, (néant).

Opinions conservatrices indépendantes et progressives, croyance chrétienne, *Espérance*.

Opinion centrale, *Journal de la Meurthe*.

Opinion du centre gauche, *Impartial*.

Opinion de pleine gauche, *Patriote*.

Théâtres, anecdotes, etc., *Asmodée*.

Avis divers, *Feuille d'Annonces*.

Etudes agricoles, *Le Bon Cultivateur* et le *Rôvillien*.

Le journal l'*Espérance* a cessé de paraître au commencement de l'année 1898.

Le Patriote a interrompu sa publication au début de la présidence de Napoléon III et du second Empire.

L'Asmodée n'a paru que pendant quelques mois.

Le Rôvillien a cessé de paraître vers 1850 ou vers 1851.

Au milieu des troubles d'une situation équivoque que Talleyrand définissait en disant, « c'est le gâchis du directoire, moins la gaîté », un fléau inconnu jusqu'alors vint couvrir la France de voiles funèbres. Le choléra, venu du fond de l'Asie, fit ici son apparition le 12 mai 1832. La grande salubrité de la ville, les excellentes mesures prises, atténuèrent bientôt ses ravages. Cependant, du 12 mai au 23 octobre, fin de l'épidémie, on compta 354 malades, dont 185 décès. D'autres communes environnantes furent cruellement décimées, ce qui n'empêcha pas, le 26 août, d'offrir un banquet aux membres de la députation de la Meurthe qui avaient protesté contre l'état de siège récent de la capitale.

Cependant, des signes meilleurs commençaient à apparaître : Une école normale primaire était créée et installée en février 1833, dans l'ancienne maison des Cordeliers occupée auparavant par les Frères de la doctrine chrétienne, brutalement expulsés en haine de leur habit, et sans tenir le moindre compte de la supériorité de leur enseignement.

Grangé venait soumettre sa charrue à la sanction de notre Société centrale d'agriculture, corps déjà imposant à cette époque par la spécialité de plusieurs de ses membres.

La sixième année des cours publics et gratuits des sciences appliquées aux arts, au commerce et à l'industrie, s'ouvrit également. Malencontreusement suspendu depuis, un de leurs principaux fruits, ce fut l'éclairage au gaz de notre ville, en novembre 1835, heureuse entreprise tentée par quelques-uns de ses élèves. La suppression des lanternes à huile eut successivement lieu dans tous les quartiers de notre ville, puis après dans tous les faubourgs.

Les Chartreux à Bosserville. — Leur retour.

Ce fut le 30 mars 1835 que les Chartreux revinrent à Bosserville, d'où ils avaient été exclus par la grande Révolution. Le lendemain, le Saint-Sacrifice y fut offert pour la première fois dans une chapelle provisoire, ce fut pour les religieux un vrai jour d'allégresse, le *Te Deum* fut chanté, en présence d'un très grand concours de personnes.

Le 26 mars de la même année, la Chartreuse avait été rachetée pour 200,000 fr. par le Général de l'ordre. Parmi les bienfaiteurs, on signale d'abord la Grande Chartreuse de Grenoble ; on n'a pu préciser le montant de ce qui a été versé par elle.

Une souscription ouverte chez M. l'abbé Michel, curé de la Cathédrale de Nancy et chez les notaires de la même ville, produisit une somme d'environ 6,000 fr.

Dom Bernard (Jacques Abram), ancien religieux, qui à l'époque de la dispersion de l'ordre, avait sauvé la caisse, rapporta la somme de 50,000 fr. qu'elle contenait, et mourut dans son ancienne cellule le 6 septembre 1840, à l'âge de 80 ans. Il avait placé cette somme dont le montant, capital et intérêts, s'était élevé à 75,000 fr.

Un autre Chartreux versa 25,000 fr. environ.

Le roi Louis-Philippe donna en deux fois une somme de 2,000 fr.

Mgr de Forbin-Janson, évêque de Nancy et de Toul, donna 6,000 fr.

Mgr Donnet, coadjuteur de Nancy, donna l'ostensoir, le calice en vermeil et 1,700 fr.

Mlle de Vittonville se chargea de fournir le mobilier de la chapelle des Frères, c'est-à-dire donna le calice, les burettes, les chasubles, etc.

M. Seillière donna la prairie de Tomblaine, valant de 15 à 20,000 fr.

M. l'abbé de Gournay, de Reims, donna 15,000 fr.

M. de Dumast, outre ses démarches multipliées, versa la somme de 1,100 fr.

M. le baron d'Huart versa environ 1000 fr.

M. l'abbé Berman, professeur de théologie au Grand Séminaire de Nancy. donna 1100 fr.

M. le comte d'Ourches donna 1,700 fr.

M. de Gourcy, de Metz, donna 2,000 fr.

M. l'abbé Ducherrai, du diocèse de Metz, donna 1,000 fr.

M. le comte de St-Mauris, donna 2,000 fr.

M. Vagner donna, outre le concours de sa plume, 500 fr. et bon nombre d'ouvrages de littérature et d'auteurs sacrés, des meilleures éditions.

M. Charlot, chanoine de Nancy, fit de nombreux dons d'ouvrages précieux pour la bibliothèque.

M. l'abbé Gennat, de Lunéville, donna 4,000 fr.

Mgr de Prilly, évêque de Châlons-sur-Marne, fit reconstruire deux des cellules démolies, qui coûtèrent ensemble à peu près 10,000 fr. soit 5,000 fr. l'une.

M. le marquis Théodore de Ludre donna beaucoup pendant sa vie, et à sa mort, légua 3,000 fr.

Bon nombre d'autres personnes, enfin, voulurent concourir à la restauration de l'œuvre du duc Charles IV.

En 1848, on craignit que la Révolution ne fût fatale à Bosserville. Le 28 février, à 5 h. 1/2 du soir, le maire provisoire de Nancy écrivit en toute hâte et d'une main fébrile à l'évêque, Mgr Menjaud, que des bruits d'une attaque nocturne contre la Chartreuse s'étaient répandus, qu'il était dépourvu de moyens de répression, ceux à sa disposition suffisant à peine aux besoins de la cité, et qu'en conséquence il conseillait aux Chartreux de mettre leur personne en sûreté en abandonnant leur maison. L'Evêque, écoutant la voix de la prudence, crut devoir suivre ce conseil et, en conséquence, fit écrire aux Chartreux, par M. Delalle, un de ses vicaires-généraux, pour les engager à se déguiser et à se retirer à Art-sur-Meurthe, laissant leur maison sous la garde des habitants de Bosserville. Dans l'incertitude de ce qui pouvait arriver, les Chartreux se munirent de blouses et de coiffures séculières et se tinrent prêts à partir pour échapper à l'émeute et sauver du moins leur vie s'ils ne pouvaient sauver leur maison. Mais fort heureusement ils ne furent pas obligés de s'affubler de leurs nouveaux vêtements et se virent bientôt dans la douce nécessité, pour en tirer parti, de les donner aux pauvres.

Une bande de vauriens s'était présentée à la porte du monastère en attendant l'heure de l'invasion et du pillage, mais la Providence leur ménageait un secours tout à fait inattendu. Un habitant de Nancy apprenant le danger que court la Chartreuse, et mu par un sentiment d'indignation, selle son cheval, le monte, et arrive à Bosserville, prompt comme l'éclair. Il se place près de la porte, le dos tourné au couvent et la face du côté de la populace attroupée ; puis le sabre au côté et le pistolet à la main, il s'écrie : Le premier qui entre, je lui brûle la cervelle. Aussitôt la bande effrayée se dissipe.

Comme dans la première effervescence, on avait craint pour les couvents, les habitants de Bosserville, d'Art-sur-Meurthe et de Laneuveville-les-Nancy s'empressèrent de pétitionner pour demander le maintien des Chartreux, dont la charité discrète, disaient les pétitionnaires, répandaient de nombreux bienfaits sur les malheureux de ces communes.

En 1850, le congrès scientifique de France, tenant sa XVII⁰ session, se transporta à la Chartreuse, après avoir visité les églises de St-Nicolas et de Varangéville. En la voyant il ne put s'empêcher de s'écrier : A vous aussi, salut ! Noble et pittoresque Chartreuse de Bosserville, fondée il y a bientôt 200 ans, par Charles IV, duc de Lorraine, et dont la majesté nous rappelle le grand style des bâtiments royaux érigés par son implacable ennemi, Louis XIV. Le Congrès gardera le souvenir du bienveillant accueil que lui font dans vos murs silencieux et le digne Evêque de Nancy, Mgr Alexis Menjaud, qui, dès le matin, l'y attendait, et l'humble et vénérable Prieur, qui avec Sa Grandeur, nous montre en détail vos salles intérieures, vos cellules, votre cloître aux arcades infinies, votre chapelle dont le beau portail ionique fut orné de la main de Bagard et dont le chœur offre à notre admiration, dans sa riche boiserie, la dernière parure de votre sœur de Salival (1).

Le Saint-Simonisme.

Comme auréole nouvelle, on vit encore en juin 1833 nos premières expositions de l'industrie Lorraine et des beaux-arts. Pour favoriser cet effort généreux dans la cité des Charles III, Léopold et Stanislas, le roi Louis-Philippe prit et continua une souscription de 30 actions (300 fr.), en faveur de la Société des amis des arts.

J'ai parlé plus haut de la secte des Saint-Simoniens ;

(1) (Bulletin du Congrès scientifique de France tenu à Nancy en 1850 Compte rendu de l'excursion du 9 septembre. Nancy, Vagner, 1850.)

après m'être livré à de nombreuses recherches, j'ai fini par mettre la main sur un petit article fort curieux, imprimé à Metz en 1831, sans nom d'auteur, il m'a paru assez intéressant pour le mettre sous les yeux de mes lecteurs :

Réflexions sur la constitution des Saint-Simoniens.

Saint-Simon, né en 1760, d'une famille qui, par les Comtes de Vermandois, prétendait descendre de Charlemagne, entra au service à dix-sept ans. L'année suivante, il passa en Amérique, et y fit avec distinction cinq campagnes sous les ordres de Bouillé et de Washington ; il connut Franklin, et étudia l'organisation politique des Etats-Unis.

Sa vocation, dit-il dans ses ouvrages, n'était point d'être soldat : il préféra étudier la marche de l'esprit humain pour travailler ensuite au perfectionnement de la civilisation ; il y consacra sa vie entière et toute sa fortune qui était considérable. A sa sortie de l'Ecole polytechnique, il voyagea en Angleterre et en Allemagne dans l'intention de s'instruire, publia plusieurs ouvrages sur la réorganisation européenne, la politique, son système, etc., et mourut le 19 mai 1825.

Ses disciples propagèrent sa doctrine et son système qui avaient pour but unique la constitution des biens, non comme beaucoup de personnes l'entendent, puisqu'elles la confondent avec la loi agraire.

Le système de la communauté des biens s'entend universellement du partage égal entre les membres de la société, soit du fonds lui-même, soit des fruits du travail de tous.

Les Saint-Simoniens repoussent ce partage égal de la propriété, qui constituerait à leurs yeux une violence, une injustice plus révoltante que le partage inégal qui s'est effectué primitivement par la force des armes et par les conquêtes.

Ils entendent par leur contrat social que chacun soit placé selon sa capacité, et rétribué selon ses œuvres.

Mais, en vertu de cette loi morale, ils demandent l'abolition de tous les privilèges de la naissance, sans exception, notamment celui de l'héritage, de manière qu'il n'y ait plus de légitimité, plus de mariages sérieux, puisque les hommes et les femmes seraient en commun : chose qui, sans doute, serait très agréable à ces Messieurs.

Pour y parvenir, ils entendent que toutes les propriétés soient dans la même main, c'est-à-dire, administrées par une compagnie reconnue solvable, qui aurait des agens et sous-agens qui recevraient et verseraient les revenus dans la caisse commune, et donneraient aux directeurs et administrateurs généraux les renseignements nécessaires sur la capacité, les dispositions et les besoins des individus que chaque agent pourrait surveiller dans sa section.

D'après ces renseignements, l'administration générale fournirait les choses nécessaires à tous les citoyens, tant en argent qu'en objets utiles à la profession et à l'état de chacun d'eux, mais de manière à ce que les plus laborieux soient dans l'aisance, sans pouvoir thésauriser, puisque la fortune de tous réside au point central de l'administration, comme la seule source qui fournisse à tous les canaux jusqu'aux plus petits.

Les plus capables, les plus probes, seraient à la tête de ce gouvernement qui, selon les Saint-Simoniens, représenterait un arbre généalogique dont tous les individus dépendraient et recevraient toute leur existence physique et morale, au moyen de ce que tous les produits, soit d'agriculture, soit de toute autre espèce de travaux ou de revenus, se verseraient dans les coffres du gouvernement.

Un pareil système aurait pu être établi dans les temps

d'ignorance et immédiatement après la mort de Jésus-Christ, où les peuples étaient habitués à regarder comme merveilleux et miraculeux tout ce qu'ils ne savaient pas et n'avaient jamais vu. Mais aujourd'hui ce système est un beau rêve ou plutôt un rêve creux qui détruirait les liens de la société et ceux des familles que les hommes regardent comme sacrés ; il pourrait s'établir dans une petite colonie.

La naissance, il est vrai, est l'effet du hasard ; mais les dispositions, les inclinations des êtres le sont de même : tel naît avec le sentiment de son existence, il est bon et généreux ; il aime le travail et se sent naturellement plus porté à un objet qu'à tout autre ; il est laborieux et obligeant ; mais, quelle sera sa récompense, si le fruit de ses labeurs ne revient pas à ses enfants ? Est-il juste que le produit de son travail et de ses peines serve à nourrir et entretenir le paresseux, l'insouciant ? Non, sans doute. Que deviendront ceux-ci enfin, s'ils ne veulent ou ne peuvent rien faire, rien mettre dans le fonds commun ?

Que fera-t-on de ceux qui sont nés vicieux, ou qui sont devenus fainéants à défaut d'éducation ; comment réprimera-t-on les crimes de toute espèce, les fraudes, les délits, le libertinage, la licence, etc. ? Qui aura caractère pour établir et nommer des juges ? Quelles punitions pourront-ils infliger ? Qui aura le droit de choisir les chefs de l'association ? Qui aura caractère pour nommer et placer où il sera nécessaire les ministres de la religion, car il en faut une quelconque, en laissant à chacun la liberté d'adorer, de prier l'Etre suprême selon sa manière ? Qui prononcera sur la conduite et la moralité de tous ?

Qui sanctionnera, cimentera les engagements que prendront les chefs de l'association, et quelle sera leur responsabilité ? Quelle garantie donneront-ils ?

Qui aura caractère pour établir des notaires chargés des actes de mariage, des conventions entre les individus de la grande famille ? Qui constatera les naissances, les décès, etc. ?

Qui pourvoira à l'entretien des villes, des hôpitaux et autres établissements publics ? Qui dirigera, soldera, formera les défenseurs de la patrie ? Qui sera chargé de la marine et du commerce ?

Qui commandera les armées et les entretiendra de défenseurs ? Qui fera les traités entre les puissances étrangères, etc. ?

Mais, disent les Saint-Simoniens, nous voulons une association européenne, où toutes les actions des hommes se rapportent, et une égalité parfaite entre eux, pour jouir des bienfaits de la nature ; nous voulons que tous participent aux avantages qu'elle produit ; nous voulons les amener à n'avoir tous que le même but, les mêmes intentions, la même religion, abstraction faite de tous privilèges de naissance, de droits d'hérédité, de parenté, etc., au moyen de quoi plus de dispositions testamentaires, ou autres de quelque nature qu'elles soient.

C'est ainsi, disent-ils, que Dieu a créé les hommes et qu'il les a considérés comme ses propres enfants, égaux en droits, persuadé que tous lui en témoigneraient leur gratitude de la même manière qu'il leur avait réparti ses bienfaits, sans distinction des uns ou des autres.

C'est sur ces bases que les Saint-Simoniens prétendent appuyer et établir leur doctrine, qui n'a pu entrer que dans une imagination ardente telle que celle de Saint-Simon ; elle eût pu réussir il y a dix-sept ou dix-huit siècles dans une petite colonie.

Mais aujourd'hui cela est impossible, il faudrait des

hommes neufs sortant des mains de la nature ; encore est-il douteux qu'une pareille association puisse exister long-temps : un semblable gouvernement est une véritable utopie, ou plutôt n'est-il, dans les circonstances actuelles où la France est en révolution, qu'un moyen caché d'établir la loi agraire, ou une république : c'est ce que le temps apprendra ; doit-on désirer un pareil gouvernement ? Le mieux dans tous les temps fut l'ennemi du bien.

Il est à croire que les prédicateurs de cette prétendue religion sont autorisés par le gouvernement à prêcher leur bizarre doctrine, car sans cela, ils n'oseraient se donner en spectacle, ainsi que des charlatans qui ne séduisent que les idiots.

Semblables aux missionnaires, il est à craindre que, comme eux, ils ne parviennent à troubler les familles et à se faire coucher sur les testamens de quelques personnes faibles et sans instruction ; la plupart de celles qui assistent à leurs séances, comprenant mal ce qu'on y débite, y donnent souvent un sens qui pourrait devenir dangereux s'il se propageait.

Si le gouvernement n'a pas de raisons très fortes de protéger ces nouveaux apôtres, on doit s'étonner qu'il n'ait pas encore pris des mesures sévères pour anéantir cette secte à sa naissance. On ne peut se dissimuler que ces disciples de Saint-Simon n'ayent un but secret dans les circonstances où la France se trouve aujourd'hui, en 1831.

Tandis qu'en avril 1834, le canon cessait à peine de gronder dans les rues de Lyon, une insurrection militaire, précipitée par les événements mêmes et qui devait coïncider avec eux, se tramait à Lunéville, avec le concours des sous-officiers de la garnison. Ses trois régiments de cuirassiers courant le sabre à la main sur Nancy et sur

Metz, soulevant le peuple au cri de vive la République ! auraient poussé droit à Paris, en faisant rouler devant soi le flot sans cesse renaissant des populations et des troupes révoltées. Les conjurés avaient des intelligences dans nos murs. Un député même de la Meurthe s'y trouva compromis. Au sortir d'une conférence tenue en plein champ de Mars, à Lunéville, la plupart des sous-officiers furent arrêtés en rentrant dans leurs quartiers où les soldats étaient déjà prêts à monter à cheval. Le 17 avril, les prisonniers, dirigés sur Paris, passèrent à Nancy, sous l'escorte de la gendarmerie, sans qu'aucun regard ami vînt leur témoigner jusqu'à quel point leurs espérances avaient pu être partagées.

Les Evêques de Nancy.

Mgr de Forbin-Janson, évêque de Nancy et de Toul, avait été obligé, comme nous l'avons déjà fait remarquer, de quitter son diocèse, et il avait fait, à diverses reprises, des tentatives pour y rentrer. Instruits de ce qui se passait, les officiers supérieurs de la garde nationale déclarèrent par la voie des journaux, le 27 septembre 1832, qu'ils refuseraient alors leur concours. Le Conseil général du département s'exprimait ainsi dans sa session de 1833 : Il suffit qu'une nouvelle du retour de l'Evêque de Nancy soit vaguement annoncée, pour qu'une fermentation dangereuse se manifeste dans la cité, et ce n'est point exagérer que de dire que la présence de ce prélat serait une calamité publique, dont le gouvernement lui-même ne manquerait pas de ressentir les funestes effets.

Cette dernière manifestation, reproduite l'année suivante, obligea de prendre une mesure décisive. M. Donnet, curé de Villefranche (Rhône), fut adjoint à M. de Forbin-Janson, avec titre épiscopal, pour, en son absence, administrer et visiter le diocèse de Nancy. Le nouveau prélat s'était, aussitôt après la Révolution de 1830, plié aux circonstances avec un zèle dont on lui savait gré, soit en équipant à ses frais deux gardes nationaux, habillant le tambour-major de la légion de sa localité, achetant un cheval pour le trompette, et en créant auparavant une compagnie de pompiers.

La suite ne démentit point ce que cette sage adresse promettait. Mgr Donnet, à peine arrivé à Nancy, se ménagea aussitôt l'affection de la cour royale, si indisposée contre son prédécesseur, il adoucit les amertumes dont certains membres du clergé lorrain avaient été abreuvés, visita son diocèse, en exhortant partout au calme, qui en effet, sous son habile direction, ne tarda pas à s'établir partout complètement. Aussi l'archevêché de Bordeaux fut-il plus tard le prix de ses pieux efforts ici, et même depuis il fut quelque temps question de l'appeler au siège de Paris.

Aussitôt qu'on apprit, en 1838, le choix de son successeur, Mgr Alexis Menjaud, ancien proviseur du collège de Nancy, le corps municipal et le Conseil général protestèrent. L'autorité supérieure tint bon, et le prélat, évêque *in partibus* de Joppé, devenu titulaire de Nancy, après la mort de Mgr de Forbin-Janson, son ami, arrivée à Paris le 11 juin 1844, à l'âge de 59 ans, Mgr Menjaud se concilia promptement les esprits les plus prévenus, par sa douce tolérance, le charme particulier de ses relations, enfin la bonté extrême et bien connue qui les accompagne (1844).

Mgr Menjaud, né à Chuscland (Gard), le 2 juin 1791, fit ses premières études chez M. Menjaud, son oncle, curé à Cormillon. Professeur au collège d'Uzès, il entra en 1812 au Séminaire d'Avignon, puis plus tard à Saint-Sulpice. Il fut ordonné prêtre en 1816.

Nommé aumônier de l'Empereur Napoléon III, en 1852, cette faveur lui aliéna l'affection de quelques diocésains royalistes, fidèles et pieux. La peine qu'il en éprouva, jointe aux soucis que lui causèrent des démêlés avec un prêtre haut placé, à cause de la publication d'un livre sur le mariage, et quelques difficultés même avec la préfecture pour le maintien de son séjour dans l'ancien palais épiscopal, le décidèrent, à son grand regret, à accepter le siège archiépiscopal de Bourges, où il est mort, emportant les regrets unanimes du clergé et des fidèles.

Je pense qu'il n'est pas hors de propos de continuer jusqu'à la présente année 1898 la nomenclature des Evêques ayant occupé et occupant le siège épiscopal de Nancy.

Le successeur de Mgr Menjaud fut Mgr Georges Darboy qui fut évêque de Nancy de 1859 à 1863. A la mort du cardinal Morlot, l'Empereur choisit notre évêque comme archevêque de Paris ; il le nomma ensuite grand aumônier et membre du Conseil impérial de l'instruction publique, il était sénateur, mais la Cour de Rome ne voulut pas l'élever au cardinalat. Pendant la triste guerre de 1870, il fut admirable de dévouement dans les ambulances. Il fut pris pour ôtage et fusillé le 27 mars, victime de la Commune ; il a laissé, même chez ses adversaires religieux et politiques, une réputation de piété, de vertu, d'administrateur distingué.

Après Mgr Darboy, c'est Mgr Lavigerie (Charles-Martial-Allemand), qui occupa le siège épiscopal de notre ville

(1863 à 1867). Un décret impérial le fit passer sur le siège d'Alger (1867) qui venait d'être érigé en archevêché, le Pape Léon XIII l'éleva à la pourpre Romaine, et il est mort, en emportant, on pourrait très facilement le dire, les regrets du monde entier.

Après Mgr Lavigerie, c'est Mgr Joseph-Alfred Foulon qui vient occuper le siège épiscopal de 1867 à 1882. Il était né à Paris le 19 avril 1823, il montra de bonne heure ses dispositions d'esprit pour les lettres, et se concilia l'amitié de ses maîtres, surtout du célèbre abbé Dupanloup, alors directeur du Petit Séminaire et depuis évêque d'Orléans. Nommé évêque de Nancy, Mgr Foulon ne se montra pas sur son siège un prélat remuant, qui aspire dès son arrivée à tout changer, à tout convertir à ses idées. Il s'attacha à connaître ce qui se pratiquait avant lui, et ne troubla aucune existence ecclésiastique. En 1882, il fut nommé archevêque de Besançon, c'est là qu'il mourut,

Le titulaire actuel est Mgr Charles-François Turinaz, né à Chambéry en 1838, est d'une famille distinguée dans l'Eglise; c'est un grand orateur, il est d'un dévouement à toute épreuve, bon et charitable.

Il avait été nommé évêque de Tarentaise le 18 janvier 1873, jusqu'à 1882, époque où il fut nommé à Nancy. Il est le 10e évêque de Nancy depuis la translation du siège de Toul dans notre ville.

(Je ne comprends pas, bien entendu, dans la liste qui précède, les sieurs Chatelain, Lalande et Nicolas, évêques constitutionnels.)

Le premier évêque de Nancy fut Mgr Latour-Dupin Montauban, nommé en 1778.

Le budget municipal pour 1835 offrait 327,199 fr. 70 de recettes ; les dépenses se montaient à 318,166 fr. 37. Excédent 8,333 fr. 33.

Les premiers Bienfaiteurs de la Ville

Au mois de novembre de la même année, on songeait à la création de salles d'asile et le Ministre de l'Intérieur accordait 1200 fr. pour entrer dans cette voie.

Mlle Didion, fabricante de broderies, mourut le jeudi 7 novembre 1836, laissant, sous diverses conditions, une somme de 200,000 fr. pour cet objet. On doit se rappeler avec reconnaissance le nom de M. Blaise père, ancien notaire, dont les soins multipliés contribuèrent à l'accomplissement de cette tâche. Notre ville comptait, en 1837, cinq de ces établissements qui doivent avoir un jour la plus utile influence sur la sociabilité des enfants du peuple.

Le 27 mai 1837, il partait de Nancy une petite colonie agricole destinée à fonder, aux environs du Caire, une ferme modèle à l'instar de l'Institut de Roville, fondée par le célèbre agronome Mathieu de Dombasle. Un de nos concitoyens, M. Husson, faisait, avec six de nos compatriotes, mandés par le pacha d'Egypte, partie de l'expédition en qualité de professeur de botanique et d'histoire naturelle.

Une souscription ouverte pour un dépôt de mendicité, produisait, à la date du 13 mars 1844, 46,049 fr. 25. Des ouvriers formaient aussi une association de secours mutuels entr'eux, origine de la Société de Prévoyance, créée le 1er octobre 1843, sous le patronage de l'administration municipale.

M. le général Drouot, témoin des désastres de 1814 et 1815, se prononçait avec énergie en faveur des fortifications de Paris.

Une cérémonie, sans exemple jusqu'alors parmi nous,

attira le 29 avril 1841, et par un beau soleil, une foule immense : c'était le baptême du bateau à vapeur le *Stanislas*, amarré avec l'*Austrasien*, au port du Crôsne, près des arches du pont de Malzéville. Le Préfet, l'Evêque consécrateur, le Maire de Nancy prononcèrent des discours, après quoi les embarcations descendirent la Meurthe jusqu'à Champigneulles au son de la musique du 7e léger. Le peu de profondeur du lit de la rivière fit abandonner le service des inexplosibles de Metz à Nancy ; ils transportèrent au mois de juin 1843, 3555 voyageurs.

Nous mentionnerons à la date du 16 juillet 1840, une tourmente extraordinaire dans l'atmosphère ; le vent fut d'une si grande violence qu'il déracina plusieurs gros arbres de nos promenades, cassa les branches à d'autres, abattit des cheminées, fit voler les ardoises et les tuiles à foison ; la Meurthe se souleva au point de rendre fort difficile le départ du bateau à vapeur.

Mort du duc d'Orléans, prince Royal

Les souvenirs de sa jeunesse rappelaient volontiers l'infortuné duc d'Orléans vers nos contrées. Il revint à Nancy le 3 octobre 1838. Je sais, dit il, tout l'attachement que me portent ses habitants, et je suis reconnaissant des témoignages qu'ils m'en ont donnés plusieurs fois. Je ferai tous mes efforts pour continuer à les mériter, et à me rendre digne, par ma conduite, des destinées auxquelles la nation a bien voulu m'appeler.

Qu'on était éloigné de prévoir la fin prématurée du noble

prince, dont la mort frappa au cœur la génération qui grandissait avec lui !

M. le duc de Nemours, son frère, inspectait à Nancy le 1er régiment de hussards, dans lequel son frère avait fait ses premières armes, et se trouvait à la caserne St-Jean quand le général Villate lui apprit la catastrophe du 13 juillet 1842, pour les détails de laquelle je retrouve ce qui suit et qui trouve ici sa place toute naturelle :

Le 13 juillet 1842, à midi, le duc d'Orléans devait partir pour Saint-Omer ; ses équipages étaient commandés, ses officiers étaient prêts.

Les régiments qui attendaient le prince à Saint-Omer, inspectés par lui, le prince allait rejoindre la duchesse d'Orléans aux eaux de Plombières.

A neuf heures, le prince se mettait à table ; après le déjeuner, il quittait son habit bourgeois pour un uniforme. A onze heures, il montait en voiture pour aller à Neuilly faire ses adieux au roi et à la reine.

La voiture qui conduisit le prince était un cabriolet à quatre roues très bas, en forme de calèche ; il était attelé de deux chevaux, et conduit à la Daumont par son cocher ordinaire.

Voiture et cocher étaient ceux qui, d'ordinaire, servaient au prince dans ses courses aux environs de Paris Le prince était seul dans le cabriolet ; ses aides de camp s'étaient offerts pour l'accompagner, mais il avait refusé.

A la hauteur de la porte Maillot, le cheval monté par le postillon s'effraya et prit le galop ; bientôt, le postillon ne fut plus maître de ses chevaux, et force lui fut de les laisser s'emporter par le chemin de la Révolte. Le prince était très leste, avait une grande habitude de la voltige ; souvent il avait discuté avec ses frères sur ce qu'il y avait de mieux à faire lorsqu'on se trouvait dans une voiture emportée. Son avis était qu'il fallait sauter, il sauta.

Ses pieds touchèrent la terre, mais la rapidité de la course était telle que, malgré le peu de distance qu'il y avait du marchepied au sol, il ne put rester debout, et faisant un tour sur lui-même, il tomba en arrière, la tête sur le pavé. La chute fut terrible : le prince resta sans connaissance à la place même où il était tombé.

Cent pas plus loin, le postillon se rendait maître de ses chevaux ; puis une fois maître d'eux, il revint se mettre à la disposition du prince, qu'il était bien loin de croire blessé à mort.

On était accouru à son secours, et on l'avait transporté dans la maison d'un épicier, sur la route, à quelques pas de l'endroit où le prince était tombé, devant la maison n° 13.

On étendit le blessé sur un lit, dans une des salles du rez-de-chaussée.

Un médecin des environs, le Dr Baumy, pratiqua une saignée qui demeura sans effet.

La famille royale fut prévenue. Mais quand le roi, la reine et Mme Adelaïde arrivèrent près du lit du prince royal, non seulement il n'avait pas repris connaissance, mais il ne donnait presque plus aucun signe de vie.

Cependant la terrible nouvelle avait pris des ailes d'aigle pour aller frapper à toutes les portes.

Pasquier, chirurgien du prince, arrivait de Paris ; M. le duc d'Aumale de Courbevoie, et M. le duc de Montpensier de Vincennes.

Pasquier déclara que l'état du prince était des plus graves et qu'il craignait un épanchement au cerveau. C'était d'autant plus probable, que le prince n'avait pas repris un instant connaissance, et quelques mots prononcés en langue allemande furent les seuls qu'il laissa échapper.

Cependant l'agonie se prolongeait, mais sans donner d'espoir au savant docteur, qui usait, vis-à-vis du prince, de toutes les ressources d'une médication énergique. La vie se retirait, mais à regret et en luttant pied à pied contre la destruction. Un moment la respiration parut plus libre ; un moment le pouls devint sensible ; un moment tous les cœurs se livrèrent à l'espérance. Mais cette espérance pâlit bientôt, et à quatre heures, le prince royal était en proie à tous les symptômes de l'agonie ; à quatre heures et demie, il expirait.

Huit jours après, il était enseveli à Eu, dans les caveaux de sa famille.

Revenons à M. le duc de Nemours qui se disposait à aller à la Pépinière, où il y avait, ce jour-là, en son honneur, fête, musique militaire, préparatifs d'illuminations, etc. Tout fut suspendu !

Le duc de Nemours ordonna sur le champ ses préparatifs de départ, et prit la route de Plombières dans le dessein d'aller chercher la duchesse d'Orléans qui y prenait les eaux. Mais une demi-heure après, changeant de résolution pour se rendre à la hâte auprès de ses parents, il traversa notre ville de nouveau, abîmé dans son désespoir, bien certainement partagé.

Huit jours auparavant on avait vu le duc d'Orléans, heureux et fier de sa jeune épouse, traverser avec elle nos murs ! Et ce qui ajoutait encore à l'amertume des regrets, la veille de sa mort, le prince avait écrit au Préfet de la Meurthe qui la reçut en même temps que l'affreuse nouvelle, une lettre des plus gracieuses dans laquelle S. A. R. remerciait avec effusion la population de Nancy et acceptait pour le 24, la fête qui lui était offerte, à lui et à la duchesse.

(Cette lettre, la dernière peut-être, écrite par le prince, fut demandée par le Maire, au nom de la ville, pour être déposée dans la bibliothèque publique.)

Pour la célébration de la fête qui devait être offerte au duc et à la duchesse d'Orléans, le corps municipal avait voté la somme de 3,000 fr. restée sans objet. Sur la proposition de l'un de ses membres, M. Favier, mû par le plus noble sentiment des convenances, il fut décidé qu'un pieux emploi serait affecté à cette somme, à la fondation d'une salle d'asile au faubourg des Trois-Maisons, laquelle porta jusqu'à la Révolution de 1848 le nom du malheureux prince dont on conserve encore avec soin la mémoire.

Comme on le voit, l'histoire de notre ville se rattache par les plus touchants motifs à l'histoire de la maison d'Orléans elle-même.

Peu d'événements locaux remplissent l'intervalle de 1842 à 1846, et certaines choses sont encore trop près de nous pour soulever des questions qui sont à cette époque restées dans le domaine d'une polémique irritante. Nous glisserons très rapidement sur cette époque, dont les meilleurs moments, sans contredit, furent principalement occupés ici par la discussion du tracé, direct ou non, du chemin de fer de Paris à Strasbourg. Le Conseil municipal fut heureux de posséder dans son sein, M. Collignon, ingénieur en chef et député, dont les connaissances spéciales et le talent surmontèrent beaucoup de difficultés suscitées à cette occasion. Il sut aussi faire partager à la chambre des représentants, ses convictions pour l'achèvement du canal de la Marne au Rhin, dont les sinueux contours sillonnent aussi notre territoire.

Malgré la publicité par la presse périodique, qui a pris à Nancy une extension inaccoutumée, et où presque toutes les opinions avaient des organes, je citerai encore à titre de rapprochement néfaste, quelques mouvements populaires, à la suite d'une espèce de panique causée par l'enchérissement subit du prix du pain. Dans la soirée du dimanche 21 juin 1846, après un déploiement considérable de forces, sans appel de la garde nationale, une patrouille de la troupe de ligne fit le coup de fusil dans nos rues ; triste événement qui n'avait pas eu lieu depuis la terrible journée du 31 août 1790.

Funérailles du général Drouot
Erection de sa statue

Nous allons maintenant entrer dans quelques détails au sujet de la mort et des funérailles de notre illustre concitoyen le général Drouot, c'est une page importante de notre histoire locale.

Le 24 mars 1847, Antoine Drouot mourut à 6 heures du matin, après avoir reçu les secours spirituels de la religion. Il avait alors plus de 73 ans.

Ce fut le 26 mars qu'il fut inhumé au cimetière de Préville. Ses obsèques furent magnifiques ; nous nous les rappelons encore, non sans émotion, le service religieux se fit en l'église Saint-Sébastien, paroisse du défunt ; le convoi funèbre se rapprochait beaucoup, par sa somptuosité non officielle, des funérailles de nos bons ducs de Lorraine.

Quand on fut arrivé au cimetière, le Préfet de la Meurthe, M. Lucien Arnault, prononça sur la tombe du regretté défunt les quelques paroles suivantes :

Général Drouot,

Au nom du roi, au nom de la France, au nom de ce département et de cette cité qui étaient pour vous une patrie dans la patrie, adieu !...

Vous fûtes héroïque comme soldat, vous fûtes sublime comme citoyen !... Nous vous pleurons, mais nous ne vous plaignons pas ; votre vie est irréprochable, vos souffrances viennent de finir et votre immortalité commence...

Le 17 juin 1856 eut lieu sur le cours Léopold, à Nancy, l'inauguration très solennelle de la statue pédestre du regretté général ; la fête fut splendide, le récit en a été religieusement conservé dans les annales de notre cité.

Franchissons un instant le cercle des âges, et mettons en présence un enfant de notre génération future avec un voyageur étranger s'arrêtant tous deux devant la statue de Drouot :

A qui fut élevé ce monument ? dira l'étranger.

L'enfant de Nancy répondra :

Au guerrier invincible, né loin de la route qui conduit aux honneurs et à la gloire, et qui sut les atteindre par son seul courage, sa persévérance et son génie ; à l'homme bienfaisant qui, après avoir vécu au milieu de nos pères, apaisa leurs discordes civiles, fut honoré par la vieillesse, consulté par l'âge mûr, respecté de l'enfance, chéri de tous, mais principalement béni des pauvres et des établissements d'assistance ; au sage enfin, qui a mérité que le bronze et le marbre rappelassent sa mémoire, à la fois comme soldat héroïque et comme citoyen sublime... Ce piédestal, que vous contemplez, est le prix volontaire de l'offrande du riche, du salaire de l'ouvrier, de la souscription du vieux soldat, de l'obole même du nécessiteux ! Et l'inauguration de la statue de ce Cincinnatus des temps modernes, qui eut les vertus évangéliques de Vincent de Paul, après avoir montré l'indomptable vaillance de Scipion, la grandeur d'âme de Bayard, cette inauguration se fit sous le troisième des Napoléon, et au moment où la France se sentait fière à juste titre de nouvel éclat de l'expédition de Crimée faisant rejaillir sur elle et sur ses enfants l'Alma, Inkermann, Kerstch et Sébastopol, et venant s'ajouter à Marengo, Austerlitz, Wagram et Hanau !

L'éloge funèbre du général Drouot fut prononcé dans la Cathédrale de Nancy, en présense d'un immense auditoire d'élite, le 25 mai 1847 par le R. P. Henri-Dominique Lacordaire, des Frères prêcheurs.

M. le Baron Guerrier de Dumast a écrit les lignes suivantes dans son ouvrage : Nancy, histoire et tableau, à propos des funérailles de notre regretté concitoyen ; ces lignes si éloquentes doivent trouver nécessairement leur place ici ; nous les transcrivons religieusement :

A l'instant où est mise sous presse (samedi 27 mars 1847) cette page, écrite depuis plusieurs mois, la mort du général Drouot y fournit à l'improviste un post-scriptum, et en confirme les réflexions.

« Si le personnage respecté dont nous venons de voir hier les admirables funérailles, est postérieur aux âges de l'indépendance des régions d'entre Rhin et Meuse ; s'il n'appartient plus à l'histoire locale, mais à celle de la France, toutefois dans la noble affluence de tant d'hommages rendus (malgré sa défense), au guerrier calme, fidèle, ferme et modeste, en qui avait vécu l'ancien caractère lorrain..., il restait très visiblement un cachet de magnificence funèbre lorraine, une richesse de deuil particulière au terroir. La beauté, la pompe, l'air de grandeur de ce cortège spontané, à la fois officiel et populaire, dépassait de beaucoup la mesure de ce qu'aurait rendu présumable le nombre des habitants ; et très certainement, de toutes les villes de quarante mille âmes, Nancy est la seule, au monde, où fût possible le spectacle d'un si majestueux enterrement.

L'ancienne Porte Saint-Nicolas.

L'ancienne Porte Saint-Nicolas, aujourd'hui emplacement libre, devant la statue de Callot.

C'est par cette porte que le bon duc Léopold fit le 10 novembre 1698 son entrée solennelle à Nancy, après avoir épousé à Bar, le 25 octobre précédent, Elisabeth-Charlotte d'Orléans, fille du prince qui fut plus tard le Régent.

Un autel avait été dressé dans l'espace qui séparait l'une de l'autre les deux faces de la Porte Saint-Nicolas de la Ville-Neuve ; et ce fut là que le jeune duc jura, entre les mains du doyen de la Primatiale (M. Le Bègue), de respecter les droits du pays. Milord Carlinford lui offrit les clefs de la ville ; M. d'Hoffelize, conseiller d'État, le complimenta au nom de la magistrature. Léopold s'avança par la rue Saint-Dizier, vers la Collégiale Saint-Georges, située alors au midi du Palais, petite place Carrière actuelle, suivi d'un nombreux cortège, où figuraient notamment huit cents chevaux et beaucoup de chameaux pris par les Lorrains sur les Turcs.

Les chevaux furent placés au haras de Sarralbe, ou distribués aux laboureurs du pays ; et ils créèrent dans nos contrées cette petite race infatigable, qui résista seule en 1812, dans la retraite de Russie, où elle traînait encore du canon, lorsque tous les autres attelages avaient péri. Quant aux chameaux, ils furent logés sous les vastes voûtes qui en ont longtemps gardé le nom, près du bastion d'Haussonville.

Ces voûtes, dites des Chameaux, dépendaient de l'ancienne porte Saint-Nicolas, bien éloignée de la nouvelle. Cette ancienne porte appartenait à l'enceinte primitive de la Ville Vieille, y donnait entrée dans la grande-rue, et, au dehors, elle correspondait à l'axe de la rue des Dominicains, du Pont-Mouja, et du faubourg Saint-Nicolas. Situées donc vers le bas de la rue de la Pépinière (qui n'existait pas alors, puisqu'un fossé profond et une large esplanade séparaient les deux villes, les voûtes des Chameaux subsistaient encore presque intactes en 1800, les enfants y allaient donner la chasse aux nombreuses chauves-souris qui y avaient établi leur refuge. Les dernières, qui restaient de ces voûtes, beaucoup moins hautes que les autres, ont été démolies, avec la courtine dont elles faisaient partie, en février et mars 1847.

L'Arc-de-Triomphe s'est alors trouvé complètement dégagé à l'aspect de l'ouest, les rues de la Pépinière et des Maréchaux furent mises en communication, et on créa la place Vaudémont aujourd'hui place Callot, depuis qu'y a été édifiée la statue du célèbre graveur lorrain.

On remarque encore actuellement (1898), sur cette place, en tournant le dos à la statue Callot, la maison qui fait face, et qui forme l'angle des rues dites de la Pépinière et des Maréchaux. Cette construction n'a ni rez-de-chaussée, ni premier étage ; il ne faut pas s'en étonner, car j'ai encore vu les anciennes constructions, toutes surmontées de jardins plantés qui atteignaient à peu près la hauteur du 2ᵉ étage actuel de cette maison.

Le 27 février 1847, on trouve dans la collection du journal l'*Espérance*, courrier de Nancy, un très remarquable article que je crois devoir transcrire *in extenso*, car je suis bien convaincu à l'avance qu'il sera d'un très grand intérêt pour beaucoup de personnes :

« Attirés par le spectacle de la démolition qui s'opère au centre de Nancy, les curieux qui tiennent à passer sous les débris de l'ancienne Porte Saint-Nicolas, s'étonnent du peu de hauteur de l'arcade. C'est que d'abord, sans parler de l'entassement des terres qui a eu lieu du côté de la rue de la Pépinière, il faut tenir compte de l'exhaussement de plusieurs pieds qu'a reçu même la Grande Rue de la ville vieille. C'est qu'ensuite il ne s'agissait pas là d'un arc triomphal, mais d'un passage réellement militaire, et qu'en pareil cas les voûtes ont pour l'ordinaire peu de hauteur. Celle ci, qui était basse et courbe, ressemblait beaucoup, au dedans, à sa contemporaine, la voûte de la porte de la Craffe, sous les tours de la citadelle.

« Nous disons sa contemporaine (nous pourrions peut-être dire sa fille), quoique les tours de la Craffe remontent à 1463 ; car il ne faut pas croire que la vieille porte Saint-Nicolas, dont la coupe est ogivale, soit vraiment du temps de Charles III, comme celle qu'on appelle du même nom au bout de la rue Saint-Dizier, ou comme les portes Saint-Georges et Saint-Jean. Ces belles entrées, si admirées des connaisseurs, et si admirables effectivement dans le style d'architecture propre aux fortifications, furent bâties de plein jet par Orphée et Galéan ; tandis que celle dont nous

parlons préexistait, et que seulement L'Hoste ou D'Estabili,
la faisant entrer dans leur escarpe, la rattachèrent à la
magnifique enceinte bastionnée dont ils environnaient les
deux villes.

« On sait que, placée sur l'axe de la rue des Dominicains, et de ses prolongements, cette porte conduisait à la
rue (seule irrégulière dans la ville neuve), qui se nomme
encore faubourg Saint-Nicolas, parce qu'en effet, avant les
créations opérées par le grand Charles III, c'était un faubourg, c'était celui qui menait à Saint-Nicolas de Port.
Quand la nouvelle porte fut construite à l'entrée de la rue
Saint-Dizier, l'ancienne prit le nom de Vieille-Porte Saint-
Nicolas, ou de Porte Saint-Nicolas entre les deux villes.
Dans le système des fortifications perfectionnées, on pro-
longea sa voûte pour lui donner en étendue toute
l'épaisseur du rempart ; et en la prolongeant, on le fit obli-
quement, afin d'en placer la sortie dans la gorge du bastion
d'Haussonville, sous le feu du bastion de Vaudémont (qui
est celui dont les restes peuvent se voir encore dans le
jardin de l'Evêché), en sorte que le pont, qui partait de là,
sur de larges fossés, ne débouchait plus au lieu ou est située
la fontaine de Neptune, près de la Comédie, mais venait
aboutir vers l'emplacement du café Deraucourt (aujourd'hui
Walter), ou du magasin (autrefois Babin, chapelier), formant l'autre angle de la place et du trottoir Héré.

« En définitive, l'arcade restante, devant laquelle il faut
se mettre, dans la rue de la Pépinière, si l'on veut aperce-
voir, par dessous la voûte, la grande rue de la ville vieille
avec le même œil dont la voyaient jadis les gens
qui y pénétraient lors de la gloire de nos contrées ; l'arcade restante, disons-nous, appartient au Nancy primitif,
au Nancy de Raoul, de Charles II, de René, et non pas

à la superbe enceinte murée qui s'était élevée autour de la capitale de la Lorraine, dans les beaux siècles de cette puissance. Léopold et Charles V ont bien fait leur entrée par là, puisqu'on avait fondu cette porte avec les fiers remparts de Charles III et de Henri le Bon ; mais c'est par là aussi qu'antérieurement le duc Antoine était revenu victorieux d'Alsace, après avoir sauvé ses Etats, et tout l'Occident, de la vandale férocité des Rustauds ; mais c'est également par là qu'avait été rapporté dans nos murs le corps de Charles le Téméraire, le trop belliqueux duc de Bourgogne, à la suite de cette bataille de 1477 qui changea les destinées de l'Europe. A cette arcade, qui va tomber, se rattachent donc des souvenirs historiques de premier ordre ; et cela en plus grand nombre qu'à aucune des portes de Paris ; que peut-être même à aucune des voûtes sous lesquelles on peut encore passer à Rome.

« D'après un lotharingiste pour les opinions duquel on doit avoir une certaine considération, l'article qu'on vient de lire serait erroné, je n'apprécie pas : l'ancienne porte dite de Saint-Nicolas aurait consisté en certaines voussures, au nombre de trois, placées au fond du rempart, à cinquante pas sur la droite de l'entrée de l'arcade : voussures qu'on ignorait, et dont l'existence a été découverte pendant la démolition, par l'enlèvement du terre-plein de la courtine, qui les a laissées à nu.

« Mais ces trois arceaux sans épaisseur, que le corps du terrassement avait toujours masqués, n'étaient qu'un jeu de bâtisse, qu'une manière bien connue d'économiser des mètres cubes de maçonnerie et de les remplacer par de la simple argile. Jamais ils n'ont pu conduire à rien ; car ils se trouvaient situés à moitié chemin entre la Grande-Rue et la place Carrière ; juste en face d'une masse de maisons, contemporaine de la fondation même de Nancy.

« Il y a toutefois une chose discutable ; que Léopold et le corps de Charles V aient passé sous l'arcade antique, on peut le contester. Comme le pont qui y conduisait avait été dérangé par les Français pendant leur séjour, et n'avait peut-être pas été rétabli pour cette occasion, il n'est point impossible que les princes lorrains, à leur retour en 1698 et 1700, se soient trouvés obligés d'entrer par la Porte-Neuve ou Royale, quelque odieuse que fût aux habitants de la ville cette percée faite par les étrangers.

« Située presque au même lieu que l'Arc-de-Triomphe actuel (un peu plus vers la droite), cette Porte-Neuve bâtie par ordre de Louis XIV, était ornée de sculptures de Bagard, mais les gens du pays l'avaient en horreur. Néanmoins les Lorrains ne la détruisirent pas, et même Léopold y plaça son Académie des Beaux-Arts. C'est à Stanislas qu'en appartient le remplacement, lorsqu'il voulut, avec raison, que la Carrière fut enfilée exactement selon son axe.

« En toute hypothèse, l'arcade profonde et principale qui donnait accès dans la Grande-Rue, et qui formait le centre des voûtes dites des Chameaux, est bien l'ancienne porte nationale de Nancy. C'est indubitablement la porte primitive, celle par laquelle avait été apporté chez Georges Marque le corps de Charles le Téméraire, celle par où le bon duc Antoine était rentré vainqueur des Rustauds et sauveur de tous les principes sociaux de l'Europe. Rien ne manquait donc à la vénérable importance d'un pareil monument, et partout nous voyons conserver avec soin, pour leur valeur purement historique et sans intérêt d'art, des débris de monuments qui sont loin, bien loin à coup sûr, de rappeler autant de gloire. »

L'inscription commémorative de la Grande-Rue Ville-Vieille.

Puisque je viens de parler de Georges Marque, dans l'hôtel duquel on rapporta le cadavre de Charles le Téméraire, tué et retrouvé dans l'étang Saint-Jean, après la bataille du 5 janvier 1477, il n'est peut être pas tout à fait hors de propos de placer sous les yeux du lecteur la lettre suivante datée du 22 septembre 1839, et qui doit être conservée, à titre de souvenir, en raison surtout de l'époque à laquelle elle a été écrite :

A M. le Maire et aux membres du Conseil municipal de la ville de Nancy :

« Tout citoyen éclairé devant naturellement veiller au maintien des objets qui consacrent des souvenirs importants à conserver, soit à cause de l'intérêt des faits, leurs enseignements, l'illustration qui en résulte pour les lieux qui les ont vus naître, ou enfin pour les jugements portés par la postérité (ce qui rentre, au surplus, dans l'esprit et les dispositions d'une ordonnance municipale récente, et tendant à la conservation des monuments de notre ville), j'ai l'honneur d'appeler votre attention sur ce qui suit :

« Dans la Grande-Rue-Ville-Vieille, vers le milieu de la partie du revers de la place Carrière, devant la maison actuellement en reconstruction, et appartenant au sieur Paquin, il existait naguères un pavé en pierres noires ou de marbre, lequel, bien qu'en mauvais état d'entretien et accusant une grande vétusté, était néanmoins très visible à l'œil. Ce pavé formait deux carrés parallèles, l'un près de l'autre, et ceints d'une bande de dalles noires, d'une largeur égale au mur de face, disposés symétriquement et avec intention. Ces pierres viennent d'être arrachées... Au nom des plus nobles convenances, l'*Histoire de Lorraine* à la main, nous venons demander leur restauration.

« C'étaient là, en effet, les vieux témoins, non seulement de la bataille de Nancy, 5 janvier 1477, l'un de ces grands événements qui jalonnent les destinées des nations, en assurant le triomphe des unes sur les autres, en déterminant la prospérité ou la décadence des Maisons royales ; bataille qui renfermait en elle-même toutes les éventualités, tous les contingents de l'ordre social actuel, dit M. de Golbéry ; mais encore les marques d'un haut exemple de piété guerrière, peu commun alors, remarqué et applaudi de tous les historiens anciens et modernes, depuis Philippe de Commines jusqu'à M. de Barante : René II et ses capitaines, recueillant généreusement et avec magnificence les derniers restes d'un farouche et cruel ennemi vaincu, devant lesquels, comme César pleurant à la vue de la tête de Pompée : A la mienne volonté ! beau cousin, dit avec effusion le duc de Lorraine, que vostre malheur et le mien, ne vous eust réduit icy en cest estat ! !

« Les annales de notre ville nous apprennent que sur cet emplacement s'élevait l'hôtel de noble George Marqueiz, et que ce fut là qu'on déposa avec pompe et honneur le corps inanimé de Charles de Bourgogne, tombé sous les murs de Nancy, et qu'il y reçut aussi, après la Cour de Lorraine, les derniers gages d'affection de ses fidèles serviteurs, blessés et prisonniers. Un pavé de dalles noires fut dès lors posé pour attester à tous le théâtre de ce grand tableau. L'habitation de George Marquiez devint plus tard l'hôtel de Rennel, démoli lui-même ensuite ; mais toujours, malgré ces divers changements, ces pierres, gardées avec

respect, devant lesquelles s'inclinèrent en 1777, l'empereur
d'Allemagne, Joseph II ; en 1814, l'empereur d'Autriche,
François Ier, restèrent incrustées au sol, en vertu peut-être
d'un acte authentique dont les traces existent sans doute
dans nos archives ; se retrouvant aujourd'hui, une tuté-
laire prescription leur est acquise, et désormais en fait une
propriété commune et glorieuse. Invoquons à ce sujet le
vénérable historien de Nancy, l'abbé Lionnois :

« Le pavé, dit-il, de cette maison sur la Carrière et à la
Grande-Rue, était entièrement fait de pierres noires. Cette
distinction excitait la curiosité des étrangers et même des
enfants des citoyens, qui en apprenaient la cause de leurs
pères. Aujourd'hui, il ne reste plus que quelques-unes de
ces pierres noires à la Grande-Rue, qui n'est pas fréquen-
tée, et il n'en est aucune sur la Carrière où se rendent tous
les curieux, soit pour admirer la beauté et la magnificence
de cette place, soit pour y jouir de l'agrément de la promenade. Autrefois, divers monuments qui existaient ne per-
mettaient pas d'ignorer ce trait important de notre histoire.
Mais l'église de Saint-Georges a été détruite ; le mausolée
que le prince victorieux avait fait élever dans ce temple à
la mémoire de son ennemi, a disparu ; depuis la cession
de la Lorraine à la France, on a discontinué de faire la
procession que le duc René avait fixé au 5 janvier, veille
des Rois, en actions de grâces de la levée du siège de sa
capitale : le souverain et tous les ordres de l'Etat, qui
y assistaient ; le casque et l'épée du prince vaincu portés
par les Suisses dans une saison rigoureuse ; les prières
qu'on y faisait, les discours analogues à la cérémonie, tout
contribuait à rappeler la détresse dans laquelle s'était
trouvée cette ville pendant qu'elle était assiégée ; l'allégresse
dont elle avait été transportée au moment de sa délivrance ;

les larmes de joie et de tendresse versées par ses habitants
sur un prince chéri qu'ils avaient craint de perdre, et à
qui, pour preuve de leur amour, ils avaient érigé un trophée de têtes de chevaux, d'ânes, de chats et de rats dont
ils avaient été obligés de se nourrir, pour ne pas fausser la
foi qu'ils lui avaient jurée. Il n'y a plus rien dans la ville
et les environs qui retrace le souvenir de toutes ces choses
si honorables à la nation lorraine, et en particulier aux
habitants de Nancy, que la croix de pierre dressée dans
l'endroit même où périt Charles le Téméraire, dernier duc
de Bourgogne. Et déjà, à présent, ce fait, si mémorable
pour notre ville, est aussi étranger à ses habitants non
lettrés qu'aux peuples des autres provinces. Il est des villes
en France, qui, pour fixer un instant la curiosité des
voyageurs, sacrifient des sommes considérables à l'entretien de ruines qui prouvent certains faits arrivés dans leur
enceinte ou dans leur district. Le pavé dont nous parlons
serait de peu de dépense, et éterniserait l'action la plus
importante qui se soit passée en Lorraine et sous les murs
de Nancy.

« C'est donc assurément, nous le pensons, répondre à
vos sentiments que de vous proposer d'accomplir ces vœux
véritablement patriotiques, et auxquels s'associent les
concitoyens dont, par leurs choix, vous représentez les
intérêts intimes. A diverses époques, le magistrat de
Nancy fit relever la croix de l'étang St-Jean, insulte, aux
yeux du moraliste, à la mémoire d'un guerrier terrassé :
notre monument suggère d'autres idées.

« En conséquence, j'ai l'honneur, Monsieur le Maire,
Messieurs, de vous prier d'aviser à la restauration, soit
primitive, soit d'un agencement identique, quant au but,
du pavé en pierres noires ou de marbre, qui existait récem-

ment encore, devant la maison appartenant au sieur Paquin, et autrefois l'hôtel de George Marqueiz, aux frais de la ville qui en tire tant d'illustration. Les débris en ont été soigneusement recueillis par l'habile architecte des travaux qui en ont nécessité le déplacement, M. Desvarennes, membre lui-même du Conseil municipal, Et, quel que soit le résultat de votre délibération, que procès-verbal en soit dressé et déposé aux archives de la ville de Nancy, pour servir à jamais et pour tous, de renseignements précieux et utiles, sur des faits éminemment glorieux, européens, témoignages caractéristiques du génie national de nos pères, et dont les dernières traces viennent de disparaître. »

J'ai l'honneur d'être etc.

Signé : J. Cayon-Liébault, fils, propriétaire, et membre de l'Académie royale de l'industrie française.

A ce mémoire se trouve joints deux dessins réprésentant ;

1° La figure restituée de l'ancien pavé.

2° Et la figure proposée de reconstruction.

Dans son numéro du 22 septembre 1839, le *Journal de la Meurthe* fait les réflexions suivantes :

« Nous ne pouvons qu'applaudir au sentiment patriotique qui a dicté ces lignes à M. Cayon. Quand, de toutes parts, les anciens monuments tombent autour de nous ou disparaissent sous la brosse du vandalisme, lorsque les vieux et poétiques souvenirs s'engloutissent dans le gouffre de l'indifférence et de l'oubli, il est bien d'élever la voix pour défendre ces nobles et glorieuses dépouilles qui sont les plus belles pages de notre histoire. Il ne s'agit pas ici d'un édifice à élever, mais de quelques pierres à remettre à la place qu'elles occupaient jadis. Le Conseil municipal fera, sans aucun doute, droit à cette demande, aussi juste que raisonnable, et que les amis de nos antiquités nationales appuient de tous leurs vœux. »

Dans l'*Espérance*, courrier de Nancy, on lisait, vers la fin de février 1846, l'article suivant :

Les derniers Lorrains. Il y a eu lundi dernier, 23 février, quatre-vingts ans que Stanislas est mort à Lunéville, et que ses états, dévolus d'avance par le traité de 1737 à un royaume voisin, y sont tombés absorbés. Voici, par conséquent, quatre-vingts ans que la Lorraine a perdu cette existence propre et souveraine où elle mettait sa gloire et son bonheur : existence qui, datant de la dissolution même de l'empire carlovingien, avait eu neuf siècles de durée depuis le roi Lothaire, ou huit si l'on ne veut partir que du duc Frédéric de Bar. A ne remonter, comme on a coutume de le faire, que jusqu'à Gérard d'Alsace, le pays avait figuré régulièrement pendant sept-cent-dix-huit ans, parmi les états libres, gouvernés par un sceptre héréditaire.

Désormais donc, dans nos contrées, il ne peut plus y avoir d'hommes nés indépendants de la couronne de France, d'hommes qui aient eu l'honneur de posséder chez eux une Patrie, que parmi ceux qui ont quatre-vingts ans sonnés. Les citoyens lorrains qui survivent sont tous à présent octogénaires. C'est dire qu'il en reste peu.

Plus rares encore, dans le nombre, sont ceux qui ont conservé, de l'indépendance nationale, quelque souvenir positif ; car il faut être presque nonagénaire pour se rappeler distinctement le luxe et la majesté de Nancy-Capitale. Toutefois, de pareils témoins respirent, et l'impression en subsiste chez eux. Un ancien jardinier du faubourg Saint-Pierre, par exemple, le sieur Grison, en a la mémoire très présente. Il assistait, placé auprès de Bonsecours, contre le mur des maisons qui forment actuellement la Collégiale, à l'une des entrées de Stanislas, venant de Lunéville, en voiture découverte. Il a parfaitement le cortège devant les yeux ; il voit très bien la figure du dernier monarque lorrain.

Quelques années de plus et ces derniers vestiges auront disparu, et nulle trace vivante ne restera d'un grand et glorieux passé. Sur les lieux mêmes, une génération indifférente, dont les idées ne s'élèveront pas au-dessus de l'atmosphère des bureaux de sous-préfectures, aura pleinement oublié son ancienne illustration locale, les vertus et les hauts faits de ses pères, et comptera pour rien de sentir couler dans ses veines le sang de ces hommes généreux, dévoués, aimants, invincibles, qui résistaient, un contre dix, aux meilleurs soldats de l'Europe, et qui donnèrent, à leur pays, comme jadis les enfants de Lacédémone et d'Athènes, mais beaucoup plus longtemps, une attitude de premier ordre, une importance vingt fois supérieure à celle de son territoire.

Tant de pleurs et de sang versé ; tant d'efforts faits, ainsi qu'aux Thermopyles, pour se maintenir 600 ans dans une héroïque indépendance ; tant de fiers monuments construits, qu'a démolis l'étranger ; tant de travaux dans la politique, la science ou les arts ; tant d'affections douces ou sublimes, et d'institutions qui les rappelaient ; tout ce qui s'attache, le long des âges, au magnifique nom de la Lorraine, tout sera si bien effacé, que le récit même n'en sera pas fidèle, et que les habitants de la contrée sauront moins leurs belles annales que celles de l'Angleterre ou de la Chine.

Ainsi vont les choses du monde ; et toutes, jusqu'aux plus admirables, toutes elles sont destinées à passer. Si colossales qu'on les voulût imaginer, il en serait de même : Ninive et Babylone ont péri. Des nations qui brillent aujourd'hui, et qui sont fières de leur force, il n'en est pas une qui ne doive tomber, allons plus loin, qui ne doive subir, après sa chute, les injures finales de l'oubli.

Il n'y a qu'un seul objet impérissable d'amour et d'enthousiasme ; un seul être pour qui ne soient jamais perdus les sacrifices, si c'est à lui qu'on les a faits. Dieu seul est grand, dit Massillon.

Convoi funèbre du Marquis de Ludre (1833).

L'exemple d'une imposante pompe funèbre particulière, presque comparable à celle d'autrefois, a encore été offerte aux habitants de notre ville de la génération présente, mais qui déjà ne l'ont plus guère comprise. C'est lorsqu'en 1833, le comte Théodore de Ludre fit transporter au caveau de famille, dans les débris du château de ce nom, son père, qui venait de mourir ; l'ancien premier gentil-homme de la Chambre du roi Stanislas : Gabriel-François Florent, Marquis de Ludre et de Frolois, Comte d'Affrique, premier gentilhomme de la Chambre de Stanislas, apparte-nait par son âge à la Lorraine réelle, indépendante (au moins en titre). Presque centenaire à sa mort, il datait, en fait de naissance, de l'année même du départ de la dynastie qui précéda le roi de Pologne. Il avait donc passé toute sa jeunesse au milieu de vrais Lorrains encore vivants.

A voir se développer dans la belle rue Saint-Dizier ces longues files de cierges armoriés ; à voir marcher au centre, en manteau à queue traînante, l'héritier d'un écusson qui en rappelait tant d'autres, bien des spectateurs, ignorants, n'aperçurent là qu'une chose étrange, exagérée, due peut-être uniquement à des vanités personnelles. En se plaçant, par la connaissance de l'histoire, à un meilleur point de vue, ils eussent regardé passer avec intérêt, sinon même avec émotion, cet enterrement, qui était en quelque sorte celui du pays. Ils eussent trouvé naturel que le dernier des grands seigneurs lorrains, le seul dignitaire restant de la cour du dernier monarque qui ait eu son trône à Nancy, fût inhumé avec un peu de la splendeur des anciens usages locaux, avec un reste de magnificences funéraires qui attachèrent jadis aux murs de Nancy tant de célébrité.

Et si l'opinion publique, mieux avertie, se fût plus sym-pathiquement associée aux sentiments du cortège, il fau-drait noter le 29 novembre 1833 comme un jour mémorable. Car une telle cérémonie semblait l'adieu de Nancy à lui-même ; c'était le salut du drapeau.

(M. de Dumast, Nancy, *Histoire et tableau*, 1847, page 49. Nancy, Vagner, imprimeur-libraire-éditeur.)

Quelques notes sur la Maison des Orphelines.

Cette maison commencée en 1713, par Jean Cabout, seigneur de Villiers-sur-Seine, qui venait de doter le faubourg Saint-Marceau, à Paris, d'un semblable établissement, de concert avec Marguerite d'Yvry, sa femme, fut augmentée par les libéralités pieuses de diverses personnes, notamment de dame Catherine Croiset, en 1715. C'était autrefois l'ancien hôpital Madonné. Dans l'église simple et commode, construite en 1730, se voyait la pierre tombale de l'abbé Dumolard, Directeur des travaux de la Cathédrale, ancien aumônier de Léopold et de François III, mort en 1747. Pendant les deux invasions, on y célébra le culte grec. Depuis la réintégration des orphelines dans leur ancienne maison, cet institut, si recommandable à tant de titres, a été constamment honoré de la visite des personnages, qui, à diverses époques, ont séjourné à Nancy.

Le revenu des orphelines étaient de 9.000 fr. en 1790, et de 7,000 fr. en 1818, époque de leur rétablissement, sur la réclamation près du Ministre, par les représentants des anciens fondateurs.

L'administration de cette maison, fut-il dit au Conseil municipal, à qui cette demande était envoyée pour donner son avis, est entièrement séparée de celle des hospices, parce que d'après les titres de fondation et les lettres-patentes de 1713, ce n'est point un hôpital, mais une maison de retraite et d'éducation, une véritable institution particulière, confiée, comme avant la révolution, à un bureau composé de quelques représentants des fondateurs, du Maire, ainsi que des principaux magistrats de la ville, qui statuent notamment sur l'admission des orphelines ; projet d'autant goûté, qu'il doit y être établi une école gratuite où seront reçues les jeunes filles pauvres de la paroisse Notre-Dame, sur l'indication du curé et du bureau de Charité, chargé de la surveillance des écoles gratuites ; qu'enfin cet établissement doit se suffire à lui-même, sans pouvoir rien exiger ni de la caisse des hospices ni de celle de la commune.

Il existe dans cette maison, admirablement tenue par les Sœurs de la Doctrine Chrétienne un Pensionnat de jeunes filles, internat et externat qui a déjà obtenu et obtient tous les jours de brillants succès. Les revenus que procure ce pensionnat servent à améliorer les conditions des orphelines jouissant des avantages de la gratuité.

Le Pont de Tomblaine.

On passait autrefois la Meurthe, à Tomblaine, sur un bac, remplacé maintenant par un beau pont en pierre, de cinq arches en maçonnerie, de 12 mètres 70 centimètres d'ouverture chacune ; il a été construit par voie de concession de péage, pendant 99 années, par M. le baron Buquet. Les travaux ont commencé le 1er février 1842 ; la première pierre a été posée le 2 juillet, et la dernière le 6 septembre de la même année. Le passage était autorisé, et le péage perçu le 6 octobre 1842. La réception a eu lieu le 10 juin 1843, en présence de M. le Préfet et de plusieurs habitants notables de Nancy, par l'Ingénieur en chef des Ponts-et-Chaussées du département, assisté de l'Ingénieur ordinaire de l'arrondissement du midi. Les travaux de ce pont ont été habilement conduits et exécutés par M. Solet, architecte-entrepreneur à Nancy.

L'inscription suivante, gravée sur une plaque de cuivre a
été posée sous la quatrième assise, aval, de la culée, rive
gauche :

Louis Puilippe Ier, Roi des Français,
Jⁿ-B^{te} Teste, Ministre des Travaux Publics,
A.-V. Legrand, Sous-Secrétaire d'État,
Lucien Arnault, Préfet de la Meurthe,
J. Jaquiné, Ingénieur en chef,
Charles Duhoux, Ingénieur d'arrondissement,
Baron Alfred Buquet, Concessionnaire,
A.-F. Solet, Architecte-Entrepreneur.

La première pierre de ce monument a été posée le 2 juillet 1842 par Mlle Marie Buquet (aujourd'hui, en 1898,
Mme Pierson de Brabois).

Récemment (1897-1898), l'État, la ville et le département,
ainsi que la commune de Tomblaine, se sont réunies pour
le paiement de l'acquisition de ce pont ; le droit de péage
a dès lors été supprimé, et le passage est aujourd'hui
devenu complètement libre.

<hr>

Les premières tentatives pour l'établissement d'un Musée Lorrain.

La Commission d'antiquités du département de la
Meurthe, qui, dans un rapport au Ministre de l'Intérieur,
avait signalé la nécessité de créer un Musée Lorrain, et
indiqué la salle des Cerfs comme le seul local convenable,
avait, par délibérations du 7 janvier 1841 et du 9 novembre
1843, chargé trois de ses membres, MM. Grillot, Laurent et

Guerrier de Dumast, de s'occuper de la recherche des moyens qui pouvaient amener la formation de ce musée.

Nous devons mettre sous les yeux du lecteur deux documents significatifs, quoique venus de sources étrangères au pays : l'un, une lettre adressée au Gouvernement par la Société générale de conservation des monuments français ; l'autre, un article de M. Raymond Thomassy, archéologue distingué. Outre que ces deux pièces donneront à comprendre de quoi il s'agit, elles montreront combien est juste l'idée émise par la Commission d'antiquités de la Meurthe, et combien peu il est nécessaire d'être Lorrain pour en sentir la vérité.

Voici d'abord l'acte important signé par la Société des monuments français le 4 octobre 1842, à la suite du Congrès scientifique de Strasbourg :

SOCIÉTÉ FRANÇAISE DE LA CONSERVATION DES MONUMENTS

Palais ducal de Lorraine à Nancy. — Importance de sa restauration. — Convenance de le transformer en un Musée historique lorrain.

A S. E. le Ministre de l'Intérieur, à Paris.

MONSIEUR LE MINISTRE,

Au nombre des monuments historiques français qui, si l'on en reconnaît trois classes, doivent être placés dans la première, ou tout au moins dans les éminents de la seconde, il en est un sur lequel n'a point été jusqu'ici suffisamment appelée l'attention de V. E. C'est à savoir : l'aile encore subsistante du palais ducal de Nancy.

Un tel oubli tient à diverses causes, dont la principale, sans doute, est qu'en ce moment personne ne songe à démolir l'édifice. Mais l'urgence du péril de destruction n'est pas, en faveur d'un monument, l'unique motif admissible d'intérêt ; et dans ce cas-ci, par exemple, l'objet mérite toute sollicitude. Il en est digne par lui-même, indépendamment des périls plus ou moins prochains qui peuvent le menacer.

Le bâtiment dont il s'agit, d'ailleurs, n'est pas de ceux qu'il suffise de conserver.

Dans son état présent, il semble dire peu de chose. Pour reprendre aux yeux du public la valeur qu'il ne possède aujourd'hui que devant les connaisseurs, il a besoin de restauration, et qui plus est, d'une restauration significative, grande, hardie, intelligente. Or, comme pour en arriver là, bien des inerties seront à vaincre ; comme la disparition des obstacles demandera du zèle, du temps et de l'argent ; il n'est pas trop tôt d'y songer, et de prendre dès à présent quelques mesures en conséquence.

Malgré les coupures vandales que lui a fait subir sa distribution en écuries et en greniers à foin, l'aile restante du palais ducal de René et d'Antoine peut encore à merveille se rétablir. Rien de plus aisé, au point de vue de l'art, que d'opérer cette curieuse et désirable résurrection.

Mais, pour ne pas donner à la restauration dont nous parlons un caractère inférieur à celui qu'elle doit avoir, il convient de remplir deux conditions essentielles : 1° en chercher l'idée dans la nature spéciale et les antécédents de l'édifice ; 2° y attacher un but d'utilité, non pas, sans doute, d'utilité matérielle et vulgaire, mais d'utilité prise dans l'ordre des études d'art et d'histoire.

Ces deux avantages, Monsieur le Ministre, se trouvent réunis, et au plus haut degré, dans une conception, trop longtemps écartée soit par l'indifférence, soit par des vues erronées et chétives, mais que vient enfin d'adopter en principe la Commission des Antiquités de la Meurthe ; dans le projet, tout à la fois brillant et raisonnable, de faire du bâtiment dont il s'agit un Musée historique Lorrain.

En entrant par l'élégante et riche porterie, qui ne demande que de légères réparations, on parcourrait à gauche une galerie vestibule, dont les colonnes à chapiteaux ornés subsistent encore, empâtées dans des maçonneries d'où le marteau peut les dégager en un clin d'œil. Cette galerie, qui occupe tout le rez-de-chaussée, et qui ne se termine qu'à l'ancien escalier, conduirait dignement au premier étage. Là, par l'abattage des cloisons et la réouverture des fenêtres, se développerait dans toute sa longueur la majestueuse salle des Cerfs. Admirable thème, pour un chef-d'œuvre de rénovation, où la liberté de l'homme de génie trouverait à s'exercer, dans le cercle des traditions déterminées et des données architecturales existantes ; précieuse bonne fortune pour l'artiste à qui échoirait la tâche de reconstruire, avec ses hauts plafonds et ses embrâsures armoriées, cette salle vraiment souveraine.

Une fois rétablie, elle recevrait, rangés, autant que possible, par ordre de siècles, à la façon du musée qu'Alexandre Lenoir avait formé à la rue des Petits-Augustins (et il en est bien temps, car, faute d'un grand centre historique pour la Meurthe, la Meuse et les Vosges, une foule de choses belles et rares se sont déjà perdues) ; elle recevrait tous les objets d'art qui se rattachent aux annales du glorieux pays dans lequel ont été taillés les trois départements lorrains. On y placerait peintures, sculptures, gravures, ciselures, médailles, vitraux coloriés et meubles curieux ; sauf à laisser déposés dans la galerie de dessous, entre la porterie et l'escalier, les autels païens, les pierres tumulaires, les débris de Nasium et de Scarpone, tous les morceaux d'antiquité auxquels leur grosseur et leur poids assignent pour emplacement naturel le rez-de-chaussée.

Quant aux tableaux et bustes d'origines diverses, rassemblés pour la simple étude des beaux-arts, ou aux médailles dont les séries concernent d'autres contrées, il va sans dire que, n'ayant rien de commun avec les souvenirs locaux, et ne pouvant figurer à aucun titre dans un musée historique lorrain, les premiers continueraient à faire partie, à Nancy, du musée ordinaire, et les seconds de la bibliothèque urbaine.

Une foule de considérations vous prouveraient, Monsieur le Ministre, la convenance et l'importance du projet que nous avons l'honneur de vous recommander ; mais les bornes d'une lettre s'y opposent.

Nous eussions même été plus courts, si la complication des petits obstacles qui se présenteront à lever, puisque la commune possède la nue-propriété des lieux, tandis que le département en a l'usufruit, et que la gendarmerie les occupe ; si, disons-nous, une telle complication n'avait pas dû faire sentir à notre Société le besoin de fixer fortement sur ce point l'attention de l'autorité supérieure, élevée au-dessus de la région des intérêts de détail. Non seulement il appartient à V. E. de classer l'édifice parmi les monuments à conserver, mais elle seule, par ses conseils dans la Meurthe, communiquera peut-être avec efficacité l'impulsion nécessaire à une ville comme Nancy, judicieuse, mais habituellement froide, et dont il faut savoir vaincre la torpeur.

La fondation d'un Musée Lorrain placé dans le Palais de Lorraine, au cœur même, au centre dynastique, de l'une des provinces les plus caractérisées qui se soient fondues dans la France et qui lui aient apporté le tribut de leur vieille énergie ; l'établissement d'un foyer local pour les études d'histoire et d'art relatives à cette nationalité éteinte ; une telle conception, réalisée surtout, est digne du gouvernement du monarque qui a créé le musée de Versailles.

Nous sommes avec la plus respectueuse considération, etc.

Les membres de la Société de conservation des Monuments français :

Signé : DE CAUMONT, A. COMMARDON, V. SIMON, MONNIER, BÉGIN, T.-H. CHEVEREAUX, A. RICHELET, Chevalier Joseph BARD, etc., etc.

Voici ensuite l'article de M. Raymond Thomassy, ancien élève de l'École des Chartes. Ce morceau qui, malgré quelques inexactitudes de détail, est digne d'une grande attention, a paru dans l'*Artiste* du 9 novembre 1842 :

Des monuments historiques de la Lorraine, et de la création d'un Musée Lorrain.

Les monuments de la Lorraine offrent, pour l'histoire de l'art, des règles particulières et tout exceptionnelles qu'on n'a peut-être point assez étudiées. Soit, en effet, que l'on considère les vieilles fortifications de sa capitale, ou bien la cathédrale de Toul et l'église de Saint-Nicolas de Port ; militaires ou religieux, ces monuments appartiennent à une date inaccoutumée, tour à tour plus récente ou plus ancienne que celle des monuments analogues des autres provinces de la France. C'est ainsi que les fortifications de Nancy, construites au commencement du XVIIe siècle, ont précédé les fortifications de Vauban, qui n'en sont, à beaucoup d'égards, qu'une fidèle reproduction ; tandis que, de leur côté, les basiliques de Toul et de Saint-Nicolas, bien qu'appartenant à la fin du XVe siècle et à la première moitié du XVIe, accusent la plupart des règles architectoniques des XIIIe et XIVe siècles, et au grand étonnement de l'archéologue, perpétuent les meilleures traditions de l'art chrétien, à une époque que distingue partout ailleurs la décadence ou l'oubli le plus complet du moyen âge. La conséquence de ces faits importants, c'est que, de tout ce qu'on a écrit sur l'histoire de l'art dans les autres provinces de la France, presque rien ne s'applique exactement à la Lorraine ; car là sont d'autres convenances ; et ces règles particulières qui tantôt prolongent le passé, tantôt anticipent sur l'avenir, accusent un caractère profondément local et un génie indigène, neuf et fécond autant que traditionnel.

Les monuments historiques de la Lorraine méritent donc, à tous égards, la plus sérieuse attention. Cette province que Napoléon appelait le Pays des Braves, a été, par excellence, le pays de l'inspiration. Patrie de Callot et de Claude-le-Lorrain, elle a été douée, comme ces deux artistes, des instincts d'une nature libre et vraie, parfois rebelle, mais toujours persévérante et originale. Malheur à qui méconnaitrait en elle ce caractère, et plus encore à qui ne l'aimerait après l'avoir connue. *Non inultus premor*, écrit autour d'un chardon verdoyant à feuilles aiguës, ou qui s'y frotte s'y pique, telle était l'ancienne devise de Nancy ; et c'est aujourd'hui, comme toujours, l'expression la plus fidèle de l'amour des Lorrains pour la liberté. Or, ce caractère s'est traduit dans l'histoire de l'art indigène, par les règles exceptionnelles que nous venons de signaler.

De ce que l'art lorrain a une physionomie à part, il résulte évidemment que tous les monuments qu'on a pu en conserver ont une valeur particulière et supérieure ; il serait donc déplorable de les laisser dépérir. Aussi la nécessité de créer un musée lorrain à Nancy se fait-elle vivement sentir, comme seul moyen de porter à leur plus haut prix les richesses des archéologues et des artistes de la province, d'appeler d'autres trésors, et de féconder l'avenir de l'art après en avoir sauvé les vieux débris.

Nancy, capitale de l'ancienne Lorraine, est, parmi nos villes de France, celle à qui l'extérieur monumental donne la physionomie la plus parisienne. Neuve, jolie et régulière tout à la fois, elle rappelle la beauté, mais aussi un peu la tristesse de Versailles. Cela tiendrait-il à ce que l'une et l'autre sont de date récente ? Quoi qu'il en soit, Nancy présente, à côté des constructions modernes du roi Stanislas, un reste unique et glorieux du palais de ses ducs : C'est la salle des Cerfs, où il s'agirait d'établir le musée.

Cette pièce, antique salle des pas perdus, servait de communication aux appartements du palais.

Les Ducs avaient pris l'habitude d'y déposer les bois des cerfs vaincus à la chasse, et l'avaient ornée de ces pacifiques trophées dans tout son pourtour. A ces trophées étaient encore appendues les armes des arbalétriers et arquebusiers de garde au château. Mais le caractère distinctif de cette salle, la plus grande du palais, était de servir aux solennités publiques de la province à la tenue des Etats et à celle de la cour, lorsque les Ducs recevaient les ambassadeurs étrangers, ou l'hommage de leurs grands vassaux. Dans des temps plus rapprochés, Stanislas y avait établi sa bibliothèque, aujourd'hui devenue publique, et installé l'Académie qu'il venait de fonder. Tous les souvenirs politiques, historiques et littéraires de la province, consacrent donc à la fois ce local, qu'un demi-siècle d'oubli a laissé sans distinction. Nous nous trompons : la gendarmerie en fait maintenant son grenier à fourrages. Tel est l'emploi du monument le plus auguste de la Lorraine, du Louvre de ses anciens ducs, du palais de ces princes auprès de qui tous les autres paraissaient peuple.

Évidemment, si la création d'un musée n'était pas le besoin artistique le plus urgent pour une ville comme Nancy, la salle des Cerfs devrait encore le faire établir, ne fût-ce que pour donner à ces restes glorieux, lorrains par excellence, une consécration digne des hommes qui le conservent debout, comme de ceux qui l'ont créé.

Le Palais ducal, dont cette salle faisait partie, fut fondé dans la première moitié du xviᵉ siècle, par l'élève et l'ami de Louis XII, le duc Antoine, qui fit ses premières armes au service de ce monarque contre les Génois, les Lombards et les Vénitiens (1). C'est sur les ruines du château que ses prédécesseurs habitaient, et dont l'origine remontait à Raoul, tué, en 1346, à la bataille de Crécy, qu'Antoine construisit ce palais, et l'élégante porterie attenante à la salle des Cerfs.

Aux ouvertures à plein cintre de ce portail, qui accuse, en ses détails, l'architecture transitoire de l'ogive à la renaissance du xviᵉ siècle, deux pieds-droits s'élèvent, chargés d'arabesques et découpés à jour vers leurs extrémités. Ils renferment, dans l'intervalle qui les sépare, la porte principale, au-dessus de laquelle est une niche spacieuse et profonde, à cintre légèrement surbaissé, et qui contenait autrefois la statue équestre du duc Antoine. Une niche supérieure était occupée par les armes de Lorraine, sculptées dans le cadre ogival de deux tiges ornées de feuillages et richement fleuronnées au-dessus de leur jonction. Puis, entre deux autres pieds-droits, terminés à jour

____

(1) La construction du Palais de Lorraine eut bien lieu principalement sous le bon et vaillant duc Antoine, le prince de paix ; mais elle avait été commencée six ans avant lui, par son père René II.

(Note du Baron Guerrier de Dumast.)

comme les premiers, et au-dessous d'un fronton à demi-rosace, que surmonte encore la réunion fleuronnée de deux tiges, se trouvent les bustes affrontés de René II et de son fils Antoine, sculptés en bas-relief. Les détails charmants de cette décoration présentent le fini d'une ciselure sur bois ; l'ensemble en est aussi majestueux qu'élégant. La couronne du portail domine, de quatre mètres environ, la partie inférieure du toit, tandis que ce portail est lui-même placé entre deux fenêtres, dont les balcons saillants en demi-octogones sont découpés en architecture flamboyante, et supportés par des figures grotesques.

A côté de la grande entrée se trouve une petite porte, que surmontaient autrefois les armes de Lorraine ; elle est décorée, au-dessus du tympan, d'une tige fleuronnée, au bout de laquelle le sculpteur a représenté un singe habillé en cordelier, et tenant des deux mains un livre ouvert. Enfin la toiture, élancée et couverte en ardoises, descend en pente rapide sur une corniche ornée de filets. Ces filets, posés de biais, figurent un câble tordu, et sont d'un effet original et gracieux.

A tous ces détails de la célèbre porterie, joignez ceux qui concernent l'escalier tournant, placé à l'extrémité opposée de la salle des Cerfs, et vous aurez une idée des trois parties dont la réunion forme une aile complète de l'ancien palais ducal.

A présent que la création du musée lorrain a été comprise par l'opinion publique de Nancy, qu'elle a été discutée et proclamée nécessaire en plein conseil municipal (1), avons-nous besoin de prouver que l'emplacement unique et inespéré qui l'attend se trouve dans la salle des Cerfs ? Voici, du reste, comment la Commission des antiquités lorraines, dans un rapport au Ministre de l'Intérieur, a parlé du projet de destiner cette salle à l'établissement du musée local :

Il n'y a pas, dans tout Nancy, un lieu plus convenable pour recevoir le précieux dépôt des antiquités gauloises et romaines que, chaque jour, le hasard fait rencontrer dans le département de la Meurthe, et que des fouilles bien dirigées y découvriraient en grand nombre. Les autels, les statues, les inscriptions qu'a recueillis depuis vingt-cinq ans

(1) M. Raymond Thomassy ne se trompe-t-il pas à l'avantage des Nancéiens ? Les choses sont moins avancées, ce semble ; et il n'y a peut-être encore, dans la Meurthe, que la Commission départementale d'antiquités, qui ait donné, sous ce rapport, aux exigences du bon sens, une expression officielle.

(Note du Baron Guerrier de Dumast.)

l'Académie de cette ville, les débris de l'antique Scarpone, de Decempagi, et de tant de bourgades aujourd'hui sans nom, répandues jadis sur le sol fertile des Leucois et des Médiomatriciens, trouveraient, dans l'ancien Palais des ducs de Lorraine, un abri protecteur, qui trop longtemps leur a manqué. Là aussi serait rassemblé ce que le temps a épargné des monuments historiques et numismatiques de la vieille Austrasie et du duché de Lorraine, et ce que le vandalisme n'a pas anéanti des travaux, de genre et de forme si variés, que l'art du sculpteur avait répandus dans ce pays avec tant de profusion, dont il avait décoré tant d'églises et de monastères maintenant transformés ou détruits. Un choix intelligent y réunirait enfin les ouvrages des peintres, des graveurs et des autres artistes que la Lorraine se glorifie d'avoir vus naître ou d'avoir accueillis dans son sein, et ce qu'on a conservé de plus remarquable parmi les produits de leur ancienne industrie. Le palais ducal de Nancy, monument lorrain au premier rang dans l'histoire du pays et sous le rapport de l'art, deviendrait ainsi le musée des monuments lorrains.

Ajoutons enfin qu'on monterait à ce musée par l'escalier, à la fois pittoresque et sévère, du vieux palais, au rez-de-chaussée duquel seraient si convenablement placés les débris de sculpture et d'architecture.

La salle des Cerfs répondrait donc, sous tous les rapports de convenance et d'étendue, à la destination dont il s'agit. Comme la Maison-Carrée à Nîmes, ou mieux encore, comme le Louvre et le palais de Versailles, consacrés à toutes les gloires de la France, l'aile restante du palais des ducs de Lorraine serait consacrée à tous les souvenirs lorrains. Ce musée historique où tant de richesses artistiques, aujourd'hui amoncelées et en quelque sorte enfouies dans une salle obscure de l'Hôtel-de-Ville (1), pourraient figurer avec honneur, appellerait encore d'autres richesses ; il parlerait éloquemment au patriotisme des premiers citoyens et permettrait aux actes de générosité de se

(1) Autre erreur. Le Musée de l'Hôtel-de-Ville, composé des premiers tableaux venus, est sans caractère archéologique ni local ; il ne concerne pas plus la Lorraine que l'Espagne, la Hollande ou la Chine. Parmi les morceaux qu'il possède, le seul peut-être qui soit historique, lorrain, nancéien, et que réclame vivement la future salle des Cerfs, c'est le modèle en bronze de la statue équestre du duc Charles III, dit le Grand, fondateur de la Ville-Neuve de Nancy. (Note du Baron Guerrier de Dumast.)

produire dignement, en leur donnant la certitude de la publicité et de la durée.

Parmi les possesseurs de collections fort remarquables, tous désireux de les conserver à leur ville natale, il s'en trouverait plusieurs qui feraient pour le musée ce que M. Beaulieu, vice-président de la Société des antiquaires de France, a fait pour le cabinet d'histoire naturelle, en lui cédant sa belle collection de conchyologie. Mais faute de musée ou de collection modèle, les collections particulières restent partielles, incomplètes et constamment sous la menace d'une dispersion inattendue ; car l'existence n'en est point soutenue par l'esprit de la cité, et ne dépend que de la persévérance de quelques amateurs d'élite.

Quant aux difficultés matérielles de l'établissement, il faut bien en dire un mot, puisqu'elles seules semblent avoir suspendu jusqu'ici le concours officiel des autorités locales.

La salle des Cerfs est occupée par la gendarmerie, qui en a fait un magasin à fourrage. Mais cette pièce, que nous avons trouvée presque entièrement vide, prouve par là qu'un local de médiocre étendue, et par conséquent peu coûteux, suffirait aux besoins de la gendarmerie. La question d'argent n'en est donc pas une, lorsqu'on peut s'entendre, à cet égard, avec le Conseil général du département, intéressé à partager avec le Conseil municipal de Nancy les dépenses du Musée Lorrain, et lorsqu'on sait, en même temps, le Préfet tout disposé à soutenir les motifs de cette création auprès du Ministre de l'Intérieur.

D'ailleurs, le conseil municipal qui a consacré des centaines de mille francs pour la construction d'un abattoir et n'en a pas voté moins pour faire passer dans ses murs la grande ligne du chemin de fer de Paris à Strasbourg, ne peut, après ces actes de libéralité en faveur des intérêts matériels du pays, négliger ses intérêts artistiques et scientifiques : d'autant plus que ces intérêts, en définitive, se résolvent toujours en argent comptant. Ainsi, la bonne conservation des monuments historiques, la Bibliothèque publique, la collection du Cabinet d'histoire naturelle, les travaux de l'Académie de Stanislas, et bientôt, nous l'espérons, la création du Musée Lorrain, peut-être ensuite l'établissement d'une Faculté des Lettres (1), appelleront et feront

---

(1) Et d'une École de droit. Le Ministre de l'Instruction publique a témoigné, dans une lettre formelle, qu'il apercevait cette convenance. (Note du Baron Guerrier de Dumast.)

séjourner à Nancy autant d'étrangers que peut, de son côté, en appeler le commerce. Les hommes instruits y dépenseront leur argent, aussi bien que les commis-voyageurs ; enfin, les familles de la haute société, qui tendent de plus en plus à se réfugier à Paris pour y goûter les plaisirs de l'intelligence et de l'imagination, se trouveront retenues dans leur ville natale par le charme des lettres et des beaux-arts, et avec elles les grosses fortunes s'attacheront aux destinées locales. L'industrie, qui comprend largement ses intérêts, doit donc encourager la science, qu'elle dédaigne trop souvent comme un luxe de civilisation, sans songer que ce superflu est la chose la plus nécessaire comme la plus honorable en tout pays.

Du reste, l'industrie ne ferait en cela que protéger sa mère ; car les succès de la pratique sont presque toujours dus aux théories scientifiques, aux investigations des esprits spéculatifs, au dévouement pur et désintéressé des artistes, qui se ruinent, les trois quarts du temps, pour les hommes de métiers, mais dont les découvertes devraient, au moins, leur donner droit à quelque gratitude publique. Ajoutons, comme exemple à signaler, que cette haute intelligence des intérêts matériels a été parfaitement comprise par un des commerçants les plus actifs de Nancy, M. Favier, qui a transporté une habitation suisse au confluent de la Meurthe et de la Moselle, et a créé, dans un séjour délicieux, une ferme modèle dont l'art nancéïen a fait un musée agricole. Ce noble usage du commerce, qui rappelle quelque chose des Médicis, parlera, sans doute, trop éloquemment aux membres du Conseil municipal, pour qu'il soit nécessaire de les encourager à doter la Lorraine d'une nouvelle création artistique, celle dont il s'agit sera la part légitime qui, dans la satisfaction de tous les intérêts, revient aux hommes de science et d'imagination, aux artistes et aux érudits. Or, le nombre de ceux-ci n'a jamais été rare à Nancy. L'Académie de Stanislas leur donne, depuis longtemps, un théâtre d'activité considérable. Par leurs travaux particuliers, comme par des mémoires collectifs, ils honorent autant qu'ils enrichissent la ville qui les a vus naître.

Des hommes d'un mérite aussi réel, aussi propre à former de nouveaux talents, prouvent donc qu'il faut dans chaque cité des foyers intellectuels, résultats libres et spontanés du développement national ; manifestation locale de cet esprit investigateur qui, depuis douze ans, déchiffre et publie toutes les vieilles chroniques, et cherche, sur tous les points de la France, la confirmation des lois historiques de l'art et de l'érudition, ou des exceptions qui fassent découvrir les lois nouvelles et plus générales de la science du pays.

C'est pour l'accomplissement de cette œuvre, qui renferme tout l'avenir du mouvement intellectuel de la France, qu'un musée lorrain établi à Nancy n'y serait pas moins utile qu'une bibliothèque publique et qu'une Académie locale. Le premier de ces établissements compléterait les deux autres, et achèverait de grouper en faisceaux des facultés encore éparses, des ressources encore incomplètes et disséminées. L'opinion publique de la cité le réclame, les organes du pays l'ont déjà reconnu nécessaire en principe. Que l'activité vienne donc en aide à cette bonne volonté ! Que les comités des arts et monuments interviennent de Paris, s'il le faut, par une bienveillante initiative ; et Nancy, qui, l'année dernière, a si bien encouragé la classification de ses manuscrits, ordonnée par M. le Ministre de l'Instruction publique, et qui possède une riche bibliothèque et des archives départementales en ordre si parfait, verra de même les monuments de tous les âges se ranger aux archives lapidaires et indestructibles dans l'ancienne salle des Cerfs, glorieux et uniques débris de son vieux palais ducal. Signé : R. TH.

A la suite de l'article si remarquable que le lecteur a pu apprécier comme il le mérite, M. le Baron Guerrier de Dumast ne craignait pas de parler hautement à cette époque déjà lointaine, et il s'exprimait ainsi :

Le local est déterminé. Celui où se trouvent mille convenances, c'est l'édifice situé sur la grande rue de la Ville-Vieille ; le seul corps de bâtiment qui soit resté du palais de René, d'Antoine et de Charles III, depuis qu'on a démoli tout ce qui s'enfonçait du côté du bastion des dames, et tout ce qui s'étendait sur les deux flancs, à gauche vers la rue de l'Opéra (aujourd'hui Braconnot), à droite, le long du fond de la Carrière.

C'est l'aile qui se terminait par un bout à la Chapelle ducale de St-Georges, détruite sous Stanislas, et qui par l'autre bout va toucher aux Cordeliers, précieux monument sauvé.

Ce qu'il convient de faire de cette aile n'est pas douteux ; la tâche a été formulée par la Société de conservation des monuments français.

Assignant pour entrée le vrai portail, en débarrassant des attirails d'écurie, qui la souillent, la galerie du rez-de-chaussée située à gauche, on dégagerait ses pilastres, empâtés de mortier ; on la réparerait dans le style convenable, on la rendrait propre au dépôt de toutes les antiquités pesantes, et l'on en ferait le passage par où les visiteurs gagneraient l'escalier.

L'escalier, ce modeste escargot, si peu semblable à la magnifique tour du Grand-Rond, où l'on pouvait arriver en voiture au premier étage, mais cet ouvrage contemporain du moins encore de la souveraineté de Nancy, servirait de montée pour conduire à la salle des Cerfs, dont la restauration, admirable thème pour les artistes, impliquerait celle de tout l'édifice. Une fois qu'on en aurait rouvert les fenêtres, il va sans dire qu'on aurait à réparer et les balcons et la porterie, et la haute toiture aiguë, dont le hardi faîtage demande à être de nouveau surmonté et couronné de l'élégante et riche dentelle de fer qui le surmontait. Il faudrait que cette dentelle, semée d'alérions, de barbeaux, de croix de Lorraine et de croix de Jérusalem, fût commandée exprès, fondue exprès dans les usines : eh bien, quoi d'étonnant ? ces choses-là se font partout ; Rouen, Paris les réalisent ; l'exemple en devient général...

Pour recevoir ce qu'on aurait à conserver, tableaux, gravures, ciselures,· médailles, manuscrits, chartes, atlas, livres spéciaux, vitraux, armes, joyaux ou meubles, la salle des Cerfs serait assez grande.

Garnie, elle le sera. C'est là premièrement qu'il faut mettre et la tente conquise sur le Téméraire, et le modèle en bronze de la statue de Charles III, et tous les objets d'art lorrain que l'on pourra se procurer, à commencer par l'œuvre complet du roi des graveurs, et par ce que Nancy possède du roi des paysagistes. C'est là qu'il faut rassembler les portraits de tous·les personnages, soit de la maison souveraine, soit des divers rangs sociaux, qui firent honneur à la nation pendant sa durée. C'est là qu'il faut recueillir, sous une série d'écussons, les souvenirs de ces familles d'ancienne chevalerie, si vaillantes et si sages, qui furent le patriotisme incarné. C'est là qu'il faut transférer la partie lorraine du médaillier de la ville. C'est là qu'il faut préparer et des panneaux et des armoires vitrés, à l'intention de recevoir ce qui viendra...

...Il y a une dizaine d'années, un objet riche et remarquable, un lit décoré en or et en couleurs, à la devise de René II, se voyait chez un brocanteur, qui ne demandait qu'à s'en défaire. Précieux par son élégance, il l'était plus encore par son origine ; car on venait de le découvrir à Vaudémont, entre le fond d'une vieille maison et l'un des rares pans de murs qui sont restés de la forteresse. Mis en vente, où ? à Nancy même, il fut visité avec mollesse, presque avec pleine indifférence. La capitale des Lorrains (faut-il le dire !), ne fit pas d'offres ; et c'est à Paris qu'il finit par être envoyé, chez les marchands de bric-à-brac.

Or les lecteurs ont à savoir quels sentiments, d'ordre élevé, s'attachaient à ce beau débris. Témoignage de la splendeur du château comtal de Vaudémont, échantillon du mobilier qui y garnissait l'appartement des princes, ce n'était pas seulement un reste curieux, mais une relique touchante... (1).

Église collégiale de Saint-Georges.

Nos anciens ducs juraient ordinairement par saint Georges le belliqueux, et lui avaient voué une dévotion particulière. Il existait une église collégiale de Chanoines sous son invocation dans leur château d'Einville, auprès de Lunéville, leur terre patrimoniale avant la fondation de Nancy, et qui en 1342 fut réunie à celle du même nom que Raoul Ier venait de fonder dans sa capitale.

Ce nouvel édifice, paroisse de la cour, joignait le palais ducal à l'orient, et occupait, comme l'on sait, la petite place Carrière d'aujourd'hui. Autour était un cimetière dans lequel on enterrait toujours en 1687.

L'architecture gothique de Saint-Georges était riche, et d'une noble ordonnance. Jean Ier en avait fait achever les

(1) Le 2e *Bulletin de la Société d'archéologie lorraine* pour l'année 1851, renferme la liste des membres de la Société ; ils étaient à cette époque au nombre de 289. En 1898, on ne trouve à peu près que 101 membres d'alors survivants. La même année, il y a 21 membres perpétuels, 525 membres titulaires et 10 membres correspondants.

tours, mis des cloches et bâti le cloître. Charles II y orga-
nisa une excellente musique dont il était grand amateur et
qu'il cultivait avec succès. En 1487, sous René II, on· y
plaça un orgue, le jeu Pelegrin, transporté actuellement,
dit-on, dans la nouvelle et charmante église Saint-Pierre,
rue de Strasbourg, le premier jeu d'orgues qu'on eût encore
vu dans le pays. Raoul en y fondant 20 prébendes de Chanoines, faisant preuves rigoureuses de noblesse, se réserva
place au chapitre pour lui et ses successeurs. Cette prérogative, commune à beaucoup d'églises de France, transmit
au chapitre de la Cathédrale-Primatiale, auquel celui de
Saint-Georges fut uni en 1743, la distinction de compter
Louis XV et Louis XVI au nombre de ses chanoines d'honneur. La raison de cet usage national et antique était que
le roi, en France, est le premier ecclésiastique de son
royaume. Louis-Philippe Ier avait accepté le titre de
Chanoine d'honneur du Chapitre de Lyon.

Entr'autres reliques apportées en Lorraine par Isabelle
d'Autriche, femme de Ferry IV, on vénérait particulièrement à Saint-Georges une Sainte Epine, magnifiquement
enchâssée et qui a disparu. On y voyait les tombeaux des
ducs et des duchesses depuis Raoul jusqu'à la fondation
des Cordeliers en 1477 par René II. Les mausolées de
Jean Ier, de Charles II, et de Marguerite de Bavière, Marie
de Bourbon, Nicolas d'Anjou et le bâtard de Calabre.
Henri II et Marguerite de Gonzague avaient aussi voulu
être inhumés au pied de l'autel de Notre-Dame de Bonne-
Nouvelle, image miraculeuse du temps d'Antoine le Bon,
et aujourd'hui conservée et vénérée dans l'église cathédrale
de Nancy.

Charles le Téméraire y fut honorablement enseveli, après
sa défaite sous Nancy, avec d'autres ennemis de marque,

de ce nombre le seigneur de Bièvre, gouverneur de la ville pour le duc de Bourgogne, en 1476.

Ce qui distinguait surtout l'Insigne Collégiale de Saint-Georges, c'était l'obligation imposée par le fondateur à ses successeurs, lors de leur avènement, d'y prêter serment de maintenir les droits et privilèges des Etats.

Cette cérémonie, politique d'abord, patriotique ensuite, nous engage à donner ici une courte explication sur l'ancienne constitution du duché de Lorraine.

Au siècle de Gérard d'Alsace, une noblesse, fière à la fois de son origine et de sa puissance, avait lutté contre nos premiers ducs, traité d'égal à égal en quelque sorte avec le souverain lui-même, et formé, par suite de transactions, un corps politique et national qui se perpétuait seulement entre lui et la chevalerie Lorraine. On distinguait les chevaliers en grands et en petits chevaux. Les premiers dont on ne comptait plus que quatre maisons, celles des Harraucourt, Lenoncourt, Duchâtelet, Ligniville, venaient sans altération de la souche originelle ; les autres, des gentilshommes qui ayant épousé des filles de chevaliers, entraient par ce moyen aux Etats. Bermann, dans une dissertation historique à ce sujet, compte 291 de ces maisons. Différentes recherches et plusieurs manuscrits en élèvent le chiffre à 371, et ce nombre me paraît devoir être surpassé de beaucoup.

Les prérogatives principales de ce corps imposant étaient d'influer directement par lui-même, en l'assemblée de ses Etats, sur les actes de l'administration et de la législation, exposant leurs griefs, et, sous la dénomination d'Assises, de former un Tribunal où ses membres, appelés à y siéger par le seul droit de leur naissance, sans mission ni provision du prince, rendaient la justice souverainement, sans plainte, ni révision de procès. Aucun d'eux n'était justiciable que de ses pairs. L'ancienne chevalerie, réunie en convent, déférait la régence, sanctionnait la paix ou la guerre, votait l'impôt, ne consentant à ce qu'il fût levé sur ses vassaux, qu'après que le prince eût déclaré dans ses lettres de non préjudice, qu'il tenait les deniers de leur bon vouloir et non autrement.

Ces droits furent toujours reconnus, quant à la forme, par les ducs de Lorraine jusqu'à Charles IV, qui, en 1634, substitua aux Assises et aux Etats *une Cour souveraine érigée en Parlement.*

D'anciens témoignages donnent lieu de penser que les premiers ducs, reconnus par la chevalerie, étaient proclamés en champ de mai. Raoul cherchant, comme ses prédécesseurs, à se débarrasser de tant d'entraves, voulut régulariser sans doute et sa nouvelle position et l'exercice de ce pouvoir, en instituant une cérémonie analogue dans Saint-Georges, sous la protection des tours de son château, au milieu enfin de ses sujets.

Le serment aux Etats se prêtait sur le seuil même de la porte de la ville ; le bailly de Nancy recevait celui fait à St-Georges. Sur les Saints Evangiles, procès-verbal en était dressé, et des copies distribuées aux intéressés. Selon la charte de fondation, le cheval qu'avait monté le prince appartenait de droit aux chanoines, auxquels on le rachetait. Charles le Téméraire leur ayant laissé un coursier de grand prix, lorsque, maître de Nancy, il se fit recevoir en qualité de duc de Bourgogne et Lorraine, on accusa le chapitre d'avoir, en cette circonstance, cédé à un sentiment de sordide intérêt. Voici, au surplus, à ce sujet, un remarquable extrait des mémoires de Thiriat :

« Les sieurs qu'estoient Chanoines de la Collégiale de

St-Georges firent grande imprudence et donnèrent grand
mécontentement à tous les bons et loyaux sujets Lorrains,
car ils s'avisèrent de recevoir le duc de Bourgogne, lorsqu'il se présenta à leur Eglise, comme il était d'usage d'y
recevoir celui qui était souverain de naissance et de droit,
et de même ils reçurent son serment. Mais bien voyait-on
que les dits du Chapitre n'avaient fait pareille déloyauté,
qu'à telle fin qu'eussent bientôt leur saléirement d'usage,
à savoir le cheval que montait le Bourguignon et qui valait
un grand prix. De ce furent les Chanoines en grande risée,
et le méritaient bien : mais sut aussi très bien Mgr René
en penser ce que devoit. »

Ne fut-ce pas plutôt, semble-t-il, dans la crainte de son
caractère cruel ? René II ne parut en douter : il institua
dans cette chapelle ducale, en anniversaire, continué jusqu'à l'entière cession du duché à la France, une procession
solennelle, qui se faisait la veille du jour des Rois, au
bruit de l'artillerie des remparts, tonnant dès le matin, à
l'heure où la diane, disait-on, avait été battue à Saint-Nicolas de Port ; et soigneusement on conserve, dans cette
dernière ville, une partie de la façade de l'hôtel de la
Licorne, car le duc y descendit, marchant au secours de sa
capitale.

Cependant le prévôt de St-Georges et deux de ses chanoines avaient d'office la garde des archives ducales,
témoignage honorable en faveur de leur savoir, un gage de
leurs droits perpétuels à la bienveillance soutenue du
prince. Ruinée en partie sous Léopold, la collégiale de
St-Georges resta indignement abandonnée ; bientôt l'œuvre
de destruction fut entièrement accomplie par Stanislas
en 1743, et tel était l'esprit du siècle, que nul ne songea
alors à épargner ces vieux monuments, et les murailles sur

lesquelles se déroulaient les pages pourtant si glorieuses de notre histoire.

Il existait à St-Georges une confrérie pour la rédemption des captifs, ce qui fournit un jour à Léopold l'idée d'un ingénieux trait de bienfaisance. Paul-François Marquet, médecin de Nancy, s'étant embarqué, fut pris avec le vaisseau qu'il montait, par un corsaire algérien, et demeura trois ans esclave, occupé à faire du mortier. Au bout de ce temps, ses parents, avertis de son sort, ne pouvaient malheureusement subvenir à sa rançon.

Sur ces entrefaites, sa sœur fut se jeter aux pieds de Léopold, dont la bonté était connue, mais qui, craignant d'encourager les demandes indiscrètes, lui dit : Depuis longtemps le tronc de la confrérie de St-Georges n'a pas été ouvert, je le ferai ouvrir en ma présence, et si la somme nécessaire ne s'y trouve pas, j'y suppléerai. On y trouva 4,000 francs déposés la veille par le prince. Marquet revint en Lorraine, s'intitula l'esclave de Son Altesse, en reconnaissance de son bienfait, devint même médecin ordinaire du duc, et mourut en 1743, à Nancy, laissant une grande réputation d'habileté.

Après avoir, comme nous l'avons dit plus haut, été reçu solennellement par les sieurs Chanoines de l'insigne église de la collégiale St-Georges, le duc de Bourgogne, après son serment prêté, harangua la noblesse, qu'il traita affectueusement. Ne firent, dit Thiriat, Messieurs de la noblesse aucun semblant de l'ouïr, et semblait à leur silence qu'avaient perdus par mort tout sentiment, tant furent froidement reçues les enjoleries et festoiement que leur fit ce prince.

Les Ecoles publiques sous nos Ducs.

Le duc Raoul, en 1341, vigile de la Nativité, octroya en ces termes, aux chanoines de St-Georges, l'eschollaige de Nancy : Encore nous avons donné et donnons en la manière dessus dicte, pour nous et noz hoirs, et nos successeurs, à celuy que le dict office de l'escolaterie portera pour luy, et pour ses successeurs, à tousiours mais, le don et la donation des escolles de Nancy avec tout le droict de l'action que nous y auons et pouons auoir, sans rien retenir pour nous, pour noz hoirs, n'y pour noz successeurs, et auons promei et promettons pour nostre foy et jurei sur Sainctes Evangiles, comme lorain prince, pour nous, noz hoirs, et successeurs que jamais contre nous n'irons ne aller ferons. (Archives de Nancy.)

Le 26 avril 1576, le Conseil de ville de Nancy voyant le mauvais état de l'Ecole qui touchait au cloître de St-Georges et tombait en ruine, ce qui l'avait fait déserter, au grand préjudice et regret des habitants, ne trouvant plus de professeur pour instruire la jeunesse, surtout en la langue latine, le conseil entra en arrangement avec le chapitre. Celui-ci offrait une somme pour acheter une autre école, à condition qu'on lui abandonnerait l'ancienne. Les deux de ville, Jean Valled, Claude d'Arbois, et les commis de Nancy ne pouvant s'en contenter, ni trouver une maison propre à leur dessein, persistèrent à demander pour cet objet, l'ancien Hôtel-de-Ville, derrière St-Epvre, appartenant au chapitre, afin d'y établir une école perpétuelle, y loger les deux régents et les prédicateurs de l'Avent et du Carême, qui auparavant avaient pour demeure une pauvre chambre de l'hôpital. On tomba d'accord moyennant la somme de 2000 francs payés comptant par la ville, et la cession de la vieille école.

Il fut de plus arrêté, qu'il serait seulement loisible à l'écolâtre de St-Georges, présent et à venir, d'examiner sur leur religion, ceux qui se présenteraient pour régenter et tenir ces écoles, à l'assistance des deux de ville et de quelques bourgeois notables de Nancy, mais que ces derniers auront seuls le droit de les élire, de les présenter, de les installer et licencier.

Le 1er avril 1577, Charles III approuva le tout, sous la réserve que si dans la suite on employait cette maison à un autre usage, elle retournerait au duc, en ajoutant : que nul autre que le régent ne pourra tenir aucune autre école particulière dans la ville de Nancy. La petite maison joignant ne pourrait être appliquée qu'à l'usage du régent et prédicateur ou au soulagement de leur entretien.

Par suite du malheur de la guerre, des personnes étrangères, sans capacités ni garanties, s'étaient introduites à Nancy. Par ordonnance du 28 novembre 1663, Charles IV, sur la requête des maîtres écrivains, établit ici une maîtrise entre les maîtres d'école, composée d'un syndic et de deux jurés ayant l'inspection.

Nul n'était reçu en la maîtrise avant de s'être présenté au Conseil de ville qui jugeait de l'opportunité de la demande. Après quoi, s'il était agréé, l'Ecolâtre de St-Georges devant lequel, comme d'ancienneté, il faisait sa profession de foi, l'examinait ensuite sur sa capacité en présence des syndics et jurés. S'il possédait les qualités requises, il était renvoyé avec un certificat devant le conseil, qui alors, lui délivrait des lettres de maîtrise. L'écolâtre visitait les écoles quand bon lui semblait, pour s'informer du maintien de la jeunesse, se faire représenter leurs livres, et savoir s'il ne leur était rien enseigné de contraire à la religion catholique.

La communauté des maîtres des écoles avait choisi saint Nicolas pour patron et célébrait sa fête à St-Georges. Le lendemain, chaque année, à l'issue de la messe, ils procédaient en la chambre du conseil, à l'Hôtel-de-Ville, à l'élection du syndic et des deux jurés, ensuite, les nouveaux élus, à la pluralité des voix, prêtaient serment entre les mains du prévôt de Nancy.

Paroisse et Eglise St-Sébastien.

Malgré l'augmentation des habitants de la Ville-Neuve, St-Epvre était encore, en 1593, l'unique paroisse de Nancy et de sa banlieue, y compris le village de Laxou. Cette année, aux fêtes de Pâques, le Curé ayant communié très longtemps un grand nombre de fidèles, laissa, par inadvertance occasionnée par la fatigue, tomber des hosties du ciboire, sur lesquelles on marcha, tant la presse était grande. Les habitants présentèrent alors une requête au duc Charles III, pour solliciter l'érection de nouvelles cures, ce qui fut accordé le 19 octobre suivant par l'Evêque de Toul. Laxou devint paroisse, la ville vieille en eut deux, ainsi que la ville neuve, mais l'église St-Sébastien fut longtemps la seule dans cette dernière partie de notre cité.

Les offices se firent d'abord dans l'église de l'hôpital St-Julien. Les chanoines de la Primatiale ayant, en 1609, abandonné au curé leur première église provisionnelle, bâtie sur la place du marché, ce fut le siège définitif de la paroisse. Le 18 octobre 1664, la fabrique étant ruinée, et sur l'urgence de faire un dais pour porter processionnellement le Saint-Sacrement en actions de grâces du retour de Charles IV en Lorraine, le sieur Sèvre, auditeur en la cour des comptes, ayant promis la dorure, et le conseiller Sarrazin donné une somme assez notable, mais ce qui joint aux aumônes particulières ne suffisait que médiocrement ; le curé prenant sur lui de payer la façon, proposa à l'hôtel de ville de vendre trois pièces de tapisseries léguées à l'église par François Jambois, tapissier, mort de la peste en 1636, ce qui lui fut accordé, et on les vendit 250 francs ; l'une était de Flandres, fort ancienne, et les deux autres d'Auvergne. En 1682, on fit une quête pour édifier une tour à St-Sébastien, et refondre les trois cloches, les sieurs Nicolas Thouvenin, ingénieur et architecte, et Christophe André, entrepreneur de fortifications, offrant leurs soins gratuitement. On y joignit aussi un cimetière, situé dans l'emplacement actuel du magasin à fourrages, rue de l'Equitation, converti depuis en écoles municipales. Les gens aisés, comme c'était l'usage généralement répandu, continuaient à être inhumés dans l'église, compromettant ainsi gravement la salubrité publique ; par lettre de cachet du 12 mars 1701, Léopold enjoignit de porter désormais les corps au cimetière commun.

L'église St-Sébastien menaçait ruine, quand en 1719, sur les observations du curé, elle fut démolie en moins de huit jours pour en édifier une autre à sa place. On avait quêté, dans l'origine, pour faire l'acquisition des objets nécessaires au culte, une souscription publique couvrit encore ici les principaux frais. Le prince royal, fils aîné de Léopold 1er, en posa la première pierre le 29 juillet 1720. Pendant les travaux, on chantait la messe paroissiale chez les Jésuites, et pour les autres fonctions pastorales, baptêmes, mariages et enterrements, la ville fit construire la petite église St-Nicolas, à l'angle de la rue du moulin St-Thiébaut, donnée ensuite aux pénitents noirs, et détruite en 1792.

La nouvelle église, terminée en 1730, sur les plans et sous la conduite de Jennesson, était autrefois entièrement cachée par les bâtiments de l'Hôtel-de-Ville. Cette circonstance obligea même l'architecte à placer les tours derrière l'édifice, afin que le bruit des cloches ne troublât pas les audiences de la Cour souveraine et du bailliage siégeant à l'Hôtel-de-Ville. Ceci explique encore l'ornementation particulière de sa façade surchargée d'ornements du ciseau de Mény, excellent artiste nancéien, et l'un des fondateurs de l'ancienne Académie de peinture et de sculpture en cette ville. Cette profusion de détails, vus alors de très près, était nécessaire pour racheter le peu d'élévation qu'il était permis de donner au portail, sans place ni avenue. Les armes pleines de Lorraine surmontaient richement le haut vitrail qui domine le premier ordre ; sur les deux dés en maçonnerie, longtemps inoccupés, ont été édifiées les belles statues de St-Sébastien, patron de la paroisse, et celle du duc Léopold, fondateur. L'intérieur vaste, bien proportionné, plaît à l'œil ; la tribune des grandes orgues jouit aussi d'une certaine réputation. En 1773, ou transporta le beffroy dans la tour du Nord.

Le patron de la paroisse, tableau d'un grand mérite, a été peint par Jean Leclerc, contemporain de Callot et peintre des ducs Henri II et Charles IV. Il avait longtemps travaillé en Italie. On rapporte que tandis qu'il était occupé à cet ouvrage, son frère lui servait de modèle. Henri II les surprit dans leur atelier et s'amusa sans être aperçu, du talent de l'un et de la patience exemplaire de l'autre. Ce bon prince assigna au peintre, sur son domaine des grands Moulins, sa vie durant, trente réseaux de blé ; généreuse et prévoyante munificence.

En 1705, les artistes de Nancy élevèrent, dans la nef, un monument à Jean Girardet, premier peintre du roi Stanislas, mort le 28 septembre 1778, inhumé cependant au cimetière de la paroisse. Son buste, dans un médaillon en marbre blanc, faisait honneur à Joseph Schunken. Ce témoignage de noble et touchante affection n'existant plus, en 1801, Laugier, négociant et littérateur ; Laurent, conservateur du Musée, et Labroise, sculpteur, le rétablirent à frais communs, en y consacrant leurs talents divers, avec cette inscription composée par le premier :

> Par ses rares talents, ses modestes vertus,
> Aux arts ainsi qu'aux mœurs il servait de modèle :
> Révéré des Lorrains, chéri de leur Titus,
> Cet artiste immortel fut l'émule d'Appelle.

Le 19 prairial an VII, la ville réclama, comme sa propriété, l'église St-Sébastien transformée en magasin de fourrages, et produisit à l'appui ce résumé des faits :

« Par contrat du 12 janvier 1610, passé devant Colin, alors tabellion à Nancy, la ville fit l'acquisition du sol et bâtiment de l'ancienne église St-Sébastien, située entre les rues des Ponts, de Notre-Dame (alors rue Fénelon), de St-Jacques et la petite rue de St-Sébastien (rue Guillaume Tell), pour le prix de 6,000 francs, monnoye de Lorraine, · qui fut payé comptant.

« En 1719, ces édifices menaçant ruine, les officiers de l'hôtel commun de Nancy furent avertis par une lettre de cachet de Léopold, en date du 17 janvier, de les faire démolir en attendant les plans et devis qui leur seraient envoyés pour une construction nouvelle.

« D'après les plans et devis qui furent dressés par Jean-Nicolas Jennesson, architecte, il fut procédé le 23 mars 1720, à l'adjudication au rabais de la construction de la nouvelle église qui existe aujourd'hui ; les rabais sur les prix se montèrent à 30,000 livres.

« Après trois toisés successifs du nouvel édifice, il en fut fait un quatrième, le 12 mars 1731, par Lachaise, ingénieur nommé à cet effet, par l'article 14 du règlement rendu par le duc François, le 17 juin 1730 ; ensuite du compte du domaine de la ville pour l'année 1729. Suivant ce dernier toisé, le prix total du dernier édifice s'est porté à la somme de 323,232 livres 5 sols et 5 deniers.

« Sur laquelle, déduction faite de 30,000 livres formant le montant du rabais constaté par l'adjudication du 23 mai 1721 et celle de 967 livres 5 sols 3 deniers pour la moitié à la charge de l'entrepreneur dans les frais de visites et toisés, ci 30,967 livres 5 sols et 3 deniers. Il est resté à la charge de la ville une somme de 292,265 livres 2 sols qu'elle a payée de ses revenus ainsy qu'il en conste par ses comptes rendus par ses administrateurs depuis 1720 jusqu'en 1732. »

Place du Marché et ancien Hôtel-de-Ville. Droits du maître des hautes-oeuvres.

Les anciennes ordonnances de nos ducs attestent de leur prévoyance pour l'approvisionnement et la police des marchés de Nancy. Les vivres étaient tarifés, et les hôteliers ne pouvaient faire aucune emplette avant que le panonceau du prince, déployé au milieu de la place, fût abaissé à une certaine heure. En 1597, le marché pour la Ville-Neuve avait été établi sur l'Esplanade ; on le transféra ensuite dans son emplacement actuel, qui d'abord avait été désigné par Charles III, pour y élever la Cathédrale (1). Jean Vincent, trésorier-général de Lorraine, bâtit une belle maison dans la partie supérieure ; elle fut vendue par autorité de justice en 1600, aux officiers municipaux qui cédèrent alors l'ancien Hôtel-de-Ville, à la ville vieille, pour servir de presbytère à St-Epvre. Une tour moderne, un beau perron, étaient les ornements principaux du nouvel édifice, dans lequel toutes les juridictions furent réunies jusqu'à Stanislas, en 1751, qui leur assigna d'autres locaux séparés parmi les édifices qu'il faisait construire. Le vieil Hôtel-de-Ville fut démoli ; sur le déblai, on traça la place Mengin, ainsi nommée du voisinage du lieutenant-général

(1) Le maître des hautes-œuvres, à qui souvent, comme il le déclarait par requête à Son Altesse, le 17 avril 1670, son métier ne donnait pas de quoi vivre (et nous le concevons aisément, puisque dans la circonspection bien louable, intègre des juges, on disait en proverbe qu'il fallait des protections pour être pendu à Nancy), le bourreau avait le droit de prélever quelques denrées sur les marchands de la place qui s'en défendaient comme d'un opprobre, et ils n'avaient certes pas tort. En 1670, Georges Duval, maître des hautes-œuvres du duché de Lorraine, fut autorisé à user du même droit que ses prédécesseurs. Le 18 janvier 1680, sur les plaintes du fermier des droits de place que celui-ci levait ses droits à son exclusion, on arrêta que, pour éviter la confusion, le premier marquerait les hottes ou paniers des payants de craie blanche, et l'autre de craie noire. Dernière circonstance qui ne manquait pas chaque fois d'occasionner des émeutes violentes, bien que le bourreau eût la précaution d'y envoyer sa femme à sa place. Enfin, cet usage qui n'aurait jamais dû exister fut aboli, et par forme de dédommagement, le 6 mai 1699, la ville lui accorda la somme de deux cents florins par an pour son désistement, avec le droit exclusif de dépouiller les bêtes crevées.

du bailliage ; elle était garnie de banquettes en pierre de taille, plantée d'arbres, et fut jointe à la place du Marché en 1831.

A ce que nous avons dit de l'organisation municipale de notre ville, nous ajouterons qu'on en appelait à son échevinage, tribunal souverain, des procès criminels jugés dans les autres bailliages. Jusqu'à l'invasion de la France, le peuple avait le droit d'y contredire et de donner son avis. Une ordonnance de Charles IV du 6 octobre 1629, déclare : Que sur les remontrances de son procureur-général, touchant le désaccord ordinaire entre le peuple assemblé et les échevins pour asseoir le jugement, fait savoir qu'à l'avenir, il ne sera loisible au peuple assemblé pour procéder au jugement d'un procès criminel, d'adjuger par sentence une peine plus forte que celle dont les échevins auront donné avis ; on pourra seulement l'adoucir, mais non l'aggraver. Cette manière de juger était appelée turbe, du latin *turba,* foule ou en public. Le peuple était à la fois juge et juré, mais on devait se méfier de ses préventions. Les officiers de l'Hôtel-de-Ville réglaient les peines de simple police : outre le cheval de bois, planches aiguës sur lesquelles les patients s'asseyaient à califourchon, il y avait un pilori près de la porte Royale. On renfermait dans cette espèce de cage tournante les filles publiques et les vagabonds que les écoliers et la canaille se faisaient un jeu cruel de tourmenter en agitant la machine.

Le 12 février 1597, il fut résolu que dorénavant les résolutions seraient écrites sur un registre, pour y recourir en tant que de besoin.

En 1644, le Conseil arrêta qu'il importait au bien public de retrancher les dépenses les moins nécessaires, comme celles de bouche, efin de soulager d'autant le pauvre peuple et aider à payer les dettes de la communauté. Le 3 novembre 1713, on convint qu'aucun officier ou conseiller de l'Hôtel-de-Ville ne pourra à l'avenir tenir sur les fonts de baptême aucun enfant des bourgeois contribuables de Nancy, pour ôter tout soupçon que dans la distribution des billets de logement ou autres charges publiques, on exempte les compères et les commères.

A la mort de l'un d'eux, la chambre allait en corps, en manteau et petit collet, à l'enterrement, faisait, dans la huitaine, célébrer un service où elle assistait de même : la veuve était avertie par un commis de ville du jour arrêté, et on n'envoyait de billet à personne.

Au XVIIe siècle, on projeta divers embellissements pour la place du Marché. Laruelle nous apprend par la légende de son plan de 1611, qu'il était question d'y élever une superbe fontaine « faicte d'art et de matériaux exquis ». La statue équestre en bronze de Charles III devait y être posée sur un piédestal ; des eaux jaillissantes, des sculptures allégoriques, auraient complété ce magnifique monument que les malheurs du règne de Charles IV firent abandonner.

Avant de créer la place Royale, Stanislas voulut élever des façades uniformes sur le Marché ; les négociants craignant l'interruption de leur commerce, réclamèrent et s'en repentirent inutilement depuis. Une seule maison, qu'il est facile de distinguer, a été bâtie d'après un autre plan uniforme proposé. Cette étendue immense a été depuis occupée par un marché couvert, construit dans d'excellentes conditions, mais malheureusement aujourd'hui (1898), tout à fait insuffisant.

––––––––

La Synagogue.

Les citoyens professant le culte mosaïque devraient à jamais bénir le xviiie siècle, qui a détruit partiellement tant de préjugés odieux, et en particulier celui qui les mettait au ban de la société.

En 1788, notre compatriote Grégoire, curé d'Emberménil, dont la statue s'élève aujourd'hui sur l'une des places de la ville de Lunéville, fixa l'attention de l'Europe par son brillant plaidoyer, *Essai sur la régénération physique, morale et politique des Juifs*, couronné par l'Académie de Metz. Napoléon, aussi éminent législateur que grand capitaine, reprit la tâche restée inachevée de l'Assemblée Constituante en réunissant en grand sanhédrin les rabbins de France, d'Allemagne et d'Italie, dont les décisions doctrinales réglèrent les points litigieux. Dès lors on admit, sans distinction aucune, les Israélites régnicoles dans la grande famille française.

Depuis ce pas immense, un demi-siècle et davantage est à peu près écoulé et le succès de cette fusion a, en partie du moins et jusqu'à un certain point, justifié les prévisions des philosophes et des hommes d'Etat.

Dans son roman historique, *Ivanhoë*, Walter Scott a peint, d'une manière aussi vraie qu'inimitable, les tribulations et les dangers des juifs au moyen-âge, en quoi ils ne ressemblaient pas trop mal au poissant-volant, trouvant partout des ennemis. Au xiiie siècle, sous Simon II, on les chassa de la Lorraine pour s'être moqués des Saints-Mystères. Cependant, nous les voyons, quelque temps après, occuper une des rues de Nancy au berceau.

C'est que le commerce, ou pour mieux dire le trafic, était

seul entre leurs mains avides autant qu'intelligentes, seule carrière qu'ils pussent embrasser, et que la position de notre pays, entre la France et l'Allemagne, favorisait singulièrement, outre le voisinage de Metz, ville dans laquelle ils jouissaient de certains privilèges, c'est-à-dire où ils avaient quelque sûreté. Des lieux de résidence leur étaient désignés et le chiffre des familles fixé. Sous Léopold et Stanislas on en comptait environ 200 en Lorraine, dont les chefs étaient à Nancy et le rabbin à Metz. Le 15 septembre 1717, Samuel Lévy, riche Israélite qui avait quelque maniement des finances de Léopold, ayant célébré avec éclat dans sa maison, à Nancy, la fête des Trompettes, la Cour Souveraine défendit aux juifs l'exercice public de leur religion, à peine de 10.000 livres d'amende. Une ordonnance de la chambre du Conseil, « de par Altesse », le 21 novembre 1701, défendait d'insulter les juifs en cette ville, à peine d'amende et autres punitions, suivant le cas.

En 1788, la Communauté de cette ville, taxée à 2.710 livres 1 sol pour leur subvention et composée de 739 membres, y fit enfin bâtir une synagogue, qui n'a rien de remarquable sous le rapport de l'architecture, quoique bien située.

Qui pourrait dire l'époque à laquelle Metz vit arriver dans ses murs les premiers Israélites ? Les documents historiques font complètement défaut sur ce point. Tout porte à croire qu'ils étaient déjà établis en assez grand nombre dans le royaume d'Austrasie, au VIIe siècle, pour qu'au Concile de Reims, tenu en 625, il y eût un canon rédigé à l'encontre des Juifs. On y renouvela la défense de les admettre aux charges publiques et de leur vendre des esclaves chrétiens. La présence, à ce Concile, d'Arnoul, évêque de Metz, personnage d'une grande importance religieuse et politique, a laissé penser aux auteurs de l'*Histoire de Metz*, que ce treizième canon avait eu principalement en vue les juifs messins : ce serait la première fois que l'Histoire de notre pays s'en occuperait.

Bien loin de sortir de cette position, les juifs de Metz attirèrent sur eux de nouvelles foudres. Deux siècles plus tard, à Metz, dans l'abbaye de Saint-Arnoult, un Concile était tenu en 888, le 1er mai, suppose-t-on : *ut conjectura est.* Gunther, le primicier de la Cathédrale, exhala sa plainte contre les juifs qui habitaient la cité, et obtint anathème contre eux : *obtulit libellum proclamationis super Judæos qui habitant Metis*, porte le septième canon de ce Concile provincial. Conformément à cette demande, il fut interdit aux chrétiens de manger ou de boire avec les juifs et d'accepter d'eux ni aliment, ni boisson, sous peine d'excommunication : *Interdictum est ut nemo Christianorum cum eis manducat et bibat vel quicquid comedi aut potari potest a Judæis accipiat.*

Ce texte constate que des Israélites habitaient Metz au IXe siècle, mais dans quelle partie de la cité ? A quelles occupations s'y livraient-ils ? Ce sont là autant de questions restées indécises par nos chroniques, et dont nous trouvons la solution dans les débris d'architecture et de peinture laissés à Metz par les premiers Israélites. M. Bégin, dans son *Histoire des Juifs en France*, est le premier auteur qui ait appelé l'attention sur la plus ancienne synagogue de France. Elle était située dans Metz, à l'extrémité d'une rue grimpante et tortueuse, non loin des murs d'enceinte de la ville et de la porte de Seille, qui a fait place au pont Sailly. C'était la juiverie de Metz. Aussi, dès les temps les plus reculés voyons-nous cet endroit porter le nom latin de *Judæorum vicus*, que le moyen-âge a traduit par Juifrue d'où nous avons fait le mot Jurue. Les Israélites y étaient comme parqués ; chaque nuit, on barrait le haut et le bas de la rue avec des chaînes.

On procédait de même à l'égard d'une petite rue voisine, véritable cour des miracles de Metz, réceptacle de gens sans aveu, de baladins, de mécréans ; aussi l'appelait-on rue d'Enfer. Cette synagogue révèle encore aujourd'hui son existence par des signes hébraïques gravés au-dessus d'une porte qui relie un vestibule voûté à une grande salle au centre de laquelle s'élève, d'un socle carré, une colonne haute de trois mètres. Dans la partie orientale se voit le lieu où se déposaient les tables de la loi avec l'arche sainte. A gauche prenait jour une petite pièce destinée à la purification des femmes relevées de couches.

Les croisées du vestibule, les nervures des voûtes, les colonnes des niches, permettent de supposer que ce monument a été construit vers le xi⁰ siècle de l'ère chrétienne. Il est d'un style roman, de transition entre le plein cintre et l'ogive. Le luxe de l'architecture indique l'état de prospérité de la classe juive à Metz. L'étendue de la synagogue laisse croire que le chiffre des israélites s'élevait à Metz, vers le xi⁰ siècle, à près d'un millier d'individus.

Nous sommes aussi bien renseignés sur le costume qu'avait déjà adopté, à cette époque, la communauté juive, ou pour mieux dire, qui lui était imposé. Si l'on en croit certaines miniatures attribuées au ix⁰ siècle et détachées d'un pontifical sur vélin, qui a appartenu à l'abbaye de Sainte-Glossinde de Metz, les juifs portaient le bonnet pointu blanc, à larges bords, une espèce de blouse bleue, serrée à la taille, et, par dessus, un manteau vert ; des bottines jaunes complétaient l'accoutrement. Du reste, c'est encore sous ce costume que les graveurs messins du xiii⁰ siècle représentaient les enfants d'Israël.

Cette peinture est accompagnée d'une inscription en minuscules saxonnes : *Judæus medicus et leprosus*, qui nous apprend que nous assistons à la cure opérée par un médecin juif sur un lépreux. Les juifs avaient donc, dès le ixᵉ siècle, importé à Metz la pratique des sciences physiques et médicales empruntée à l'Orient. Il était naturel qu'ils traitassent les maladies de la peau, devenues si communes parmi eux, surtout la lèpre.

On comprend dès lors que, le commerce aidant, les Israélites ont dû gagner dans Metz une certaine influence.

Dès le xᵉ siècle, nous les voyons entrer en lutte avec des abbayes, pour la propriété de certains immeubles.

En 945, David, juif du diocèse de Metz, s'empara d'une vigne, propriété de l'abbaye de Sainte-Glossinde, de Metz. Il fallut une charte de l'évêque Adalbéron pour contraindre David à la restitution.

Ce fait est à noter, puisqu'il nous montre les juifs reconnus à Metz capables de posséder des biens territoriaux ce qui était un privilège dont l'obtention en suppose d'autres aussi considérables. Les faveurs dont ils jouirent ne firent que s'accroître, protégés qu'ils furent de 945 à 1005, par Adalbéron II, évêque de Metz. Nous déduisons cette preuve de ce que le biographe de cet évêque nous apprend qu'il était on ne peut plus aimé des juifs : *Judæis quoque dilectissimus erat*, et que dans leur reconnaissance ils répandirent des larmes à sa mort.

L'influence du judaïsme alla si loin à Metz, qu'un clerc se fit juif au grand scandale de l'Eglise messine. Alpert, moine de Saint-Symphorien de Metz, se crut alors obligé, dans un livre intitulé : *De diversitate Temporum*, de combattre les doctrines judaïques.

C'est à cette époque que parut Gerson ben Judas, connu

aussi sous le nom de Gerschen Hasakan, Gerson le vieux. Il était né à Metz. Devenu grand rabbin de France, il enseigna le Talmud à Troyes et rendit sa chaire célèbre. En 1030, il convoqua à Worms un synode de trois cents rabbins qu'il étonna par la science de ses commentaires et la philanthropie de ses institutions.

Les progrès des doctrines judaïques mirent en émoi plusieurs princes de l'Eglise catholique. La répression n'atteignit pas encore les juifs de Metz, mais elle ne devait pas se faire attendre ; l'orage grondait aux portes de la cité. Eberhard, archevêque de Trèves, menaça de mort tous les juifs dont la conversion ne serait point accomplie à la fête de Pâques. Heureusement pour eux, Eberhard mourut précisément ce jour-là, en officiant pontificalement dans l'église Saint-Paulin. L'œuvre de conversion fut accomplie par son successeur ; car nous lisons dans *Paul Ferry*, qu'en 1078, la plus grande partie des juifs de Trèves reçurent le baptême.

Quelques années s'étaient à peine écoulées, qu'en 1096, une foule immense des deux sexes, de tous pays, de toutes nations, se présenta à Trèves, se dirigeant vers la Palestine. C'était la première croisade qui s'organisait dans notre contrée. Imbue d'un zèle outré, cette horde résolut d'abord de poursuivre les juifs dans toutes les villes où elle les trouverait, et de les forcer, sous peine de la vie, à croire en Jésus-Christ. Aussi, à leur approche des murs de Trèves, on vit, spectacle horrible, les juifs éventrer leurs enfants, pour les envoyer dormir dans le sein d'Abraham. Les *Gesta Trevirensium archiepiscoporum* rapportent que des femmes juives montèrent sur le pont Romain jeté sur la Moselle, et chargeant de pierres leurs manches et leurs tabliers, elles se précipitèrent au fond des eaux. Ceux qui avaient encore à cœur de vivre, emmenant avec eux leurs enfants, leurs épouses, emportant leurs effets les plus précieux, se réfugièrent dans la Basilique, ancien palais des Constantin, devenu un lieu d'asile par la présence de l'évêque. Ils se jetèrent aux pieds d'Engilbert, lui demandant la vie,

Le prélat les accueillit avec bonté, et, profitant de l'occasion, il leur adressa un discours pathétique qui en amena un grand nombre à la foi chrétienne. Mais les paroles que le chroniqueur prête à un rabbi, montre que ces conversions furent surtout produites par l'éloquence de la peur : « Voyons, hâte-toi, dit le nouveau converti à l'évêque, de nous enseigner ce que nous devons croire, afin que nous soyions bientôt délivrés des poursuites de ceux qui en veulent à notre vie. Il vaut mieux pour nous croire à la foi des chrétiens, que d'être exposés à leur fureur dans notre personne et dans nos biens. » La chronique rapporte que ce rabbin, nommé Michée, fut le seul qui resta fidèle à la religion catholique.

Disons, à la gloire de notre pays, qu'il se laissa peu vivement impressionner par les prédications des croisades, il se garda de tout excès envers les juifs. Uniquement ville de commerce, entrepositaire des produits de l'industrie, soit allemande, soit française, Metz sentait le besoin d'utiliser cette nation essentiellement apte aux opérations du négoce ; néanmoins, comme à Trèves, les prêtres chrétiens cherchèrent à attirer, dans le giron de l'Eglise, ces descendants du peuple de Dieu. Le Pape Innocent III écrivit à Bertrand, évêque de Metz, pour le féliciter de ce que plusieurs israélites s'étaient spontanément convertis dans son diocèse. Ceci se passait au xii⁰ siècle, c'est-à-dire au milieu de l'effervescence de la seconde croisade qui avait eu lieu

en 1144, et dont Metz précisément avait été choisi comme
lieu de rendez-vous. Les juifs furent respectés, grâce à
saint Bernard, qui, du haut de la chaire évangélique, tonna
contre le massacre des juifs, que prêchait, en Alsace et sur
le Rhin, un moine nommé Rudolphe.

La communauté juive de Metz subsistait encore vers
1180, puisqu'on voit à cette époque naître dans notre ville
le savant rabbin Eliézar, qui alla étudier le Talmud à
Mayence, répandre sur les bords du Rhin le fruit de
ses études et rédiger un code de doctrine fort estimé.

Mais vers le commencement du xiiie siècle les juifs de
Metz furent atteints dans leur fortune et dans leur tranquillité. Philippe-Auguste, justement effrayé des clameurs
auxquelles donnaient lieu certaines opérations financières
des israélites, et convaincu qu'ils ne rêvaient que blas-
phèmes, les fit tous expulser du territoire français, après
avoir eu soin de leur faire prendre tout leur or et leur argent monnayé ou non. De plus, tous leurs débiteurs furent
déchargés de payer leurs dettes, par édit royal. Cette ani-
madversion réagit sur les peuples voisins. Les juifs durent
à leur tour dire adieu au pays messin et quitter leur demeure de Jurue, qui devint la propriété d'une des puis-
santes familles messines. Ainsi, au bas d'une charte de
donation faite par Bertrand, en faveur de l'abbaye Saint-
Clément, on voit figurer, au nombre des signataires, Ro-
dulphe de vico Judæorum, en 1205.

En décembre 1214, un Albertus de Judæorum vico ap-
pose son sceau sur un jugement rendu à l'occasion de
l'octroi du tonneu, par Théodoric, archevêque de Trèves,
et Thiébaut, duc de Lorraine. Bien plus, une agrégation de
bourgeois prit le nom et les armes de cette famille, dès le
xiiie siècle, et forma le paraige de Jeurue, auquel l'atour

du 6 juillet 1250 assigne Jurue pour lieu de rassemblement.

Pour consacrer l'œuvre d'expulsion des juifs de Jurue, une église fut élevée au centre du quartier. Et pour mettre en exécution la pensée du cardinal de Champagne qui voulait purger le royaume d'une peste aussi préjudiciable à l'Etat, l'église, comme dans plusieurs autres villes de France, fut placée sous l'invocation de Dieu, sous le symbole de la Sainte Croix.

Les juifs restèrent ainsi éloignés de Metz pendant près d'un siècle ; mais Louis le Hutin ayant succédé à Philippe le Bel, se départit des rigueurs inventées par l'esprit bursal contre les fils d'Abraham. Par un acte du mois de juin 1315, le roi de France leur permit de rentrer en France pendant treize années, moyennant des redevances excessives. Il leur fut défendu de discuter les matières religieuses, de prêter sur les ornements d'église, sur des gages sanglants et mouillés. Enfin, on leur imposa, comme marque distinctive, une rouelle de couleur tranchée, une espèce de cocarde en un mot.

A l'exemple du roi de France, l'empereur ouvrit aux juifs les portes des villes d'Allemagne. Metz vit alors rentrer dans son sein les Israélites. P. Ferry fait la remarque que dès 1288 s'étaient établis à Metz des Lombards qui prêtaient sur gages, dans un hôtel situé rue des Murs, près de Jurue, et il présume que ce devaient être des juifs. Si cela était, les enfants d'Israël et de Jacob seraient rentrés de bonne heure parmi nous. Et ils en auraient été expulsés en 1513, quand la ville de Metz fit main-basse sur l'argent et les maisons des Lombards, pour les punir d'avoir rongé le pays par leur usure. Mais ce n'est qu'une pure hypothèse.

Depuis leur première expulsion de Metz, les juifs ne

semblent y être revenus qu'individuellement et ne formant plus de communauté. La tradition nous apprend qu'au XIVe siècle ils habitaient le terrain compris entre les deux bras de la Seille, appelé le Champel et la Grève, à cause de la nature du sol. Dans ce lieu bas, humide et malsain, que désertaient les communautés religieuses, ils vivaient séparés par le cours d'eau, des vastes chantiers où les drappiers et les tanneurs faisaient sécher leurs marchandises en saulnerie. Le jour de la dédicace Saint-Sauveur, 1320, un incendie des plus violents se déclara dans les ateliers de saulnerie et consuma vingt-deux maisons. Il fallait trouver une cause à ce sinistre. Egarée par inculpations de profanations d'hosties, d'empoisonnements de puits, dont on chargeait les juifs depuis quelque temps, l'opinion publique attribua l'incendie de saulnerie, d'abord à des sorcières travesties en corbeaux, puis aux juifs. Ceux-ci durent prendre la fuite. En 1321, on en brûla plusieurs restés à Metz : leur crime fut de passer pour lépreux ou Müsels. Le peuple du moyen-âge les appelait müsels, les confondant avec les lépreux. Ce sont eux qui ont laissé leur sobriquet à la place, à la porte, à la rue Mazelle. Dans un grand nombre de localités on les accusa d'avoir importé la maladie de la lèpre en Europe et de l'y propager. C'est ainsi qu'ils restèrent éloignés de Metz pendant deux cents ans.

La conquête de notre ville par les Français y ramena les juifs, pour aider les militaires dans la circulation de l'argent à faire venir des diverses provinces de la France. En 1556, le gouverneur des trois Evêchés autorisa deux juifs à rester à Metz pendant une année. Ce délai expiré, l'administration municipale leur intima l'ordre de quitter la ville, mais le maréchal de Vieille-Ville, par ordonnance du 6 août 1557, que cite Turgot dans ses mémoires, permit à quatre familles juives de s'établir en la cité, sous certaines redevances pécuniaires, et sous l'obligation d'assister, une fois par mois, aux prédications dans les églises de Metz ; de ne point habiter les principaux quartiers, et de ne prêter qu'au taux d'un denier par semaine au plus. Quarante années ne s'étaient pas écoulées, que les descendants de ces quatre familles formaient vingt-cinq ménages qui eurent à lutter contre le mauvais vouloir de l'autorité.

Le 6 février 1574, M. de Théval, commandant à Metz, leur enjoignit de sortir de la ville, dans deux mois. Ils résistèrent avec succès, et, le 24 mai 1602, Henri IV, se trouvant à Metz, les prit sous sa protection spéciale. Gabriel, jurisconsulte éminent du barreau de Metz, révoque en doute l'existence des lettres-patentes attribuées à ce monarque. Par ordonnance du 7 avril 1604, d'Arquien, commandant, permit aux juifs de Metz de prêter sur gages à 16 %. Le duc d'Epernon leur abandonna, le long de la Moselle, plusieurs petites maisonnettes de campement, près du retranchement de Guise, au Rhin-Port. Son fils, le duc de Lavalette, étendit ce terrain abandonné jusqu'à l'église Saint-Ferroy, en 1624.

Il imagina de déterminer le quartier des juifs en faisant planter, à l'encognure de la dernière maison de chaque rue, de grands crucifix en pierre. Celui situé à l'angle des rues Saint Ferroy et de l'Arsenal ne fut enlevé qu'au 10 août 1713, époque à laquelle il fut transféré au cimetière de Sainte-Ségolène.

Ces concessions de l'autorité militaire furent confirmées par Louis XIII le 24 janvier 1632. Les juifs parvinrent alors à s'affranchir de l'obligation d'assister aux sermons, en

payant l'un des vicaires de Sainte-Ségolène, et en fournis-
sant au curé 24 livres et deux pains de sucre.

Le Parlement était à peine installé à Metz qu'il fut as-
sailli de réclamations de la part du commerce de la ville,
qui forma opposition à l'enregistrement des lettres-patentes que le roi avait accordées aux juifs. Cette opposition
était appuyée par celle de l'évêque de Madaure, suffragant
de l'Evêché de Metz. Elle semblait d'autant plus fondée
que le 23 avril 1615 Louis XIII avait publié une déclaration
par laquelle il était enjoint à tous les juifs de sortir du
royaume, à peine de la vie et de la confiscation de leurs
biens. Le Parlement, par arrêt du 23 mai 1634, fit justice
des oppositions et confirma les juifs dans leurs privilèges,
tout en leur assignant une position inférieure à celle des
chrétiens. Il leur fut défendu d'acquérir d'autres immeubles que des maisons au quartier Saint-Ferroy et leur
négoce fut soumis à une police spéciale.

Turgot nous apprend que les juifs étaient très utiles à
Metz pour fournir des chevaux en temps de guerre. Il leur
dut lui-même de combattre la disette de 1698 par des arri-
vages de grains qu'ils firent venir de Francfort, à leurs
frais. Le gouverneur reconnaît que les juifs ont perdu
bénévolement à ce trafic plus de 30,000 liv.

On comprend comment le Parlement dérogea à la loi
générale. L'arrêt de 1634 ordonna que la communauté
paierait les dettes et charges accoutumées, c'est-à-dire
deux cents écus pour l'Hôpital du Neufbourg, et de plus,
150 livres tournois par an, applicables au pain des pauvres
prisonniers. Défense fut faite aux israélites d'aller par la
ville les jours de dimanches et de fêtes solennelles, avec
ordre de demeurer dans leur quartier sans pouvoir travailler en public.

En 1647, le Parlement eut encore à défendre les juifs de
Metz contre les bouchers qui voulaient qu'il fût interdit
aux israélites de vendre, à Metz, les viandes que leur religion proscrit comme impures, parce que ce délit faisait
une trop rude concurrence aux Messins. Un arrêt intervint
le 6 avril, qui assura aux juifs la liberté du commerce
pour les viandes reconnues immondes par leur religion.
Il leur fut défendu d'en exposer d'autres, de vendre des
marchandises neuves, de faire des amas de blé et de vin.
Ils implorèrent de nouveau l'autorité royale, et Louis XIV,
le 25 septembre 1657, leur accorda de nouvelles lettres-patentes confirmatives de leurs privilèges.

En 1660, un juif avait été tué par un soldat de la garnison. Le meurtrier est arrêté, mais le colonel du régiment
avait disposé des troupes devant la prison, pour qu'on ne
pût s'emparer du coupable. Sur les réclamations du Parlement arriva une lettre de cachet du 29 juillet 1660, qui vint
rendre son cours à la justice.

Enfin éclata aux environs de Metz un événement qui
devait porter un coup funeste à la communauté des juifs
messins. Le 25 septembre 1669, la femme d'un charron du
village de Glatigny s'en allait à la fontaine communale
laver du linge. Son fils, âgé de trois ans, marchait à quelques pas derrière elle. Il vint à trébucher. L'enfant dit
qu'il se relèverait tout seul. La mère continua sa route
sans plus se préoccuper de la chûte de son enfant. Dieu
l'en punit cruellement, car quelques minutes après, ne le
voyant pas revenir, elle se mit en quête avec son mari,
puis avec le maire du village. Mais peines inutiles, l'enfant
fut introuvable. On alla aux renseignements. On put
suivre les vestiges de ses pas, puis ils se confondaient avec
des traces de roues de voiture et de pieds de chevaux. Le

père courut à Metz, il rencontra un cavalier de la compagnie du comte de Vaudémont, qui déclara avoir vu un juif monté sur un cheval blanc, allant du côté de Metz, ayant une grande barbe boire, portant devant lui un enfant de trois à quatre ans, et qui s'était enfui dans les champs à son approche.

A la porte des Allemands un tourneur avait vu entrer ce juif à Metz. D'induction en induction une information fut entamée contre un juif de Chelaincourt, rabbi de la communauté de Boulay, Raphaël Lévi. Il était de la juridiction du duc de Lorraine et pouvait échapper aux magistrats de Metz. Néanmoins il vint de lui même se constituer prisonnier, Lévi convint que le jour fixé il était effectivement venu à Metz pour y prendre une corne de bélier pour la solennité de la fête des trompettes qui était le lendemain. Parmi les témoins entendus, une femme reconnut Lévi pour l'avoir vu monté sur un cheval blanc et portant sous son manteau un enfant de trois ans ayant un bonnet rouge et les cheveux blonds frisés. Les autres témoins ne le reconnurent pas. Le cavalier déclara même que le juif qu'il avait rencontré était d'une plus grosse et grande taille. Le Parlement évoqua l'affaire. On saisit sur l'accusé des lettres écrites en hébreu dans lesquelles la prévention voulut voir des aveux. Mais de toutes les traductions il ne s'en trouva pas deux authentiques. Un de ces billets était envoyé avec un fêtu de paille à mettre sous la langue et et contenant ces mots : Si, en cas, Dieu t'en garde, on te veut donner la question, tu diras trois fois tout cela : « Moi juif, juif moi, vive juif, juif vive, mort juif, juif mort. » Il se trouva des magistrats qui interrogèrent Lévi exactement, dit la procédure, pour savoir si c'était quelques sortilèges.

Sur ces entrefaites, des pâtres, le 22 novembre 1669, trouvèrent dans un bois éloigné d'un quart de lieue de Glatigny, la tête et les restes de l'enfant avec les vêtements étendus sur un buisson, sans être déchirés ni ensanglantés. Un conseiller se transporta sur les lieux. Des médecins rédigèrent un procès verbal où ils oublièrent de déterminer quel avait pu être le genre de mort de l'enfant. On décida avec les pâtres que ce ne pouvait être l'attaque d'une bête fauve, parce qu'elle s'en serait d'abord prise à la tête. Des morsures, des lésions, il n'en fut pas fait mention. La médecine légale n'était pas née.

C'est cependant sur ces seuls documents, aidés de quelques contradictions et réticences que l'on mit Raphaël Lévi sur la sellette, et que le Parlement, Chambre des Tournelles, le condamna à être brûlé vif et ses cendres jetées au vent. Que vous semble-t-il de cette justice rendue le 16 janvier 1670 ?

Gédéon Lévy, juif de Hayes, intéressé, comme tous ses co-religionnaires, à prouver l'innocence de Raphaël Lévi, avait promis 100 fr. à celui qui trouverait l'enfant qui devait être perdu dans les bois

Après la découverte du cadavre, des voisins de Gédéon déclarèrent l'avoir vu causer avec des juifs de Metz, et aller dans le bois avec une hotte. Il n'en fallut pas davantage. Gédéon fut arrêté et appliqué à la question, sans mot dire, question ordinaire et extraordinaire, puis banni le jour même de la prononciation de l'arrêt contre Raphaël Lévi. Celui-ci fut suspendu en l'air le lendemain matin, à huit heures, ayant des poids énormes attachés aux pouces des pieds, en présence des magistrats, prêts à noter les moindres paroles du patient. Raphaël Lévi, avant de se livrer au bourreau, prit un petit livre de prières hébraï-

ques. MM. les Commissaires, porte la procédure, l'interrogèrent là dessus ; ils lui firent quitter son livre. Le
procès-verbal ajoute, avec un cynisme épouvantable : On
remarqua, pendant les plus fortes douleurs de la torture,
qu'il demeura près d'un quart d'heure dans une espèce de
léthargie, paraissant ne souffrir aucun mal. Quelques-uns
ont cru que ce pouvait être un effet des paroles qu'on lui
avait écrites.

Raphaël n'avoua rien, puis il fut remis aux mains du
curé de Saint-Marcel et du gardien des Capucins, qui
étaient venus pour l'exhorter à embrasser la religion
chrétienne. Le Procureur du roi survint, ajouta ses admo-
nestations à celle du capucin. Raphaël répondit en fureur :
Je suis juif, je veux mourir juif ; j'ai tout supporté sans
dire ce que je sais. Le Procureur du roi dressa procès-
verbal de cet aveu et se retira. Deux juifs entrèrent et
promirent, par serment, d'avoir soin de la femme et des
enfants de Raphaël.

Enfin, le triste cortège se mit en marche. Raphaël Lévi
s'était ceint la tête de bandelettes sacrées, suivant leur
rite. Le greffier du Parlement, dans la pensée, porte la
procédure, que ce ne fût encore quelques sortilèges ou
quelques charmes, les fit enlever, et pressa Raphaël de
déclarer la vérité. Celui-ci ne fit que protester de son
innocence avec la plus grande énergie. On le conduisit, en
chemise, devant le portail de la cathédrale, faire amende
honorable, portant une torche ardente du poids de trois
livres. Cela fait, il marcha vers le Champ-à-Seille avec une
intrépidité surprenante, dit la chronique. Il repoussait de
coups de coude le curé et le capucin qui l'exhortaient sans
cesse à se convertir. Il se revêtit lui-même de la chemise
soufrée, monta sur le bûcher, ne demandant qu'une seule

grâce au bourreau, celle d'être étranglé par derrière le poteau. Bientôt les flammes le dérobèrent à la vue de la foule effrayée.

Une plaque de cuivre, reproduisant l'arrêt, devait être attachée à un pilier de pierre de taille élevé dans la rue des Juifs. Tous les ans, les juifs de Metz avaient coutume de jeûner le jour anniversaire de l'exécution de Raphaël Lévi, et faisaient des visites de condoléances aux descendants de sa famille.

Le Procureur général avait conclu indépendamment contre tous les juifs du royaume, il avait demandé que de très humbles remontrances fussent faites au roi pour obtenir de sa justice souveraine l'expulsion des juifs de France, et même de ceux établis, en vertu de lettres-patentes, dans le pays messin.

Ce magistrat tenait compte de l'accusation publique qui planait depuis des siècles sur la race de Juda. On leur imputait d'enlever les enfants chrétiens le Vendredi-Saint pour parodier sur ces innocentes victimes les scènes de la passion. A défaut d'enfants, ils prenaient un crucifix qu'ils profanaient de cent manières diverses. Le Parlement de Metz entendit des témoins qui rapportèrent qu'un nommé Antoine Chausquin avait vu douze juifs armés de hallebardes, d'épées, de pertuisanes, autour d'une grande table sur laquelle il y avait un crucifix, une figure humaine, du papier et de l'encre. Ce Chausquin fut maltraité. On le trouva, la main ensanglantée, dans la rue des Juifs, accusant surtout un des chefs du consistoire, Mayer Schwabe. Remarquez bien que ce Chausquin était mort, que rien ne contrôlait ces inculpations de sacrilèges. Le Parlement déclara, le 26 mars 1670, que tout considéré, la cour condamnait ledit Mayer Schwabe en 3,000 livres d'amende, le tiers applicable aux pauvres de l'hôpital Saint-Jacques, et faisait défense aux juifs, à peine de 500 livres d'amende, de sortir de leur quartier depuis le mercredi-saint jusqu'au mercredi suivant. Mais le Parlement n'alla pas aussi loin que le voulait son Procureur général ; au lieu des remontrances requises, il ordonna seulement que les pièces des procès des juifs seraient envoyées au roi, pour être pourvu, par Sa Majesté, sur le surplus des fins et conclusions de la requête dudit Procureur général.

La mort de l'enfant de Glatigny, en 1669, fut pour les juifs une source intarissable de tracasseries et de persécutions. Aussi cherchèrent-ils tous les moyens de s'attirer la bienveillance du Parlement et du Gouverneur. Ils consentirent à payer au duc de Brancas, gendre du président du Parlement, et à la comtesse de Fontaine, fille de M. de Givry, lieutenant du roi, une contribution de 40 livres par chaque famille établie à Metz et dans le ressort. Cette capitation, qui n'était que temporaire et personnelle, fut confirmée par arrêt du conseil du roi, en date du 9 mars 1716, et devint perpétuelle. Des lettres-patentes de 1718 imposèrent les juifs de Metz à la somme de 20,000 livres, sauf à en répartir le paiement sur chacune des familles tant de la ville de Metz que de la généralité. Pour payer ces impôts, la communauté des juifs de Metz emprunta des sommes à intérêts viagers et contracta des dettes dont la liquidation occupait naguère encore les tribunaux et même la Cour de cassation. Mais elle ne paya plus la taxe de 30 deniers pour entrer à Metz.

A partir du XVIIe siècle la communauté juive de Metz compta plus d'une défection. La plus fameuse fut l'adjuration solennelle que firent les deux frères Weill, entre les mains de Bossuet, alors chanoine de la cathédrale de

Metz. Il fallut cet exemple pour détruire l'effet produit
sur le public par la mort d'Antoine Lorrain. Elevé aux
Jésuites de Pont-à-Mousson, ce jeune homme avait montré
une grande aptitude pour la théologie. Il vint à Metz se
faire recevoir protestant par P. Ferry. S'étant lié d'amitié
avec plusieurs membres du consistoire, il adopta leurs
dogmes et fut brûlé à Genève en 1632.

Le 1er août 1657, la reine Anne d'Autriche vint à Metz
poser la première pierre du couvent de la Propagation. Ce
serait à cette époque qu'il faudrait reporter ce que raconte
Mlle de Montpensier. La reine étant à Metz, dit cette princesse auteur, fit danser les juifs dans leur synagogue. Ce
qui semble aussi contraire à la gravité d'une reine qu'aux
principes religieux des juifs.

La synagogue se trouvait dans la rue de l'Arsenal. Elle
se composait d'une vieille maison du xive siècle, aux
fenêtres ogivales, aux colonnettes dans les chapiteaux
desquelles se marient divers feuillages. Cet édifice a été
détruit, pour faire place, le 30 août 1850, à un nouveau
temple : le musée des antiques d'architecture de Metz en a
sauvé quelques débris.

Le temps de la persécution était passé. Néanmoins les
juifs de Metz étaient encore, à la fin du xviie siècle, obligés
de porter un chapeau jaune. Turgot nous l'atteste. On
cherchait à les convertir. Depuis le jour où, sous les aus-
pices de Bossuet, la maison de la Propagation de la foi
s'était organisée, un grand nombre de jeunes filles juives
recevaient annuellement le baptême. Quand Louis XV se
trouva à Metz avec toute sa cour, en 1744, le Dauphin et
Mlle Henriette tinrent sur les fonts une jeune fille juive
du village de Vantoux, âgée de onze ans. On sonna la
mutte, on tira le canon.

Ces abjurations et cette propagande ne blessaient point
les juifs, car ils illuminèrent leur rue, tapissant leur
grande synagogue et exposèrent au grand jour tous les
ornements de leur tabernacle avec des inscriptions à la
louange du roi. Ils se firent représenter à la haute pierre
par leur grand rabbin, leurs syndics et quarante vieillards
à barbe blanche, qui précédaient un char de triomphe. Le
grand rabbin harangua Louis XV en hébreu. Puis les
chantres de la synagogue entonnèrent leurs cantiques
sacrés. L'exorde de ce discours doit être cité comme un
modèle de genre : Les hébreux, dit le rabbin, vos fidèles
sujets, reposant à l'ombre de votre protection et tolérés par
grâce spéciale, se prosternent pour baiser la terre où sont
les vestiges de votre grandeur suprème. Que le trône de
Votre Majesté soit élevé à tel point que les Ethiopiens
viennent s'incliner devant lui.

En 1787, une levée de boucliers fut tentée à Metz, dans
un écrit intitulé *le Cri du Citoyen contre les juifs de Metz*.
Le Parlement prit parti pour les israélites, et ordonna la
suppression de l'ouvrage.

De son côté, la Société des Sciences et Arts de Metz
appela l'attention des gens de lettres sur les moyens de
régénération physique, morale et politique à apporter dans
la race juive. Comme nous l'avons déjà dit plus haut, ce fut
l'abbé Grégoire, curé d'Emberménil, qui remporta le prix
dans un ouvrage couronné le 23 août 1788. Outre des vues
générales sur le sujet proposé, ce mémoire contient quelques épisodes inédits sur les juifs du pays messin. C'est
ainsi que nous savons que la synagogue interdit à de
jeunes israélites le droit de poudrer leurs cheveux. L'affaire
fut sur le point d'être plaidée au Parlement. Emmery,
célèbre avocat du barreau messin, rédigea, à ce sujet, une

consultation étincelante d'esprit et de sarcasmes. Il se proposa de démontrer que, comme tout le monde, les juifs avaient le droit d'être propres. Le conseil rabbinique se déclara convaincu et les jeunes israélites purent se coiffer à leur guise.

Une ordonnance royale du 20 août 1742 contraignit les juifs de Metz de réunir en un code leurs lois et usages. Ce travail fut accompli le 11 mars 1743, mais non au gré du Parlement qui le fit remanier par Lançon.

La bibliothèque des avocats de Metz renferme un exemplaire manuscrit de la compilation des rabbins, exemplaire qui a été la propriété de Gabriel. Plusieurs de ces dispositions ne manquent pas d'intérêt pour l'étude comparée des législations. Ainsi, nous lisons la règle *testis unus, testis nullus* au chapitre premier.

ARTICLE PREMIER. — La loi de Moyse veut que toute preuve soit accomplie par le témoignage de deux ou de trois.

ART. 2. — Les seuls mâles peuvent être crus en témoignage, jamais les femmes, à moins que ce ne soit sur des faits arrivés dans leurs synagogues, bains...

ART. 3. — Tout témoin mâle doit avoir au moins treize ans accomplis, encore faut-il qu'il ne s'agisse que d'un intérêt mobilier. Pour l'immobilier, il doit être en outre reconnu comme ayant une pleine connaissance du négoce.

ART. 7. — Tout juif qui a contrevenu aux lois de sa religion, en commettant ce qu'elles deffendent absolument, de même qu'aux préceptes oraux, ne peut être témoin, s'il ne justifie qu'il a réparé son crime par la pénitence. Il en est de même de celui qui, par esprit d'avarice ou de désobéissance, n'a pas satisfait aux ordonnances de la synagogue, s'il en a été publiquement déclaré infracteur.

Art. 8. — Les excommuniés ne peuvent servir de témoins, ni ceux qui sont obligés par serment à ne pas faire une action et qui l'ont faite en la faussant.

Art. 9. — Les vagabonds et gens oisifs qui ne s'appliquent à aucune étude ny commerce et passent leur vie à jouer et à libertiner, sont réputés infâmes et rejettés de tout témoignage.

Art. 10. — Ceux d'entre les juifs qui n'ont aucune connaissance des Saintes Écritures, qui n'observent pas les lois et les coutumes d'Israël, ne font pas l'aumône et ne rendent pas service à un chacun, qui négligent l'instruction de leurs enfants dans les devoirs de la religion, sont gens suspects qui ne doivent être crus en témoignage qu'avec une grande circonspection de la part des juges. Il en est de même de ceux qui n'honorent et ne respectent pas un chacun dans les rues et lieux publics, et de ceux qui n'ont ni honte ni pudeur dans leur nudité.

Une coutume spéciale aux juifs de Metz, était leur mode de conclure les marchés. On la retrouve notée dans différents articles du titre III, tels que l'article 2 du chapitre Ier. Toutes obligations et tous contrats sont parfaits par l'attouchement du manteau dit Quinianzonder. Les pères n'étaient obligés à la nourriture de leurs enfants que jusqu'à l'âge de six ans, ils pouvaient s'en dispenser après. Ils étaient seulement blâmés de les abandonner si tôt, à moins d'indigence notoire.

D'après l'article 1er du chapitre II du titre VI : si deux pères conviennent de marier le fils de l'un à la fille de l'autre, ils en font un traité portant que le mariage s'en fera selon les rits de Moyse et d'Israël.

Art. 4. — Le jour fixé pour le mariage peut se proroger par les juges s'ils trouvent qu'il y ait raison de le faire.

Art. 2. — Ce traité n'est que conditionnel et ne produit aucun effet si l'on n'accomplit pas ce qu'on avait promis, l'attouchement du manteau ne le rend pas plus obligatoire, il ne l'est qu'autant que la peine d'excommunication est stipulée.

Art. 5. — La fille accordée peut refuser le mariage en payant les frais, si elle affirme, par serment, qu'elle a son accordé en telle horreur qu'elle ne peut se résoudre à se joindre à lui, et ne paie rien si elle justifie que son refus a pour cause le dérangement et la mauvaise conduite du sujet.

Ces dispositions semblent étranges. Elles témoignent de toute l'énergie qu'il a fallu à nos pères pour mener à bien la transfusion sociale au travers de la différence de races et de religion. Aujourd'hui l'assimilation est presque complète. L'histoire des juifs à Metz se confond désormais avec celle de notre cité. Cette étude ne devant point être une statistique, doit nécessairement s'arrêter au moment où a sonné pour les juifs de Metz l'heure de la régénération.

La Porte de la Citadelle.

(1898). — Puisque la seconde porte N.-D. de Nancy, dite habituellement Porte de la Citadelle, est à l'ordre du jour, par suite des réparations qu'y fait le génie militaire, disons quelques mots de ce monument historique.

Cette seconde porte, bâtie au delà de la citadelle de Louis XIII, est formée de deux façades reliées par une voûte surmontée d'un corps de bâtiment. Les sculptures sont l'œuvre de Florent Drouin, un grand sculpteur Nancéien. La face intérieure, très mutilée, hélas, par la percée malencontreuse de fenêtres, est ornée de quatre bas-reliefs d'une exquise finesse et de deux trophées d'armes. Il n'y a rien de plus beau que les petits cavaliers ciselés avec un art merveilleux dans la pierre.

Les montants de la porte sont sculptés, et un personnage allégorique décore chacune des extrémités du chapiteau.

On arrive par une longue voûte à l'extérieur, dont la façade (en réparation), munie de quatre pilastres rustiques, est d'ordre dorique.

De chaque côté de l'ouverture principale, existe une porte de moindre dimension, que surmontent des trophées d'armes en relief ; sur la corniche, au centre du monument, on voyait autrefois les armes pleines de Lorraine.

De part et d'autre, il y a une figure de grandeur ordinaire dans une niche. Celle de droite représente l'Équité, et semble offrir une couronne de lauriers. Celle de gauche représente un homme dont les attributs et le bras sont brisés.

Enfin la frise a été ornée, en 1861, d'une statue du duc Charles III fondateur de la Ville neuve ; c'est une œuvre remarquable de Jiorné Viard. Sur le socle, on a inscrit ces mots, devenus illisibles aujourd'hui :

Charles III, duc de Lorraine et de Bar, fondateur de la Ville neuve de Nancy fortifiée par lui suivant un système perfectionné qu'il appliqua à la Ville-vieille, en reconstruisant sa première enceinte bastionnée, 1567-1608.

Cette statue est fort mal placée devant une fenêtre à

moitié aveuglée, elle serait mieux située, à tous points de vue, dans une des arcatures de la porte intérieure de Saint-Nicolas.

Il est à désirer que le génie militaire ne se contente pas de réparer cette porte N.-D., mais qu'il la restaure complètement, comme, il y a trente ans, il a restauré la façade intérieure de la porte N.-D , dite Porte de la Craffe, sur la grande rue Ville-Vieille.

Voici la courte description que fait l'historien Lionnois de la porte de la Citadelle ou Notre-Dame des Champs.

La face intérieure est remarquable tant par sa belle architecture que par sa sculpture qui est de Florent Drouin. On y admire surtout quatre bas-reliefs, qui représentent des militaires, dont deux à cheval et deux à pied, qui sont d'une rare beauté.

La face extérieure ne le cède en beauté à aucune autre de la ville. Sur la clef de la porte principale sont les armes de Salm avec les Casque, cimier et manteau ducal. À chaque côté, est une moindre porte ; celle de la droite seule est ouverte, l'autre est remplie entièrement par de la pierre de taille, mais au-dessus de l'une et de l'autre, il y a des trophées et cottes d'armes en reliefs fort saillants.

Sur la corniche, dans un encadrement qui occupe toute la largeur de la grande porte, sont les armes pleines de Lorraine, avec le casque et la couronne Ducale, un aigle pour cimier et deux autres pour supports. De part et d'autre, il y a une figure de grandeur ordinaire dans une niche. Celle du côté droit représente l'Équité, et, semblant offrir une couronne de laurier, est désignée sur un marbre noir, incrusté dans la frise inférieure, par ces mots : *Scutum inexpugnabile æquitas.* Celle de l'autre côté représente un homme dont les attributs sont brisés. Sur un pareil marbre que le précédent, on a gravé le millésime de la construction de cette porte, 1598. Sur la seconde corniche qui surmonte tous ces ornements, et sur un piédestal dont l'intérieur de marbre noir est encadré dans la pierre et porte ces mots : Carlo III, Duce, se trouve une Vierge avec l'enfant Jésus, dans une niche ornée de deux pilastres d'ordre ionique, avec tous leurs accompagnements. Par dessus le fronton de la niche, il y a une grenade embrasée, et des deux côtés, des trophées militaires, drapeaux, étendards, canons, très mutilés, hélas !

(*Est républicain* du 25 septembre 1898.)

Neuvaine de Saint Sigisbert,
son cérémonial ancien.

Sigebert ou Sigisbert, troisième du nom, roi d'Austrasie, mort le 1er février 660, âgé de 30 ans, fut canonisé pour les vertus qu'il montra sur le trône et par les miracles dus à son intercession. Fredegaire, Sigebert, moine de Gemblours, ont, entre autres, écrit les premiers sa vie ; Georges Aulbéry, secrétaire de Charles III, le père Vincent, cordelier, et Nicolas Frizon, parmi les Lorrains, publièrent aussi l'histoire de ce protecteur du pays et le patron de la ville de Nancy, depuis sa translation de l'abbaye de Saint-Martin de Metz, où il reposa jusqu'au fameux siège par Charles-Quint en 1552. Son corps, conservé frais et entier dans une riche châsse apportée de Milan, par ordre et aux frais d'Antoine de Lenoncourt, primat de Lorraine, a été brûlé par ordre de la Convention, mais quelques per-

sonnes en sauvèrent les reliques qu'on vénère aujourd'hui.
Le culte de saint Sigisbert est fort populaire parmi nous.
on l'invoque toujours avec confiance dans les calamités
publiques, et nous croyons faire plaisir à nos concitoyens
en leur apprenant diverses particularités à ce sujet.

On trouve dans les archives de Nancy que le 3 août 1735,
la Chambre assemblée jugeant à propos de régler l'ordre
et la décence avec lesquels les officiers de l'Hôtel-de-Ville
assisteraient à l'avenir aux prières qu'elle convient de
faire faire dans les occurrences des temps fâcheux, en
l'église primatiale de cette ville, sous l'invocation de Saint-
Sigisbert, délibéra, le cas arrivant, que les conseillers seraient tenus d'y assister en habits de cérémonie, le jour de
l'ouverture de chaque neuvaine et le jour de la clôture ;
que dans l'intervalle quatre membres au moins se charge-
raient entr'eux alternativement de s'y trouver aussi en
costume ;

Que les sergents de ville seront tenus de s'y trouver avec
leurs capotes, et les archers avec leurs bandoulières ; que
deux des dits sergents seront obligés d'aller pendant les
neuf jours servir la messe en capote, et que quatre d'entre
eux porteront un flambeau chacun, lors de la bénédiction,
lesquels flambeaux seront rapportés et conservés à l'Hôtel
de Ville après la neuvaine ;

Que le luminaire sera fourni au grand autel, autour de
la châsse, sur les deux petits autels, et deux grands chandeliers, par le cirier de la ville, sur les ordres qu'il en recevra de la Chambre, lequel luminaire restera à la Primatiale. Que conformément à l'ancien usage, les armoiries de
la ville seront posées, savoir : deux sur les deux grands
chandeliers et deux sur chacun des petits autels, et les
fauteuils fournis par la Chambre, placés sur deux lignes
à droite et à gauche, dans le chœur au-dessus du lutrin.

Le 10 août 1740, ayant été résolu, à cause des pluies, de faire une neuvaine à Saint Sigisbert, et comme le temps n'était pas bien disposé à la fin, il fut dit qu'elle serait continuée neuf autres jours. Le Chapitre représenta aux députés qu'il était plus séant que la Chambre occupât des places dans les stalles, à la suite du clergé, au lieu d'être confondue souvent dans la foule, ce qui fut accepté.

Pendant son octave, le luminaire était aussi fourni aux frais de la ville. Au xviie siècle, tous les fléaux semblaient conjurés contre la Lorraine et en particulier contre Nancy ; le 2 juillet 1675, on songea à exécuter le dessein conçu depuis longtemps de faire confectionner une lampe d'argent pour être mise au-devant de l'autel de Saint-Sigisbert, les ressources de la ville n'offrant aucun moyen, une quête fut organisée pour y satisfaire ; malgré la triste situation de tout le monde, chacun s'empressa d'apporter son obole, et bientôt la somme réalisée permit d'accomplir ce vœu.

Personnes notables décédées à Nancy avant 1846.

(Sauf erreur ou omission.)

Blau (Jean), né en 1767, mort en 1843. Inspecteur honoraire de l'Académie de Nancy, après la carrière la plus laborieuse et digne de la plus grande estime.

Bonfils (Joseph-François), mort le 28 février 1831.

Bonfils (Jean-Léon), mort le 21 avril 1845, tous deux célèbres médecins dont le pays gardera longtemps la mémoire.

Bouchard (Henry), jeune élève dont le pinceau, de l'aveu de ses maîtres, à Paris, promettait un artiste des plus distingués. lorsqu'il périt le 8 mai 1842 dans l'horrible catastrophe du chemin de fer de Paris à Versailles.

Charlot (Joseph), né en 1740, mort en 1824, curé de Notre Dame Cathédrale, homme vénérable et vénéré.

Claudot (Jean-Baptiste-Charles), peintre, dont la réputation étendue de son temps s'est conservée, naquit à Badonviller en 1730, mais il vécut à Nancy et y mourut en 1804, laissant deux fils nés en cette ville, Hubert-François et Dominique-Charles, artistes de goût ; le dernier né en 1769, mourut en 1830, conservateur de notre Musée.

Coriolis, membre de l'Institut, directeur des études de l'école polytechnique, mort le 19 septembre 1843.

Coster (Joseph-François), premier commis des Finances sous Necker et littérateur zélé ; né en 1729, mort en 1813. Sigisbert-Étienne, son frère, né en 1734, ecclésiastique de mérite et de savoir, mourut chanoine de la cathédrale en 1825.

De Metz (François-Alexandre-Emmanuel), né en 1780, mort en 1832, premier président de la cour royale ; il fut l'un des 221 en qualité de député de la Meurthe.

Didion (Mlle), fabricante de broderies, décédée à Nancy le 7 novembre 1836, laissant à la ville une somme de 200,000 francs affectée à la fondation de salles d'asile pour les enfants.

Dombasle (Christophe-Joseph Alexandre-Mathieu de), né en 1777, mort le 27 décembre 1843. Le célèbre M. David (d'Angers), s'est chargé de la statue qui doit être prochainement érigée au Thaër de la France, à l'illustre directeur de cette fameuse Ferme-Modèle de Roville, terre classique dans les fastes de l'agriculture.

Ducreux (Joseph), peintre distingué, élève de Latour, né en 1737, mort en 1802.

Fisson -du Montet (Jean-Charles-Ferdinand), baron, né en 1748, mort en 1811, chambellan de l'Empereur d'Autriche, après avoir été président du Parlement de Nancy en 1788.

Fleury (Bénard), né en 1774, mort en 1822, artiste dramatique dont la scène française gardera longtemps le souvenir.

Grandjean (Charles-Louis-Dieudonné), comte, né en 1771, mort en 1828, lieutenant-général, député de la Meurthe de 1820 à 1823.

Grillot (Nicolas), mort en 1824, habile architecte et homme de goût, introduisit dans nos contrées les jardins paysagers.

Haldat (de) fils, mort prématurément le 10 mai 1840, officier distingué du génie.

Hoffman (Henry), né en 1760. Littérateur et journaliste, tint le sceptre de la critique dans le *Journal des Débats*, après la mort du fameux abbé Geoffroy ; il mourut à Passy le 25 avril 1828.

Hugo (Joseph-Saint-Léopold), comte, père du célèbre Victor Hugo, maréchal de camp, né en 1773, mort en 1828. Parmi ses frères, on cite encore François-Juste, qui mourut à Valence en 1828, aussi lieutenant-colonel au 5e de ligne, et Louis-Joseph, autre officier supérieur. Le père et l'aïeul de ces générations d'hommes distingués l'était lui-même par la vertu simple, il avait établi son modeste atelier de menuiserie rue des Maréchaux.

Jacquemin (Jacques-Alexis), né en 1750, évêque de Saint-Dié en 1823, mort chanoine-évêque du Chapitre de Saint-Denis, publia divers traités de théologie et de philosophie qu'il professa au collège de Nancy.

Jeannot, avocat, bienfaiteur de la ville de Nancy, mort le 24 septembre 1839, laissant toute sa fortune évaluée à 300,000 francs, pour être employée à des actes de bienfaisance.

Liébaut (Antoine), né en 1772, mort en 1830, fils d'un perruquier, entra au service à 12 ans, et parvint, par sa bravoure, au grade de lieutenant-général.

Lionnois (Jean-Baptiste Bouvier dit), prêtre, né en 1730, mort en 1816. Patient investigateur de nos annales, publia ses compilations utiles sous le titre d'Histoire de Nancy.

Ludre (Charles-Louis, comte de), né en 1740, mort en 1798. Chambellan de Stanislas, maréchal de camp, député de Nancy aux États-généraux.

Mallarmé (Claude-Joseph, baron), député au Conseil des Cinq Cents, préfet de la Vienne, mort vers 1843.

Mandel (François), docteur en médecine et doyen des pharmaciens de cette ville, né en 1749, mort en 1820, laissant la réputation d'un homme de bien et d'un excellent citoyen. Il publia quelques petits traités relatifs à son art et sur l'économie rustique.

Maurice (Louis-Joseph) né en 1730, mort en 1820, premier peintre de l'impératrice Élisabeth de Russie, fut encore le décorateur des appartements de Marie Antoinette.

Mengin (Nicolas-Joseph), né le 10 décembre 1760. Ingénieur en chef des ponts-et-chaussées du département de la Meurthe, creusa en 1809 le bassin d'Anvers, mort le 27 octobre 1842, laissant de son mariage avec Mlle Lecreulx, fille du célèbre Inspecteur général des ponts-et-chaussées, un fils qui mourut général du génie.

Milet de Chevert (Claude-Léopold-Antoine), né en 1758,

mort en 1830. Premier président de la Cour royale de Colmar, magistrat du plus honorable caractère.

MIQUE (Richard), directeur général des bâtiments du roi de Pologne fut, avec Héré et Stanislas lui-même, le dessinateur des beaux monuments, qui, sous ce monarque, ornèrent la ville. On lui doit aussi le beau quartier Sainte-Catherine. Il périt sur l'échafaud révolutionnaire en 1792, avec son fils et son gendre ; Claude, parent du précédent, né en 1728, mort en 1796, fut l'entrepreneur de toutes les constructions citées plus haut. Ses deux plans de Nancy, en 1788, lui font grand honneur, Joseph, son fils, maire de Nancy en 1814, reçut chez lui le comte d'Artois en 1814, du 19 mars au 8 avril, fut nommé préfet de la Meurthe, et tué d'une chute sur la route de Neufchâteau, en 1816. Louis-Joseph, son frère, mourut architecte de la ville en 1823.

MOLLEVAUT (Etienne), Maire de Nancy, député de la Convention, au Conseil des Cinq-Cents, Proviseur du Collège de Nancy, né en 1748, mort en 1815. Charles-Louis, son fils, né en 1780, se distingua de bonne heure par ses succès dans les belles-lettres, et mourut après 1830, membre de l'Institut.

MORY D'ELVANGE (François-Dominique), né en 1738, victime avec son fils du tribunal révolutionnaire, a laissé de nombreux manuscrits sur l'histoire du pays. Le peu qui en a été publié fait suffisamment apprécier le grand mérite de l'auteur, dont le juste éloge a été prononcé par M. Auguste Digot, membre de l'Académie de Stanislas et inséré dans les mémoires de cette compagnie.

PALISSOT DE MONTENOY (Charles), homme de lettres, dont on s'occupa beaucoup au XVIIIe siècle, surtout à cause de sa comédie : *Les Philosophes*, dirigée contre les encyclopédistes, et par sa Dunciade, satire contre ses ennemis nombreux ; né en 1730, mort le 15 juin 1814.

Paullet (Jean-Nicolas), habile chirurgien, né en 1721, mort en 1784. Dominique-Nicolas, son fils, fut attaché en cette qualité à la garde impériale.

Pierre (Dieudonné), jeune peintre, dont le rare talent grandissait chaque jour ; mort le 10 juillet 1838, à l'âge de 31 ans, et duquel on a dit : « De toutes les vertus il illustrait son art. » Son fils Paul, artiste distingué, suit les traces de son père. Il est, comme ce dernier, d'une très grande distinction de manières, et compte dans notre ville de très nombreux et très sympathiques amis (1898).

Pixerécourt (René-Charles-Guilbert de), le fameux dramaturge, occupa 30 ans la scène Française, où peu de pièces eurent autant de succès que les siennes, né en 1773, mort en 1844.

Raugraff (Barbe-Hyacinthe, comte de), mort le 26 novembre 1839, laissant à la ville 200.000 francs pour l'établissement d'un dépôt de mendicité, outre diverses sommes considérables à des institutions de bienfaisance, notamment l'hôpital Saint-Julien.

Riocourt, famille illustre dans nos annales (Antoine-François comte de), né en 1724, mort en 1790, fut Conseiller d'Etat, Président de la Cour des Comptes. Antoine-Nicolas-François, son fils, Premier Président de la Cour Royale de Nancy, élu 4 fois député de la Meurthe, ornithologiste renommé, mourut en 1834.

Saladin (Charles-Antoine, baron', né en 1761, secrétaire-général de la police et du ministère de la justice, 1803-1804 ; procureur général à la Cour Royale de Nancy, ancien député, mort en 1831.

Saulnier (Louis-Sébastien), né le 28 juillet 1790, fondateur en 1825 de la *Revue-Britannique*, mort le 25 octobre 1835, Préfet du Loiret.

SERRE (Claude-François de), Conseiller d'Etat sous Léopold, mort en 1728 ; il est l'aïeul du Garde des Sceaux, mort en 1822.

SIMONIN, mort le 9 avril 1836, à l'âge de 86 ans, ex-chirurgien en chef des hôpitaux civils et militaires, ancien membre du Collège royal de chirurgie de Nancy.

SINGRY, miniaturiste en renom, mort à Paris, en août 1824.

SIVRY (Esprit-Claude-Pierre de), né en 1773, mort en 1792, littérateur, en compagnie des Boufflers et Saint-Lambert, à la Cour de Stanislas.

TARDIEU (aîné), mort le 26 juillet 1843, ancien Maire de Nancy, ancien député, homme éclairé et sincèrement dévoué à son pays.

THOUVENEL (Louis), né en 1787, mort en 1843, général d'artillerie d'un très grand mérite.

ZANGIACOMI (Joseph), baron, né vers 1758, mort le 16 janvier 1846, Président de chambre à la Cour de Cassation, avait été membre de la Convention, député par le département de la Meurthe.

Abattoir.

En 1832, l'administration municipale, sur la réclamation d'un très grand nombre d'habitants, décida que les différents abattoirs de cette ville seraient reportés en dehors de ses murs, au faubourg Sainte-Catherine. La dépense générale estimée à 153.475 francs, dont 104.000 francs votés pour être employés en 1833. Cependant on empruntait 330.000 francs pour la construction totale en 1838. Les plans et l'entente générale attestent le mérite de M. Thiébert, alors architecte de la ville. Depuis son ouverture, en 1842, la consommation annuelle paraît être en moyenne de 17 taureaux, 2,298 bœufs, 285 vaches, 8,131 veaux, 13,245 moutons, 1,031 porcs ont été abattus en 1844, à l'établissement seulement.

Elle était en 1773 de 2,402 bœufs, 9,073 veaux, 11,863 moutons ; la population ne s'élevait qu'à 19,645 âmes, moins de la moitié de celle de 1842 ; conséquence forcée, on était alors mieux nourri.

Eglise de Saint-Nicolas de Port.

Par son origine, son importance, sa proximité de la capitale de la Lorraine et les faits qui s'y rattachent, cette magnifique basilique dont les hautes tours dominent au loin un charmant paysage, en terminant avec une indicible majesté le riant bassin de Nancy, rentre naturellement dans notre sujet.

En 1087, un seigneur lorrain, nommé Albert, ayant apporté au village de Varangéville, sur les bords de la Meurthe, des reliques de saint Nicolas, évêque de Myre en Lycie, on les déposa dans une chapelle, située dans un bois, de l'autre côté de la rivière. Le bruit des miracles qui s'y opéraient attirant la foule des pèlerins, donna bientôt naissance à une bourgade qui prit le nom du bienheureux. Dès le XIII⁰ siècle elle était déjà florissante, au XV⁰ c'était un des principaux marchés de l'Europe. Sa primitive église, d'une structure fort simple, n'occupait guère que l'emplacement de la curieuse chapelle des fonts baptismaux, à l'Est de l'édifice actuel.

René II allant en Suisse chercher des secours contre Charles le Téméraire, entendit la messe à Saint-Nicolas : pendant sa prière, la femme du tanneur le vieulx Walter, lui glissa dans la main une bourse contenant une somme considérable, qui lui fut extrêmement utile dans cette circonstance. C'était un présent déguisé de Louis XI, n'osant pas se prononcer ouvertement contre le duc de Bourgogne dont il méditait la perte. On n'ignore pas que le rusé monarque employait volontiers de semblables voies détournées, en confiant les missions les plus importantes à des gens du peuple, doués très souvent de beaucoup de finesse, et personne n'ignore la haute faveur dont maître Olivier le Daim ou le Diable, son barbier, jouissait auprès de lui.

Le 5 janvier 1477, le duc de Lorraine et son armée surprirent dans ce bourg un corps de Bourguignons envoyé à leur rencontre. René descendit ensuite à l'auberge de la Licorne, près la rivière de la Meurthe, et dont en mémoire on a toujours conservé des restes de la vieille façade, en peignant sur la muraille cet animal fabuleux. Les Suisses, pour le fêter, noyèrent sous ses yeux les prisonniers qu'ils avaient faits. Pour apprendre son arrivée aux assiégés nancéïens qui n'espéraient qu'en lui, ce prince fit mettre au haut de la tour de l'église une lanterne allumée, en guise de fanal.

En 1494, le curé Symon Moycet, fils de Didier Moycet, riche gouverneur de Saint-Nicolas, sans reculer devant les difficultés d'une entreprise aussi considérable pour les efforts d'un simple particulier, jeta les fondements du nouvel édifice, achevé totalement en 1544, à l'aide encore des libéralités de René II, d'Antoine le Bon, du concours empressé des contrées voisines et jusqu'aux villes de la Suisse. Simon Moycet mourut en 1520 et fut enterré au milieu de la nef. Les tours seules restaient à terminer, car plusieurs vitraux portent le millésime 1510. C'est une des dernières conceptions de l'art gothique, empreinte, ici comme partout ailleurs, de ce génie souple, varié, et pour ainsi dire, inimitable.

La splendeur de la ville de Saint-Nicolas de Port s'éclipsa au XVIIe siècle, par suite des guerres cruelles de Louis XIII en Lorraine. Le 16 novembre 1635, les Suédois, ses alliés, incendièrent l'église sous l'invocation du patron du pays, saccagèrent les habitations, en un mot, commirent de tels excès, que l'avenir de prospérité de Saint-Nicolas fut à jamais perdu peut-être, en songeant à son commerce auparavant si prospère.

Saint Louis y fit porter processionnellement et nu-pieds, par le célèbre sire de Joinville, un très riche reliquaire, en *ex-voto*. Louis XI avait une dévotion particulière à Monsieur Saint Nicolas de Varangéville.

Charles VII, Henri II, Charles IX, le populaire Henri IV, Louis XIII, Anne d'Autriche avec le cardinal de Richelieu, s'y rendirent successivement. Henri III, allant recevoir la couronne de Pologne, y fit aussi son oraison ; il avait été frappé à la Cour de Lorraine des charmes et de la modestie de Louise-Renée de Vaudémont qu'il épousa depuis. Cette princesse revenait à pied, selon sa coutume, de prier à Saint-Nicolas, quand Dugast, ambassadeur du roi, qui venait demander sa main, la rencontra sur la route.

La sage ordonnance de la façade, d'un goût déjà épuré ; ses galeries à jour, sa magnifique rose flamboyante, mille caprices d'un ciseau délicat, captivent les regards. L'extrême hardiesse de l'intérieur saisit, à la vue des grêles piliers du transept qui soutiennent une voûte de 86 pieds de hauteur. La courbure considérable de la nef et dont cependant on ne s'aperçoit qu'en y prêtant une certaine attention, a surtout beaucoup exercé la sagacité des artistes. Mais il paraît, au sentiment de savants archéologues, qu'il ne faut point chercher d'autre motif à cette bizarrerie que celui de rappeler l'inclinaison de la tête du Christ mort sur son bras gauche. En effet, on trouve ailleurs, même dans notre département et aux portes de Nancy, à Saint-Jean du Vieil-Aître, d'autres exemples de cette disposition singulière qui a dû offrir les plus grandes difficultés pour la coupe des pierres.

A l'aurore de la typographie, le curé Pierre Jacobi établit, à Saint-Nicolas, la première presse qui ait fonctionné dans le pays. Il en est sorti plusieurs livres recherchés par l'antiquité de leur origine, la parfaite exécution et parfois aussi l'intérêt de la matière. Outre les Heures à la date de 1505, on cite par dessus tout le poème latin *Liber Nancëidos*, réimprimé à Nancy en 1840 par Grimblot, Raybois et Cie, imprimeurs-libraires, 7, place Stanislas, et 127, rue Saint-Dizier, avec la traduction française, augmentée de l'exposé du système de ponctuation et d'abréviation suivi au moyen-âge, d'un examen philosophique, de poésies, de documents historiques et de plusieurs gravures, par M. Ferdinand Schütz (ouvrage aujourd'hui assez rare), 2 vol. in-4°.

Les Prémontrés, aujourd'hui Temple Protestant, et Fête de Saint-Joseph.

L'ordre des Chanoines réguliers de Saint-Augustin, fondé par saint Norbert en 1120, prit le nom de Prémontré, de leur première maison instituée dans le diocèse de Laon. En 1634, ils achetèrent à Nancy une maison qu'ils agrandirent successivement.

Le 4 décembre 1726, Léopold les autorisa à bâtir une plus vaste église sur la place Saint-Jean. C'est celle actuelle, d'une belle architecture, et qui est située dans la position la plus avantageuse de la ville. Achevée en 1759, elle fut bénite et consacrée à Saint-Joseph, le 17 mars de la même année. La foire de son patron se tenait devant son portail ; voici à quelle occasion :

Le 27 février 1650, les curés de la ville représentèrent au conseil que la dévotion des bourgeois de Nancy envers le glorieux saint Joseph, pour en obtenir le soulagement des maux qui les accablaient ainsi que le pays, s'était accrue au point de vouloir chômer sa fête, et qu'il convenait d'écrire au grand vicaire de l'Evêque de Toul, pour l'informer de ce pieux dessein.

Sur la missive à ce sujet, en date du même jour, le grand vicaire approuva cette résolution, et comme cette année la Saint-Joseph tombait un samedi, le Conseil de ville résolut que les boutiques seraient fermées ce jour-là, que le marché serait avancé au vendredi, sauf l'avis sur le tout de l'intendant, M. de Marle, vers lequel il fut député.

Tout en approuvant cette dévotion, pourvu qu'elle fût libre, l'intendant se refusa à la fermeture des boutiques, attendu la nécessité des pauvres artisans, et à l'anticipation du marché. Sur ce, le jeudi 19 mars, on convoqua les maîtres des corps de métiers, pour connaître leurs intentions à cet égard ; ils répondirent : Qu'eulx et leurs compagnons n'auaient qu'à déclarer leurs sentiments et désirs de faire la feste de l'incomparable saint Joseph, pour obtenir par son intercession de grandes nouuelles pour le bonheur d'une paix solide, sachant bien que Dieu ne luy refuse rien, luy qui est le père nourricier de Jésus et le chaste époux de Marie, et lequel ilz ont heu la pensée et volonté de choisir pour protecteur dès longtemps (Archives de Nancy).

Cette résolution ne changea pas la détermination de M. de Marle, qui refusa de commander la fête, vu que le Pape Urbain VIII, au lieu d'établir des fêtes nouvelles, en avait retranché des anciennes ; que les fêtes libres marquaient plus de ferveur ; sur quoi il fut délibéré que le peuple serait invité à des exercices de dévotion ce jour-là, mais le chômerait qui voudrait. Par ces motifs, la foire de Saint-Joseph subsista avec éclat jusqu'en 1790.

Les Prémontrés étaient de savants religieux ; rival de D. Calmet et historiographe de Léopold, le père Hugo, de la famille duquel descend notre célèbre poète, fut supérieur de la maison de Nancy. Il mourut dans son abbaye d'Etival, le 21 août 1735, disputant vivement ses droits quasi épiscopaux contre l'Evêque de Toul. Lors du concordat en 1801, l'église des Prémontrés, sur le refus du curé de Saint-Sébastien d'y établir une succursale, fut affectée aux citoyens professant le culte réformé. Le nouveau pasteur s'y installa le 12 juillet 1807, anniversaire de la bataille de Friedland, assisté du Président consistorial de Strasbourg et au milieu d'un concours nombreux de spectateurs de tous les cultes.

Ce n'est pas en Lorraine qu'il faut chercher des exemples de tolérance religieuse ; nos ducs, fortement attachés à la religion de leurs pères, s'opposèrent constamment aux progrès des nouvelles doctrines dans leurs Etats. L'histoire a consigné sur ses pages inexorables et en caractères sanglants, la défaite à Saverne et le carnage de 40,000 protestants, par le duc Antoine, dans les plaines de Schélestadt, en 1525. Il est vrai d'ajouter que la querelle paraissait aussi politique que religieuse, les Rustauds (tel était le nom donné à ces bandes indisciplinées), prenant déjà la trop fameuse devise : Guerre aux châteaux, paix aux chaumières. Il fut défendu sous peine de vie de lire ou retenir les ouvrages des réformateurs. Dès 1523, une ordonnance du 25 septembre prescrivait d'envoyer à Nancy, pour le premier jour du Carême suivant, tous les livres écrits en faveur de Martin Luther et de ses doctrines. Les bûchers s'allumèrent : le mardi, 20 juin 1525, on dégrada un jeune religieux qui avait embrassé le luthéranisme ; s'étant rétracté, il échappa aux flammes, mais on ignora toujours ce qu'il devint.

Le lendemain, le curé de Saint-Hippolite, qui, de plus, s'était marié, biau josne homme entre mille, fut brûlé et mourut comme tout en riant. Deux mois après, c'était le tour d'un habitant de Saint-Hippolite aussi ; non content d'avoir adressé au duc Antoine une apologie des nouvelles doctrines, il avait osé s'aventurer jusqu'à Nancy. Jeté en prison et convaincu d'hérésie, il marcha au supplice, dit D. Calmet, avec une constance admirable, chantant le psaume *Miserere mei Deus*, comme s'il eût voulu braver la mort même. Il mourut le 19 août 1525.

La journée de la Saint-Barthélemy pèse sur la mémoire des Guises, quoiqu'on ait reproché aux protestants d'attiser le feu des discordes civiles, et de vouloir établir la République en France. Le poète Desmasures avait tenté de prêcher la doctrine de Calvin, à Saint-Nicolas de Port, près de Nancy, mais le duc Charles III l'obligea à prendre la fuite. Ces mesures violentes eurent du moins l'avantage de préserver la Lorraine des guerres de religion qui désolèrent tant d'autres peuples. Catherine de Bourbon, sœur de Henri IV, et femme du duc Henri II, était cependant protestante, mais des raisons d'Etat avaient seules réglé cette union.

On sait qu'en révoquant l'édit de Nantes, donné par Henri IV, et qui accordait des places de sûreté aux huguenots en France, Louis XIV, aveuglé par de perfides conseils, défendit l'exercice du culte réformé, força par ses dragonnades le tiers de la nation à s'expatrier, le sabre hâta les conversions de ceux qui restèrent. C'est de cette époque que date la grandeur de la Hollande et de l'Angleterre, où nos compatriotes se réfugièrent en y portant leurs talents et leur industrie. Disons encore, pour mémoire, que jusqu'à la révolution de 89, en France, le mariage entre protestants était déclaré nul, leurs enfants bâtards et leurs testaments sans valeur. Bénies soient les lumières qui ont inspiré plus de fraternité aux hommes, en laissant à Dieu seul le droit de juger ces sortes de questions, tant qu'elles n'intéressent pas essentiellement l'ordre civil !

Paroisses et Eglises St-Roch et St-Nicolas.

Depuis 1593, St-Sébastien était l'unique paroisse pour la Ville-neuve de Nancy, lorsque, sur la requête de l'Hôtel-de-

Ville, Mgr Bégon, évêque de Toul, y érigea deux nouvelles
cures le 31 août 1731, l'une sous l'invocation de St Roch,
auquel durant la peste on avait souvent eu recours ; l'autre,
à St Nicolas, patron du pays. Le 17 novembre, en vertu de
son droit immémorial, la chambre choisit les deux vicaires
et les deux marguilliers. L'église St-Roch servait au
collège, sous la direction des Jésuites, qui avaient consenti
à la céder pour la célébration des offices. Après la dissolution de la Société, en 1770, St-Roch fut définitivement
abandonné à la ville, et démoli en 1792 ; il formait l'angle
des rues St-Dizier et St-Jean. Cette église sans collatéraux
avait deux portails ; celui sur la rue St-Dizier était de
marbre rouge veiné, tiré des carrières de Nancy. Vers 1845,
on avait tenté de reprendre cette exploitation autrefois
comptée parmi les richesses naturelles de la contrée ; malheureusement le succès ne répondit pas à l'attente, et l'on
dut abandonner cette portion des carrières de Boudonville.
St-Roch renfermait le tombeau de Jean de Porcelets, évêque de Toul, qui l'avait fait construire en 1615 ; il y repo-
sait avec son frère, André, évêque de Metz, et leur mausolée commun passait pour un des chefs-d'œuvre de Bagard.
La perspective de l'intérieur avait été peinte en 1717 par
Charles. Plusieurs tableaux par Jean Leclerc, de Nancy,
décoraient ses autels et les murs ; on y voyait un Saint-
Pierre, de l'Espagnolet, qui se trouve aujourd'hui, dit-on,
dans l'église de St-Sébastien. Nous répétons qu'en 1727, en
présence de la cour, on y célébra avec la dernière magnificence la canonisation de saint Louis de Gonzague, à la
maison duquel celle de Lorraine était alliée. Une inscription latine y rappelait les bienfaits d'Errard de Mainbourg, et de Catherine Bertrand, sa femme, envers les
Jésuites, ce qui n'empêcha pas Louis Mainbourg, leur fils,

fameux historien au XVIIe siècle, d'être expulsé de la Compagnie.

L'église des Capucins servit à la paroisse St-Nicolas jusqu'en 1770, où elle fut installée dans la chapelle du noviciat des Jésuites, profanée depuis la révolution. Au commencement de 1801, St-Nicolas devint une simple succursale. Le couvent et l'église des Capucins ayant été démolis, on rebâtit, dans l'ancien emplacement, un autre édifice qui n'avait rien de remarquable, si ce n'est que le curé Claude, auteur de ces travaux, avait employé avec intelligence, pour la façade, l'entrée principale de l'hôtel Wioménil, renversée en 1809 pour ouvrir la rue d'Amerval. Les fonds étaient prêts pour ajouter deux tourelles. La paroisse St-Nicolas a été élevée au rang de cure de seconde classe, en décembre 1845.

Une nouvelle église, construite dans le style renaissance, a été édifiée sur les plans et dessins de M. Prosper Morey, architecte de la ville de Nancy; je suis entré dans des détails assez complets sur l'ensemble de ce nouveau monument. (Voir à ce sujet le *Journal de la Société d'Archéologie lorraine* pour l'année 1877, mois d'avril, page 99.) La tour de l'église n'est pas édifiée, etc.

M. Morey aurait voulu conserver la façade de Wioménil, et l'adapter à une partie de l'église nouvelle. Il est à regretter que ce morceau d'architecture n'ait pu être employé, et n'ait même pas été conservé. Il n'en reste rien, si ce n'est la pierre portant l'inscription : *Domus Dei*, et la statue de saint Nicolas, placée dans la niche au dessus du portail. Cette statue, œuvre de Labroise, est conservée, avec quelques débris de l'ancienne église, dans la maison des religieuses de la doctrine chrétienne, dont la porte d'entrée se trouvait alors à droite de l'église.

Dans le numéro 31 de Nancy-Artiste, du dimanche 7 août 1887, mon vieil ami d'enfance, Paul Pierre, artiste distingué, a donné un dessin très exact de l'ancienne église Saint Nicolas de Nancy ; ce dessin, devenu aujourd'hui assez rare, figure dans ma collection. Le monument nouveau a été béni le 6 juin 1881, par Mgr Foulon, évêque de Nancy et de Toul, Primat de Lorraine, après un très remarquable discours de M. l'abbé Villemet.

Clocheteurs des Trépassés.

Soit comme mesure politique, ou de simple précaution, l'usage du couvre-feu est fort antique, sans être obligé de recourir à Guillaume le Conquérant. Un zèle pieux et malentendu s'y associa ; des crieurs revêtus d'une longue dalmatique noire, semée de larmes blanches, tenant un pot recouvert d'un parchemin tendu, en tiraient, au moyen d'un boyau ciré, des sons lugubres, parcouraient les rues, frappaient aux portes, en psalmodiant ces mots peu récréatifs : Réveillez-vous, gens qui dormez, priez Dieu pour les trépassés. Aussi le clocheteur chargé de cet emploi, est-il maudit par saint Amant, dans sa pièce intitulée : la Nuit :

> Lugubre courrier du Destin,
> Effroi des âmes lâches,
> Qui souvent soir et matin
> M'éveilles et me fâches,
> Va faire ailleurs, engeance du démon,
> Ton vain et tragique sermon.

En quelques endroits de la Flandre et des Pays-Bas, on a conservé de semblables crieurs qui ont introduit cette

Variante : Il est dix heures sonnées, minuit, ou telle autre heure, réveillez-vous, etc., méthode offrant une compensation au dormeur, tressaillant en sursaut, celle de lui apprendre le parcours du temps à son insu. Ces vieux restes des temps anciens ont été abolis à Nancy sous Léopold, après avoir subsisté longtemps dans Paris même.

En 1604, on nomma un réveilleur à la ville-neuve ; à titre de curiosité, nous donnons le texte de la requête du candidat au Conseil de ville :

Plaise aux benignes graces de mes dictz sieurs, à la supplication de leur très humble affectionné serviteur obéissant, Mengin Simonin, recouvreur demeurant à la ville-neuue, luy vouloir donner et octroyer la place et office de réveilleur de la dicte ville neuue. Et ce en considération qu'il y est très nécessaire pour le grand nombre de peuple qui y est resident et que aussy par ci-deuant il aurait desia par plusieurs fois exercé le dict estat et office, joinct que messieurs les vénérables, Doyen et Chapitre de l'insigne église primatiale de N.-D. de Nancy s'offrent volontairement luy donner tous les ans autant comme celuy de la Vieille-Ville reçoit de la chapelle St-Nicolas. Partant, Messieurs il vous plaira luy octroyer à charge qu'il promet Dieu aydant, de bien fidellement acquiter de son debouoir comme de conduire les processions, aller à minuict par toute la ville pour inciter le peuple à prier Dieu pour les ames des fidelz tréspassez, que de toutes autres choses qui concernent ledict estat et office, pourvu aussy qu'il vous plaise le maintenir et entretenir de mesmes droictz, franchises et libertez que celuy de la vieille ville. Si ce faisant, Messieurs feront œuure de piété et obligeront ledict Simonin auuec sa femme et sa famille, à prier Dieu, coutumièrement pour leur santé et prospérité.

Le 9 août, les gens du Conseil : sur le rapport de la prudhomie et sufisance du supliant instituent yceluy en la charge et exercice de crieur en la ville neuue du dict Nancy, et à cest effect luy ont accordé et luy accordent les franchises et libertez dont celuy de la vieille ville a soulu jouyr jusques à présent. Ayant iceluy presté serment de s'en acquiter diligemment, fidellement, trois nuictz la sepmaine; scauoir, du lundy, mercredy et vendredy et reusiter à chacune fois les principalles rues et les autres moins principalles, alternativement et de prendre soigneusement garde au feu, larrons et aultres inconuéniens qui soubs occasion de la nuict pourraient arriuer parmy de la dicte ville, au détriment des bourgeois, d'icelle ou d'aucuns d'eux.

Faubourg et paroisse St-Pierre ; Séminaire diocésain.

A la rigueur, cet immense faubourg, autrefois de St-Nicolas, pourrait passer pour une ville, ajoutée encore à Nancy. Cependant, en 1740, à peine y comptait-on quelques chétives masures groupées autour de l'ancienne maladrerie de la Madelaine et de l'humble chapelle de Notre-Dame de Bonsecours. La célébrité de ce dernier lieu de pèlerinage, la démolition des fortifications, et le séjour fréquent de Stanislas à la Malgrange, opérèrent en si peu de temps ce prodigieux changement. Les dames Prêcheresses y avaient une ferme et la chapelle de la Madelaine, sur le ruisseau de ce nom, bien connu dans nos annales, par les dispositions stratégiques de Charles le Téméraire, à la bataille du 5 janvier 1477.

La chaussée qui conduisait de la porte St-Nicolas à Bonsecours était formée arbitrairement selon l'inégalité du
terrain très accidenté alors, ainsi que le témoigne la gravure de la chapelle des Bourguignons, par Israël Sylvestre,
et c'est afin de remédier autant que possible à la courbe
considérable de la ligne, qu'on a donné une aussi grande
largeur à la voie actuelle.

Le 26 octobre 1654, Claude Collignon, sculpteur à Nancy,
remontra au Conseil de ville qu'un particulier qui désirait
rester inconnu, lui avait fait faire une belle croix, ornée
de diverses figures, en pierre de Sorcy, pour être posée sur
le grand chemin allant à la chapelle Notre-Dame de Bonsecours, et qu'il désirait qu'elle fût posée le jour de la Toussaint, priant de lui désigner l'endroit le plus commode
pour l'ériger, avec la permission des officiers de l'Hôtel-de-
Ville.

Il fut dit qu'elle serait posée sur un petit tertre, entre la
chapelle de la Madelaine et celle de Bonsecours, proche de
cette dernière de quelques deux cents pas, le chemin
venant de la porte St-Nicolas, d'une part, et celui venant
de la porte St-Georges. Ces dernières dispositions indiquent assez la situation des localités.

Le 20 février 1761, une ordonnance de police enjoignait
aux habitants de ce faubourg de balayer au devant de leurs
maisons. Ceux-ci se voyant assimilés aux citadins, deman-
dèrent en 1782 d'avoir des pavés, des lanternes, une pompe
à incendie et l'autorisation de se syndiquer entr'eux, puisque la ville ne leur faisait, à les en croire, aucun avantage
en retour des charges qu'ils supportaient à son profit. Les
officiers municipaux répliquèrent vigoureusement par un
mémoire à l'Intendant Delaporte, établissant que le faubourg St-Pierre contenait 750 ménages produisant 1735

livres 8 sols, tandis que les frais d'entretien de toutes
sortes se montaient à 8,424 livres, 16 sols, 3 deniers. Un
arrêt du Conseil d'Etat, du 13 août 1761, permit à l'Hôtel-
de-Ville de recueillir les eaux qui s'écoulaient au-dessous
de l'ancien château de la Malgrange, pour en faire une fontaine le long de la chaussée de Bonsecours, à portée des
pèlerins et des étrangers, et où l'eau était si rare qu'on la
vendait. En 1776, les dames Prêcheresses qui voulaient
s'emparer d'une source, propriété de la ville, furent forcées
de s'en dessaisir, et attendu que le bouge se trouvait au-
dessous du sol de la route, on arrêta, le 31 août, d'y faire
une pompe publique. Le 5 novembre 1768, on établit au
faubourg St-Pierre un seul commissaire de police au lieu
de deux qui y étaient auparavant.

Le 17 novembre 1731, on y célébra pour la première fois
l'office divin. Jennesson, l'architecte de l'église St-Sébastien, construisit à ses frais l'église actuelle sous l'invocation de St-Pierre et St-Stanislas, consacrée le 15 juin 1736
par Mgr de Bégon, évêque de Toul, et la loua à la ville
pour 99 ans, moyennant 800 francs de rente. Le 8 avril 1775,
l'administration municipale refusa d'en faire l'acquisition
des sieurs Cueillet de Ceintrey. Mais par délibération du
8 juin 1821, le Conseil, vu les observations du Conseil de la
fabrique et des notables de la paroisse St-Pierre, pour
engager la ville à accepter en leur nom le bénéfice de
contrat passé en leur faveur le 17 Ventôse an XI, par le
sieur abbé Cueillet et autres, à Mme de Bourgogne, de la
vente de l'église de cette paroisse, vu également une lettre
adressée à M. le Maire, le 15 mai dernier, par les sieurs
Gérardin et Poirson, par laquelle ils proposent de passer
bail à la ville, de cette église avec les meubles qui en
dépendent, pour le prix de 800 francs, ou de la vendre avec

les meubles au prix de 25,000 fr., en suivant l'estimation qui en serait faite par deux architectes et sous toutes réserves.

Considérant qu'il résulte des actes produits par les membres du Conseil de fabrique et des principaux habitants du faubourg St-Pierre, que l'acquisition faite en leur nom le 19 Ventôse an XI par Mme de Bourgogne, sur le sieur abbé Cueillet et autres, présente des avantages dont il importe de faire jouir la ville le plus tôt possible, par l'acceptation régulière des clauses du contrat ; que Mme de Bourgogne, mandataire de cette partie, pour traiter avec le sieur Cueillet, n'avait reçu d'eux aucun pouvoir de céder à qui que ce soit le bénéfice de ce contrat ; le Conseil arrêta que le Maire serait chargé de remplir toutes les formalités exigées par la loi, pour obtenir de S. M. l'autorisation d'accepter, au nom de la ville, la vente faite par le sieur abbé Cueillet et autres, aux habitants du faubourg St-Pierre, stipulant par Mme de Bourgogne, de l'église destinée à servir de succursale dans cette partie de la ville, le vicariat de St-Pierre avait été érigé en cure le 15 août 1762. Par suite de la construction de la magnifique et nouvelle église St-Pierre, cette paroisse, qui fait face au Grand Séminaire, a été récemment érigée en cure cantonale, et l'ancienne église, restaurée avec beaucoup de goût, est devenue la chapelle du séminaire diocésain et a cessé dès lors d'être accessible au public.

Si l'on en croit le journal de la cour de Louis XV, publié dans la *Revue rétrospective*, la grande affection de Stanislas pour les Jésuites faillit faire échouer le mariage de sa fille, car les disciples de St-Ignace étaient vus d'un œil beaucoup moins favorable en France. Après la dissolution de la Société, ce prince les recueillit, et obtint que pendant sa

vie ils ne seraient pas inquiétés en Lorraine. Le père de
Menoux, son confesseur, le plus hardi prêtre que j'aie
jamais connu, dit avec une sorte d'effroi comique Voltaire
dans ses mémoires, obtint en 1737 626,000 livres pour des
missions dans les duchés de Lorraine et de Bar. Le roi de
Pologne, non content de cela, leur bâtit et dota de 424,000
livres, au faubourg St-Pierre, une vaste maison, décorée
et meublée royalement, à laquelle les bons pères réunirent
bientôt les voisines, avec les beaux jardins qui en dépendaient. En 1771, Louis XV affecta ces biens au nouveau
Séminaire diocésain. Sous l'épiscopat de Mgr d'Osmond,
les constructions, quoique considérables, en ont été beaucoup augmentées par le vénérable Supérieur Michel, mort
curé de la Cathédrale, en 1842 ; car avant la réorganisation
en 1824, du diocèse de St-Dié, aux dépens de celui de
Nancy, on y comptait au-delà de 400 jeunes lévites, nombre
diminué depuis.

Notre-Dame de Bonsecours.

Un heureux hasard nous a fait découvrir la très curieuse
épitaphe, inconnue jusqu'ici, qui se voyait dans l'humble
chapelle qu'en 1484 frère Jean Villey de Sesse eut permission de bâtir sous le titre de Bonsecours, avec une maison-
nette sa demourance, pour y faire cymetière et prier pour
les trespassés, au lieu où la bataille de 1477 avait été décidée
et le plus opiniâtre, et où furent enterrés, au nombre de
3,900, la plupart de ceux qui périrent dans cette rude
journée. On l'appelait aussi Notre-Dame de la Victoire et
des Rois, le peuple la chapelle des Bourguignons. La

duchesse Renée de Bourbon pieusement entoura le tout, en 1523, avec une croix en pierre au milieu, belle et somptueuse. Henri II la donna aux Minimes, Charles III permit de l'agrandir, le roi Stanislas, y choisissant sa sépulture, la remplaça par le riche édifice qui termine dignement la rue de Strasbourg.

On lisait :

> Seigneurs, venans en Lorrain territoire,
> Qui les Nancey rompistes par victoire,
> L'entreprinse qu'auons conceu en cueur,
> Dónez des biens en ce poure Oratoire
> Pour noz aymes tirer de Purgatoire.
> Leuez aux cieulx ceulx qu'enterre couchaistes !
> Lorsqu'au bezoing Dieu pour ayde huchastes !
> Et le bon Sainct Plecteur du Pays (1).
> Mais quoy qu'à droit vous nous auez hays
> Ne nous en soit donnét d'aulmône amendry.
>
> Sous de croix double et de croix Saint-Andry
> Secourez nous par commuine pitié,
> Augures de paix, wide d'inimitié :
> Mais vous, attrait de notre Nation,
> Faisans par icy pérégrination,
> Plus qu'aultres Gens nos soyez aulmôniers
> Et libérault de vos biens et deniers.
> Que des princes feu Charles et René
> Soit aboly le discort d'enfer né !
> Qui l'ancienne aliance blessa,
> Laissant la terre où Charles la laissa.

L'antique chapelle des Bourguignons, si fameuse, comme nous venons de le voir, par son origine, et la constante vénération des peuples, avait peut-être le double

_____

(1) Saint Nicolas, Patron de la Lorraine.

tort, aux yeux de Stanislas, de rappeler trop évidemment le triomphe de la nationalité Lorraine, et de ne pas répondre, par sa décoration extérieure, à ce luxe qui annonce l'approche d'une grande ville. Quoi qu'il en soit, il résolut d'y fixer le lieu de sa sépulture, celui de la reine, sa femme, et d'employer à sa réédification la démolition du château de la Malgrange, commencé seulement par Léopold. Le 14 août 1738, le roi de Pologne posa lui-même la première pierre de cette église, en présence des Evêques de Toul et de Chartres. Elle fut achevée, bénite et consacrée le 7 septembre 1741. Les entrepreneurs de la démolition de la Malgrange devaient bâtir Bonsecours et rendre 40,000 francs, cependant il en coûta 96,176 livres, 14 sols, 9 deniers à Stanislas qui en même temps répara et enrichit le couvent des Minimes voisins. Catherine Opalynska y fut ensevelie le 21 mars 1757 ; le roi son époux, le 3 mars 1766 ; et le cœur de Marie Leszcinska, déposé près d'eux, le 22 septembre 1768. Le duc et la duchesse Ossolynski, parents et alliés de Stanislas, y reposaient aussi dans leur chapelle.

En 1784, les dames de Bouxières ayant transféré pour leur commodité et celle de leurs riches pensionnaires, leur maison à Bonsecours, près des Minimes, jugèrent convenable d'établir leur grille à la suite de la nef ; et y firent en conséquence pratiquer une large brèche. La révolution survint, on vendit 100,000 francs les deux couvents déclarés biens nationaux. Le chœur de l'église à peine défendu par une simple cloison, resta ouvert, jusqu'en 1806, qu'une pieuse dame se proposa de réparer ces ruines. Le caveau royal avait été indignement violé ; les mausolées du roi et de la reine de Pologne transportés dans le Musée départemental. On enleva également, en 1792, la belle galerie de

fer qui couronnait l'entablement, autre chef-d'œuvre de
Jean Lamour. On voulait aussi profaner le sanctuaire,
briser la statue révérée de la Vierge ; mais à l'instant une
formidable émeute des femmes du peuple prévint ces derniers sacrilèges. En 93 même on imprimait toujours
publiquement à Nancy la neuvaine de Notre-Dame de
Bonsecours. Cette statue antique, autour de laquelle sont
agenouillés des princes, des princesses et des personnes
de toutes les conditions, est d'un bon travail. Elle n'a
jamais été changée, et on ne doit attribuer qu'au caprice
ou au peu d'exactitude de ceux qui l'ont dessinée ou
gravée, les différences qu'on remarque dans leurs estampes,
d'ailleurs grossières, excepté celle de Callot.

Napoléon ayant ordonné la réintégration des tombeaux,
la translation s'en fit le 17 janvier 1807, au son des instruments et des acclamations populaires. Le 3 septembre
1814, les ossements, profanés dans la tourmente révolutionnaire, furent recueillis avec soin et replacés avec honneur, par ordre du Conseil municipal, dans le grand
caveau, en face du maître-autel. On s'efforça ensuite de
déguiser, autant que possible, les traces de dévastation
empreintes de toutes parts. Un Chapitre collégial y a été
érigé le 25 mars 1841, et une succursale le 21 mars 1844.
Depuis, d'importantes et judicieuses restaurations ont
rendu à cet édifice une grande partie de sa splendeur
passée.

Les murs et leurs moulures sont revêtus d'un stuc brillant. Au faîte des voûtes sont suspendus quatre étendards
turcs, pris en diverses rencontres par les princes Lorrains,
et envoyés à Notre-Dame de Bonsecours, en témoignage de
leur dévotion. On en comptait six autrefois : un donné par
l'empereur Charles VI, trophée de la bataille de Peterwa-

radin en 1716 ; deux autres de la bataille de Méadia, en
1738 : Charles-François de Lorraine, prince de Commercy,
en avait arraché un des mains d'un janissaire, à la bataille·
de Mohatz, en 1687 ; et Charles V, deux à la journée meur-
trière de Saint-Gothard le 5 août 1663 ; nous traduisons
l'inscription latine à ce sujet :

A VOUS, SOUVERAINE MAITRESSE DES ARMÉES CHRÉTIENNES.

« Charles de Lorraine dédia à vos autels ces glorieuses
prémices de sa valeur, cueillies par lui à la bataille de
Saint-Gothard, sur l'armée Turque, et transférées naguère
dans cet édifice.

« Ce fatal étendard dans la main d'un farouche musul-
man, et semblable à une comète sanglante, s'avançait,
portant la défaite, la terreur et le carnage au loin dans le
camp des chrétiens, dont l'ennemi venait de s'emparer ;
ce n'était pas seulement le signe, mais l'instrument de la
victoire, le guerrier qui en était armé, menaçant de son
fer aigu, ou donnait la mort ou la faisait craindre à tous
ceux qui s'offraient à ses coups. Mais quand, frappé par
l'invincible main du prince, il tomba enseveli dans son
drapeau, avec lui tombèrent l'espoir et la fierté de l'armée
Ottomane ; pour les ennemis taillés en pièces, cet étendard,
d'abord le signal de leur triomphe, devint celui de leur
déroute. D'une voix unanime, l'Europe attribua à notre
prince cet heureux changement de fortune ; mais lui, ô
puissante arbitre des combats, c'est à vous-même qu'il
renvoya la gloire de ses succès, et n'attacha d'autre prix à
cette dépouille, fruit de sa victoire sur les infidèles, quel qu'en
soit d'ailleurs le mérite, que d'être une preuve éternelle de
la foi et de la soumission qu'il vous avait jurées ! »

Les autres monuments ne sont pas moins dignes d'intérêt ; la reine de Pologne est agenouillée sur un tombeau, un ange lui montre le ciel, digne récompense de ses vertus. Ce groupe de marbre blanc est le chef-d'œuvre de Sigisbert Adam, né à Nancy, qui décora aussi le parc de Versailles. On lit, au bas du cénotaphe, ces mots en latin :

D. O. M. Ici repose, aux pieds de la reine des cieux, Catherine Opalinska, reine de Pologne, grande duchesse de Lithuanie, duchesse de Lorraine et de Bar.

Fille et mère de rois, éminemment remarquable par sa piété envers Dieu, sa charité pour les pauvres, la pureté de ses mœurs et l'élévation toute royale de son caractère ; toujours égale dans l'une ou l'autre fortune, avec la même grandeur d'àme qu'elle supporta l'adversité et la prospérité, elle vit son dernier jour le 19 mars 1745, à l'àge de 67 ans.

Stanislas Ier roi de Pologne, grand duc de Lithuanie, duc de Lorraine et de Bar, éleva ce monument religieux de sa douleur, et de celle de son peuple à son épouse bien aimée, si digne de l'être.

Vis-à-vis, la Lorraine et la charité pleurent Stanislas, reposant sur un socle élevé. Ce morceau qui, sans avoir le mérite éminent du précédent, ne manque cependant pas de caractère, a été commencé par Vassé et terminé après sa mort par Félix le Comte. son élève. Une table de marbre porte :

D. O. M. Ici repose Stanislas, surnommé le Bienfaisant ; éprouvé par toutes sortes de vicissitudes sans en être abattu, toujours roi, même dans l'exil, admiré du monde entier, né pour faire en tous lieux le bonheur des peuples, accueilli avec tendresse par Louis XV, son gendre, il gouverna la Lorraine plutôt en père qu'en maître, pourvut à ses besoins et ne cessa de l'embellir ; à jamais pleuré des malheureux qu'il secourut, des cités qu'il répara, de la religion qu'il édifia par ses exemples et défendit encore par ses écrits. Mort le 23 Février 1766, âgé de 88 ans.

Avec peu de richesses, riche d'une économie où brillait la splendeur, il conçut avec sagesse mille projets pour le bien public, les entreprit avec ardeur, et les exécuta avec magnificence,

On y avait encore jadis gravé cette heureuse application d'un passage du 2ᵉ Livre des Rois : *Salvavit me Dominus a contradictionibus populi mei.*

Le monument du duc Ossolinski, surmonté de ses armes, est de petite proportion, ainsi que celui assez semblable de la reine de France, placé en face. Deux génies entourent le médaillon de cette princesse, avec ses mots :

Cœur, d'après son dernier vœu, de Marie-Sophie, épouse de Louis XV, fille de Stanislas, digne du trône, de son père et du Ciel.

En jetant les yeux sur ces lignes tracées en latin, à diverses époques mémorables, on se dira que les descendants de ces Polonais, qui deux fois avaient proscrit Stanislas, expièrent bien cruellement les fautes de leurs pères :

D. O. M.
Après avoir cherché par le monde,
Avec l'aide de la France,
Une patrie
Qu'ils ont méritée par leur courage
Et leur persévérance,
Les débris de l'armée Polonaise, rassemblés
Par la bienveillance
d'Alexandre le pacificateur,
Et regagnant leurs pénates sous la conduite
de Michel Sokolnicki,
aux cendres
D'un père et d'un bienfaiteur,
De Stanislas Leszcinski, bisaïeul du roi
très chrétien
disent en pleurant
un éternel adieu.
Onze Juin 1814.

Quelles réflexions ne suggère pas cette dernière exclamation !

D. O. M.

$18\dfrac{29}{11}30$ $18\dfrac{26}{3}32.$

Monument d'une antique hospitalité,
D'une nouvelle douleur :
Stanislas Leszcinski, citoyen Polonais,
Roi de Pologne, Lithuanie et Russie,
Vrai Catholique, soutien banni de la religion
et de la liberté,
Reçu par le roi de France, chéri en père
Par lui et les Lorrains,
Prince vénérable, autre Nestor,
mort l'an 1766.
Les derniers débris de l'armée Polonaise,
Lithuanienne et Russienne,
Défenseurs exilés de la foi et de la liberté,
Objets de la haine d'un pouvoir tyrannique
Et dont l'émigration a conquis
L'admiration générale,
Dis, ô notre roi Stanislas,
Qu'ici tu as vu tes compatriotes errants,
Dépouillés, sans défense,
Proscrits, inébranlables.
Erigé le 3 mai 1833.

Par vœu solennel rapporté ci-après, chaque année, le lendemain de l'Assomption, le corps municipal assistait en grande cérémonie au service qui se faisait pour le repos des mânes des pestiférés, en priant le ciel de détourner à l'avenir un semblable fléau de la ville. On ouvrait ensuite l'Octave de Saint-Roch pour laquelle il était payé 190 livres en 1789. Le repas de Saint-Roch, où se réunissaient les magistrats après la cérémonie funèbre, figurait pour 242 livres au budget municipal. En le traduisant, Lionnois nous a conservé heureusement ce témoignage de la foi de nos pères :

VŒU DE LA VILLE DE NANCY A LA VIERGE DES VIERGES.

O puissante Mère de Dieu ! moi, Ville de Nancy, pour accomplir mon vœu, j'ai fait élever ce monument éternel de ma reconnaissance envers vous pour les bienfaits dont vous m'avez comblée. Ayant depuis long-temps ressenti les effets de votre puissante protection, je m'étais engagée à votre service ; mais depuis ces derniers jours, j'ai voulu, comme je le devais, m'y consacrer encore plus fortement par un vœu solennel, afin que quand la justice divine, que rien ne peut arrêter, fait tomber du ciel sur nous pour se venger de nos crimes, le terrible fléau de la peste, vous en arrêtiez le cours, et qu'après avoir appaisé votre divin fils (vous seule usez ordinairement en ce cas des droits que vous donne sur lui la qualité de sa mère), vous désarmiez son bras vengeur. Pour cela je ferai monter chaque semaine, à votre autel, un ministre pour vous supplier d'agréer les vœux de mes citoyens (1) et qui, le lendemain de votre glorieuse assomption dans le ciel, priera, dans un service funèbre, pour ceux que la contagion aura effacés de la liste de mes habitants.

O Vierge sainte, qui pouvez faire cesser tous les maux, daignez écouter ma prière et recevoir favorablement mon vœu.

Sous le règne de Stanislas, roi de Pologne, duc de Lorraine et de Bar, la ville de Nancy a fait renouveler en cette année 1742, ce monument du vœu qu'elle a fait à la Sainte Vierge, pour les secours qu'elle en a reçus, d'abord à Notre-Dame de Lorette, et dans l'ancienne chapelle de ce lieu en 1631.

De nos jours, on s'est contenté de rétablir uniquement ces lignes qui n'expliquent rien :

En l'année 1742, sous le règne de pieux et très bon

---

(1) En 1789, la Ville payait encore pour cette fondation 85 livres 14 sous 3 deniers.

prince Stanislas, roi de Pologne, duc de Lorraine et de
Bar, la ville de Nancy a renouvelé ce monument, placé
dès l'an 1631, dans l'ancienne chapelle de ce lieu, comme
un gage de son culte envers la vierge secourable.

Ainsi, chez les vieux Lorrains, un orgueilleux scepti-
cisme ne leur défendait pas d'élever au ciel des mains sup-
pliantes, dans les circonstances critiques, quand les
moyens humains faisaient défaut. Il en est toujours de
même : le dimanche 3 septembre 1790, après la terrible
affaire de Nancy, le 31 août, entre la garnison révoltée et
l'armée de Bouillé, le clergé ayant l'Évêque à sa tête, se
rendit processionnellement à Bonsecours sur la demande
de l'Hôtel-de-ville, remercier d'avoir été préservé de plus
grands malheurs. Le comte d'Artois, depuis Charles X,
qui attendait à Nancy l'issue des événements, vint y prier
le 19 mars 1814 ; une table de marbre, enlevée en 1830,
rappelait cet épisode de la vie du monarque qui, dans son
voyage d'Alsace, y revint avec sa cour, le 14 septembre
1828. Enfin le 16 mai 1814, Nancy, pivot des principales
opérations ennemies, ayant échappé aux plus grands périls,
sa population suivit l'exemple donné en 1790, et Bonsecours offre sans cesse à nos concitoyens un but agréable
de promenade et de pieuse pérégrination, proverbiale chez
nous.

La Malgrange ancienne.

En 1401, cet endroit s'appelait le Val grange, nom tiré
des moissons qu'on y récoltait et Malgrange en 1477, après
la défaite du duc de Bourgogne, dont ce site fut le théâtre.

Ce lieu, agréablement situé en rase campagne, environné de belles plaines, de coteaux et de riants vallons, devait naturellement offrir à nos ducs un séjour commode pour jouir de la vie des champs, à peu de distance de la ville. Le 19 juin 1563, Nicolas de Lorraine, comte de Vaudémont, vendit au duc Charles III et à Claude de France, sa femme, le pavillon et maison neuve de la *Malgrange-lez-Nancy*, à trois quarts de lieue de Nancy, moyennant la somme de 50,000 fr. de Lorraine. Henri, son fils, ayant épousé Catherine de Bourbon, sœur de Henri IV et qui était protestante, cette princesse ne pouvant, à cause des répugnances du peuple, pratiquer le culte extérieur réformé dans la capitale du duché, s'établit pour cet objet dans le pavillon qu'on appelait aussi Sans-Soucy.

Une profonde politique avait présidé à ce mariage, dans le désir d'éteindre les dernières étincelles de la ligue; toutefois le pape Clément se plaignit vivement au cardinal de Lorraine, de l'alliance du duc de Bar, son frère, avec une princesse hérétique. Pour complaire à son mari, la duchesse avait consenti à des conférences religieuses, mais elle mourut prématurément, toujours ferme dans sa croyance. Elle écrivait au fameux Duplessis-Mornay, surnommé le pape des protestants, qu'elle irait à la messe quand celui-ci la dirait. Le beau castel de Sans-Soucy était fortifié, avec de hautes tourelles aux angles, ainsi que Callot l'a représenté formant le lointain des portraits en pied de Deruet et de son fils. Léopold et Stanislas transformèrent entièrement la Malgrange, comme nous l'expliquons ci-dessous.

La Malgrange nouvelle.

Ce lieu agreste plut d'abord à Léopold, et à cette occasion, les habitants de Nancy qui prévoyaient les avantages que leur procurerait le voisinage de la résidence princière, achetèrent 99 jours, 8 hommées de terre, pour les offrir au duc, qui abandonna ensuite ses projets. La ville revint alors sur ce cadeau et présenta une requête à la régente pour être autorisée à reprendre les terrains dont plusieurs particuliers s'étaient emparés, mais malgré cette autorisation, elle ne put s'en remettre en possession.

Léopold faisait en effet travailler depuis 1711 à un nouvel et superbe château de la Malgrange, sous la direction de Boffrand, lorsque sur la réflexion mal placée de l'électeur de Bavière, qui trouva d'abord que c'était trop près de Nancy pour en faire une maison de campagne et trop éloigné pour y choisir sa demeure habituelle, on discontinua les travaux. Stanislas ne partagea pas ce sentiment, car il y bâtit la Malgrange moderne, y passait une partie de la belle saison et c'était là qu'il séjournait lors de ses visites à Nancy. Le bois de Brichambeau, dévasté entièrement par le peuple, en 1790, n'en était pas éloigné. Dans ses environs, s'élevait une belle croix de mission, plantée en 1739, et accompagnée de douze chapelles ou stations du calvaire. Cette croix transportée ensuite au bas de l'avenue, sur la route du faubourg Saint-Pierre, et rétablie en 1801, fut enlevée et son baldaquin démoli en 1830. Après la mort du roi de Pologne, on destina la Malgrange au commandant général de la Lorraine; c'est aujourd'hui une propriété particulière occupée par une institution en grande renommée. La petite Malgrange, autrefois propriété de M. Monnier, est devenue l'Institution des Sourds-Muets, fondée au faubourg Stanislas par le regretté M. Piroux. A peu de distance, et presque sur le territoire de Heillecourt, se trouve une maison de santé particulière, appartenant à M. le docteur Picard, maire de la commune de Jarville (1898).

L'ancienne église de Heillecourt était la paroisse du palais de la Malgrange. A ce titre, on vit plusieurs fois Stanislas, avec les seigneurs de sa cour, et sans gardes, tenir le cordon du dais à la procession de la Fête-Dieu, se mêlant sans contrainte aux exercices de piété de ses rustiques habitants.

Paroisse de Saint-Vincent et de Saint-Fiacre.

Son origine est si ancienne, qu'il n'est pas possible de la découvrir avec une entière certitude. Le premier titre connu qui en fasse mention, est de l'année 963. C'est une donation que fait saint Gérard, évêque de Toul, au Chapitre de Bouxières, de la chapelle de Boudonville, érigée sous l'invocation de saint Dizier.

Mais il paraît certain que l'église ou chapelle de Saint-Dizier avait été érigée trois siècles auparavant par saint Bodon, évêque de Toul ; et que c'est lui qui a donné son nom à Boudonville, en latin *Bodonis-Villa*, soit qu'il fût le fondateur de ce village, soit qu'il en fût seulement le propriétaire ou le seigneur.

Nous disons église ou chapelle de Saint-Dizier, parce que nous n'avons pu nous assurer de son véritable état dans ces temps si reculés. Si elle était une simple chapelle, rien n'empêche de penser qu'elle ait existé conjointement avec

l'église paroissiale, qu'on peut supposer plus ancienne que
Bodon. Si elle était elle-même l'église paroissiale, il est à
croire que cette église ne fut pas exempte des fureurs des
Hongrois et des Danois. Ces barbares, au commencement
du x⁰ siècle, ravagèrent ces contrées et firent périr la plus
grande partie des diocèses de Toul, Metz et Verdun, comme
le portent les anciennes chartes du pays ; en sorte que Boudonville dut être dépeuplé pour un temps, et que, par
suite de cette dévastation, son église paroissiale ne fut plus
regardée que comme une simple chapelle. Aussi ce ne fut
pas l'église de Boudonville, mais simplement la chapelle
de Boudonville dédiée à saint Dizier, que saint Gérard
donna au Chapitre de Bouxières en 963.

Cette chapelle devint ensuite l'église paroissiale de Boudonville, soit qu'elle ait eu cette prérogative avant les ravages des Hongrois et des Danois, et qu'elle l'ait recouvrée
de plein droit, aussitôt que ce village fut suffisamment
repeuplé ; soit qu'elle n'ait fait que remplacer une église
plus ancienne. Quoi qu'il en soit, Boudonville, sans perdre
son nom, prit dès lors plus communément celui de paroisse
ou village de Saint Dizier. Nancy et Laxou étaient ses
annexes.

Vers le milieu du xⅡ⁰ siècle, les Lenoncourt cédèrent
Nancy à la maison de Lorraine, en la personne du duc
Mathieu I⁰ʳ. On croit qu'ils reçurent en échange, entr'autres
choses, la terre de Boudonville. En effet, l'Histoire nous
apprend qu'avant cet échange, le duc Thiéry avait un château près de Nancy, et qu'il y faisait quelquefois sa résidence. Il existe un acte du duc Simon, fils et successeur de
Thiéry et père du duc Mathieu I⁰ʳ, qui finit par ces mots :
Datum in castro meo juxtà Nanceium, ce qui signifie : Donné
dans mon château, près de Nancy. Dans la suite, c'est-à-

dire en 1457, Isabelle de Lenoncourt vendit au duc de Lorraine, Jean II, la ville, terre et seigneurie de Saint-Dizier
devant Nancy ; elle avait pour château celui du duc Simon,
que ce prince dit être situé devant Nancy, *juxtà Nanceium.*
D'où il suit qu'avant de demeurer à Nancy, nos princes demeuraient quelquefois à Boudonville.

Mais quand une fois ils eurent établi leur résidence ordinaire à Nancy, on commença de construire des maisons
autour de leur palais ; et sur la fin du xiiie siècle, Nancy
était une petite ville fortifiée. Il fallut une église pour les
habitants ; et comme le prieuré de Notre-Dame, fondé depuis deux siècles, se trouvait encore hors de l'enceinte de
la ville, on construisit l'église de Saint-Epvre, qui peut-
être était déjà un oratoire ou chapelle. On y fit l'office de
paroisse, et cette église fut succursale de celle de Saint-
Dizier jusqu'en 1593.

En 1419, plusieurs habitants de Saint-Dizier furent obligés de se réfugier pour un temps à Nancy ; leur village
ayant été dévasté et en grande partie brûlé par les bourgeois de Toul et leurs alliés qui étaient en guerre avec le
duc de Lorraine Charles II. La ville en devint plus peuplée
et l'église de Saint-Epvre se trouvant trop petite, on la re-
construisit vers le milieu du xve siècle. Cette bonne œuvre
fut l'ouvrage du zèle du curé de Saint-Dizier, Jean de Ville
et de la piété des habitants de Nancy.

La Croix-Gagnée a dû être posée en 1526 ou 1527 ; l'occasion vaut la peine d'être rapportée. On sait que le règne du
bon duc Antoine fut un des plus heureux et des plus glorieux pour la Lorraine. Ce prince avait toutes les qualités
qu'on peut désirer dans un souverain ; mais surtout une
bravoure éprouvée, une piété solide et un grand zèle pour
l'honneur de la religion et pour la défense de la foi. En

1525, une armée de plus de 40.000 Luthériens et Anabaptistes ravageant l'Alsace et menaçant la Lorraine, Antoine alla les attendre sur ses frontières, les attaqua aux environs de Sarrebourg avec quatre mille hommes seulement, et les fit rebrousser. Il les combattit ensuite avec toute son armée à Saverne et à Schlestadt ; et quoique prodigieusement inférieur en nombre, il leur tua près de 4.000 hommes dans ces divers combats. Une victoire si complète préserva la Lorraine et la France des fureurs de ces hérétiques et la religion de tous les maux qu'ils se proposaient de lui faire. Le duc ne tarda pas à en donner avis à Clément VII qui gouvernait alors l'Eglise universelle. Ce pape, pour récompenser de si glorieux exploits d'une manière digne d'un Souverain Pontife, adressa au prince un Bref, dans lequel il le comblait d'éloges et lui accordait, ainsi qu'à tous ses sujets, un pardon général ou jubilé extraordinaire.

Jean de Lorraine, cinquième fils de René, cardinal du titre de Saint-Onufre et légat du Saint-Siège, était alors à la cour du bon duc Antoine, son frère. Il était juste qu'il secondât les vues religieuses du Saint-Père et qu'il s'occupât des moyens de mettre les peuples en état de profiter de la grâce de ce jubilé ; que d'ailleurs il combattit avec les armes spirituelles l'hérésie contre laquelle le duc, son frère, avait été obligé d'employer le glaive temporel. Dans ces vues, et pour préserver cette province des erreurs dont l'hérésiarque Luther infestait alors l'Allemagne, il procura dans la capitale une mission célèbre, dont la mémoire s'est conservée et pour la clôture de laquelle il fit ériger la Croix-Gagnée.

Ce monument de la victoire d'Antoine, du Jubilé extraordinaire accordé en conséquence aux Lorrains par le pape Clément VII, de la piété du prince et du zèle du Cardinal

Légat son frère, subsiste encore aujourd'hui sur la paroisse de Saint-Vincent-et-Saint-Fiacre et sur la succursale de Saint-Mansuy, de création récente.

On y lit cette inscription :

> Passans, voyez ce sainct signe admirable,
> Où Christ souffrit Passion merveillable,
> Cruelle mort, cloué par piedz et mains
> Pour rachapter et saulver les humains ;
> Et pour donner à dévotion lustre,
> En ce dict lieu, très puissant, très illustre,
> Très révérend Père en Dieu Cardinal
> De Honufrien, nommé en général,
> Très vertueux Cardinal de Lorraine,
> A relaxé cent jours d'endurer peine
> En Purgatoire, à ceulx qui passeront
> Par cy-devant, et humblement diront
> La Pate-Nostre et l'Ave-Maria,
> Se sont cent jours de pardon qu'il y a.
>
> DIDIÉ LE GAMNIÉ.

Ce nom, qui est celui du graveur, ou du sculpteur, ou du poète (si toutefois ce n'est pas le même homme qui fut en cette occasion poète, sculpteur et graveur), ce nom, dis-je, a donné à cette croix le nom de Croix-Gamnié, d'où sont venus ceux de Croix-Ganié et ensuite de Croix-Gagnée.

En 1584, le Grand-Duc Charles III fit un règlement pour les habitants de Saint-Dizier, par lequel il conste qu'ils formaient encore alors une commune séparée de ceux de Nancy ; qu'ils avaient un territoire distingué ; qu'ils avaient leurs maires et autres officiers de police ; qu'ils nommaient les gardes pour leur ban, fixaient le jour des récoltes ; qu'ils avaient encore leur église, un hôpital, des fontaines et des pavés ; et que pour ces choses et autres semblables, ils n'étaient pas contribuables avec ceux de Nancy, ni ceux de Nancy avec eux.

Ce règlement prouve que le village de Saint-Dizier n'était pas faubourg de Nancy et qu'il n'en portait le nom que dans un sens impropre. C'étaient deux communautés distinctes. Celle de Saint-Dizier était la plus ancienne et celle de Nancy peut-être la plus nombreuse.

On vient de voir qu'il y avait un hôpital à Saint-Dizier ; il y en avait encore un à Nancy. C'était l'hôpital Saint-Julien, fondé en 1335, pour tous les malades, infirmes et passans, par M. Vernier, prêtre de Nancy. Le duc Charles II par son deuxième testament du 11 janvier 1424, en augmenta la dotation. Il fut d'abord situé dans la Grande-Rue-Ville-Vieille, sur un terrain qui est à présent de la paroisse Saint-Epvre. Mais comme il tombait en ruines, Charles III le fit transporter à Saint-Dizier en 1588. Quelques années après, lorsque la destruction de Saint-Dizier fut résolue, l'hôpital de Saint-Julien fut transféré au lieu qu'il occupe aujourd'hui ; et il entraîna l'hôpital de Saint-Dizier avec ses fonds et ses revenus.

Ce fut en 1591 et 1592 que le village de Saint-Dizier fut détruit pour les motifs ci-après exprimés. C'était alors le temps de la ligue. Dès l'année 1587, il était venu en Lorraine une armée de 40.000 protestants allemands, qui se proposaient de ruiner cette province et d'en renverser la capitale. Mais ils furent battus et mis en déroute par le duc de Guise. Henri IV fit lever en Allemagne pendant les années 1589 et 1590 de nouvelles troupes, qui devaient agir contre la Lorraine et contre la ville de Toul, qui était au pouvoir des ligueurs. Charles III se mit en état de défendre Nancy ; il augmenta les fortifications de la Ville-Vieille, commença celles de la Ville-Neuve, y fit retirer les habitants de Saint-Dizier, ainsi que derrière les nouvelles terrasses et fortifications de la Ville-Vieille ; et pour mettre d'autant plus en sûreté sa capitale, il fit démolir et raser le village, qu'on appelait faubourg Saint-Dizier.

En 1593, ce village n'existait donc plus : son ban fut alors réputé ban de Nancy et l'on érigea les cures de Notre-Dame, de Saint-Epvre, de Saint-Sébastien et de Laxou. L'église de Saint-Sébastien profita des dépouilles, meubles et ornements de celle de Saint-Dizier. Il y avait aussi dans cette église plusieurs chapelles érigées en titre de bénéfice.

La destruction du village de Saint-Dizier ne fut pas si complète, qu'il n'en restât encore quelque chose. Il était composé de deux parties ; l'une plus récente, qui était près de la ville et qui avoisinait l'église, d'où elle avait pris le nom de Saint-Dizier : l'autre, plus ancienne, était à l'embouchure du vallon formé par les montagnes de Butgnémont et de Sainte-Catherine, et qui conservait le nom de Boudonville. La première partie fut renversée, à l'exception de trois maisons ou baraques, qui ont donné le nom de Trois-Maisons à cette partie de la paroisse, qui est aujourd'hui la plus populeuse. La seconde partie fut plus ménagée ; et les maisons qui restèrent ont gardé l'antique nom de Boudonville, qui est encore affecté à ce quartier le plus étendu de la paroisse (1784).

Charles III avait assigné aux habitants de Saint-Dizier des logements dans la Ville-Neuve ; et pour les y attirer, il avait donné le nom de Saint-Dizier à la plus considérable des rues de cette nouvelle ville ; les artisans et les pauvres s'y retirèrent ; mais plusieurs cultivateurs préférèrent des villages où ils pussent continuer leur travail ; et lorsqu'on ne craignit plus les armées des protestants d'Allemagne, ils revinrent sur leurs héritages et commencèrent à rebâtir insensiblement à Trois-Maisons et à Boudonville.

Le faubourg de Saint-Dizier, sous le nouveau nom de Trois-Maisons, continua de s'agrandir pendant un siècle ; et au commencement de celui-ci, il était tellement augmenté, qu'il se trouvait assez nombreux pour être érigé en paroisse. Le besoin des peuples l'exigeait. On voit par les procès-verbaux de visite de MM. les archidiacres qu'ils étaient sans instruction, et que les enfants croupissaient dans l'ignorance. On s'occupa des moyens d'y remédier. Le plus naturel sans doute et le plus efficace eût été de rendre à ce faubourg, source, origine et berceau de la ville de Nancy, la cure qu'on lui avait ôtée. Mais en vain, les habitants, soutenus de l'Hôtel-de-Ville, réclamèrent leur ancienne paroisse : le crédit de personnes intéressées vint à bout de les réduire à l'état de succursale et dans la crainte que sous le nom de Saint-Dizier elle ne réclamât trop fortement son ancien état, on mit la nouvelle église sous l'invocation de saint Vincent, patron des vignerons et de saint Fiacre, patron des jardiniers. Ces deux états composaient presque alors tout le faubourg. Ce fut le 28 septembre 1721, qui cette année était un dimanche, que l'on commença à faire l'office et à administrer les sacrements dans l'église de Saint-Vincent et de Saint-Fiacre. M. l'abbé Lionnois et M. Durival ont imprimé que cette église était bâtie dans l'endroit même où était l'église de Saint-Dizier ; et il est certain qu'elle ne pouvait pas en être fort éloignée.

Comme le faubourg continuait à s'agrandir de plus en plus, les habitants de Trois-Maisons firent en 1755 quelques tentatives pour l'érection de leur église en cure, mais ils trouvèrent des obstacles qui les rebutèrent.

Ce ne fut que le 18 janvier 1771, que cette antique paroisse de Saint-Dizier, après avoir été longtemps la mère-église de Nancy et de Laxou, presque anéantie par le malheur des guerres, soumise ensuite en qualité de succursale à l'une de ses filles, a recouvré enfin son ancien état sous le nom de paroisse de Saint-Vincent et de Saint-Fiacre.

Le décret de Mgr Drouas, évêque de Toul, qui l'érige en cure séculière, libre et indépendante de tout curé primitif confirmé par lettres patentes du roi, enregistré en Parlement, a reçu sa pleine et entière confirmation par l'arrêté contradictoire et définitif rendu le 16 mai 1782.

Avant-propos extrait d'un opuscule ayant pour titre *Vies et Offices de saint Vincent, martyr, et de saint Fiacre, solitaire,* patrons de la paroisse de Boudonville, Trois-Maisons et dépendances, faubourgs de Nancy, avec permission de Mgr l'évêque de Nancy, primat de Lorraine, etc., etc., par G. Mollevaut, docteur en théologie, premier curé de la paroisse Saint-Vincent-et-Saint-Fiacre de Nancy.

A Nancy, chez Claude Leseure, imprimeur ordinaire du roi, libraire, rue Saint-Dizier, n° 341 (1787).

Sur l'origine et le véritable nom de la Croix-Gagnée, par Henri Lepage.

(Extrait du *Journal de la Société d'Archéologie lorraine,* première année, 1852-1853, pages 121, 122, 123, 6e numéro, mois de septembre.)

Il n'est guère de Nancéien qui n'ait, une fois au moins dans sa vie, gravi le chemin montant et pierreux qui conduit à la Croix-Gagnée, admiré de cet endroit, le riche panorama qu'on a sous les yeux, et lu l'inscription gothique gravée sur une lame de bronze qui est attachée à la colonne de pierre du monument, et dont nous avons ci-dessus donné la description.

Est-il vrai, comme on l'a dit, en se fondant sur le sens
de cette inscription, que le monument dit la Croix-Gagnée
ait été élevé par Jean de Lorraine, fils de René II et cardinal du titre de Saint-Onufre ? Est-il également vrai que ce
prince de l'Eglise l'ait érigé en souvenir de la victoire
remportée par le duc Antoine, son frère, sur les paysans
d'Allemagne ? Je crois que ni l'une ni l'autre de ces inter-
prétations n'est exacte et que l'origine de ce monument est
clairement expliquée par les trois mots qui terminent l'inscription rapppelée ci-dessus :

« DIDIÉ LE GAMNIÉ. »

Voici les raisons sur lesquelles je me fonde pour établir
mon opinion :

« Vers l'année 1510, le duc Antoine donna à un nommé
Didier Fossier, canonnier en son artillerie « une place où
soulait estre ung moulin pres de la fontaine de Boudonville, pour en icelle faire édiffier et construyre à ses des-
pens ung moulin à faire pouldre et battons à feu et une
meulle à esmouldre tous ferremens, tant de javelines,
espiedz, comme autres ». Cette concession, faite moyennant un cens annuel de cinq sols, monnaie de Lorraine,
avait pour but de rendre celui à qui elle était accordée,
« plus enclin dans l'avenir de servir le duc de bien en
mieux ».

« Didier Fossier avait su, en effet, se rendre utile à
René II et au successeur de ce prince, soit comme canonnier de l'artillerie, soit en qualité de fabricant de gaînes,
d'étuis et de coffres de cuir. Ses services lui avaient valu,
dès l'année 1501, l'exemption d'une partie de la somme
qu'il devait payer pour son hant ou droit d'entrée dans la
maîtrise des maréchaux de Nancy ; et, en 1507, il était

envoyé à Milan, aux frais du prince « pour savoir la façon et manière de faire quelque canon ».

Dès cette époque, Didier Fossier avait cessé d'être désigné sous son nom de famille, et on ne l'appelait plus que Didier le Gaynnier, le Gaymnier ou le Gaimnié, sans doute en raison de la réputation qu'il avait acquise dans l'exercice de sa profession de fabricant de gaînes. Du reste, ces substitutions de noms de professions aux noms propres sont extrêmement communes, et je pourrais citer un grand nombre de familles encore existantes, auxquelles leurs aïeux ont transmis des noms qui n'étaient pas véritablement les leurs.

Quoi qu'il en soit, Didier Fossier, ou plutôt Didier le Gaymnier, continua d'exercer, jusqu'en 1531, l'emploi de canonnier en l'artillerie, et l'on peut présumer, sans qu'il y ait là aucune invraisemblance, qu'il accompagna le duc Antoine dans son expédition contre les Rustauds. Il est probable que, durant cette guerre, Didier échappa à quelque danger et fit vœu d'élever un monument qui témoignait de sa reconnaissance envers Dieu. Son nom, gravé au bas de la croix érigée non loin de l'usine qu'il exploitait, me paraît ne laisser aucun doute à cet égard. Quant à l'intervention du cardinal Jean de Lorraine dans l'érection de cet ex-voto, elle n'a rien que de bien naturel : en accordant des indulgences à ceux qui visiteraient dévotement le monument dressé par un fidèle serviteur de son frère, le cardinal ne faisait que s'associer à une pieuse intention et contribuait, en même temps, à perpétuer et à rendre populaire le souvenir d'un événement qui avait été un triomphe pour la religion.

Je crois donc, sauf opinion plus admissible, que la Croix-Gagnée fut élevée par Didier Fossier, et que, dans l'origine, elle s'appelait, du nom de son fondateur, la Croix-Gaymnié. Des altérations semblables de dénominations sont trop fréquentes, pour qu'il y ait, dans celle-ci, rien qui puisse surprendre.

Procédure contre le Béthléem.

Le fameux Brioché, l'inventeur des marionnettes, faillit être brûlé comme sorcier par de bons Suisses qui ne pouvaient comprendre, sans nécromancie, le jeu de ses figurines. Nous rapporterons la mésaventure d'un autre machiniste, modeleur et ouvrier en cire, bourgeois de cette ville (telles sont les qualités qu'il se donne dans sa circulaire), nommé Courtois, qui pour la première fois exposait un tableau mouvant connu depuis, ici, sous le nom de Béthléem, parce qu'en effet la crèche, l'adoration des mages, la fuite en Egypte, etc. y figurent au premier rang.

Pour mieux piquer la curiosité à son profit, outre le droit d'entrée, l'ingénieux artiste avait imaginé, comme tous ceux qui l'ont suivi, une quêteuse, faisant par le moyen d'un ressort cédant à la moindre pression, une profonde révérence à celui qui déposait une pièce de monnaie dans sa bourse. Tout était bien jusque-là, mais il s'avisa de qualifier ainsi sa statuette : « La représentation de l'impératrice reine de Hongrie ; vous la voyez tenante *(sic)* une bourse à la main, et qui remercie le monde d'une profonde révérence quand on y met quelque chose. » Loin de vouloir faire des épigrammes, le pauvre homme n'avait pas eu d'autre dessein que de mettre à contribution, à sa manière, un nom aussi célèbre alors que de nos jours Napoléon,

avec ou sans son petit chapeau. Nos magistrats n'y songè-
rent pas, firent du zèle, et traitèrent ce fait de crime de
lèse-majesté au premier chef. Voici ce curieux et original
document, extrait du registre des délibérations des officiers
municipaux :

« Cejourd'hui, huitième de juin, mil sept cent cinquante-
deux. La chambre assemblée extraordinairement sur ce
qu'il est parvenu à sa connaissance qu'il s'estoit répandu
en cette ville plusieurs feuilles imprimées portantes, que
par permission de messieurs les magistrats, il y auoit
quantité de figures mouuantes à voir, dont le détail est
amplement expliqué dans les imprimés, et nottament
une représentation de la reine de Hongrie tenante une
bource à la main, et faisant la réuérence à celuy qui y
mettoit quelque chose, ce qui est un manque de respect dub
à cette souueraine, et un attentat à l'autorité de la chambre,
en ce que l'on aurait inséré en teste des dits imprimés,
(par permission du magistrat) ce qui est d'autant plus
répréhensible, que la chambre n'a jamais eut connaissance
des dites feuilles, désaouant au contraire un procédé aussy
hardy qu'odieux ; et comme il luy importe de découurir
quel peut être l'imprimeur des dittes feuilles, de même
que l'auteur qui en a fait la minutte ; c'est pourquoy elle
a délibéré qu'à la diligence du procureur sindic, il sera
incessamment informé, pour sçauoir quel est l'imprimeur
des dites feuilles et de qui il en a eut la commission ; et
cependant par prouision, ordonné que la feuille imprimée
dont la Chambre est nantie, sera sur le champ cottée et
paraphée, et déposée dans ses greffes, pour seruir ainsy
que de raison ; et que comme on a déjà (à ce que l'on a
appris), apposé un scellé de la part du sieur lieutenant-

général de police, sur la porte de la chambre où sont renfermées les dites figures mouuantes, énoncées dans les dites feuilles, ordonné pareillement que le même scellé sera croisé par le sieur Pierre qu'elle a nommé commissaire à cet effet, dont procès-verbal sera dressé et déposé aussy dans ses greffes, pour seruir et valoir ainsy qu'au cas appartiendra ; et à l'instant ladite feuille imprimée a été cottée et paraphée, et déposée dans ses greffes ne varietur ; Fait en la Chambre du Conseil de Ville, les an et jour que dessus, sept heures et demie de relevé. (Signé :) Pierre, Breton, Guillon, N. Puiseur, Chapuis, Mougenot et Richer. »

Nous nous souvenons encore d'avoir, dans notre enfance, rendu, en compagnie de nos parents, de fréquentes visites au Béthléem, installé d'abord où se trouve aujourd'hui, à côté du presbytère de la Cathédrale, le petit externat de St-Léopold-la-Malgrange, rue des Chanoines ; puis il alla s'établir dans la rue des Maréchaux. Entr'autres attractions, on y voyait le berger paresseux, dont les moutons bêlaient, à qui mieux mieux ; la cour du roi Hérode ; la naissance de N.-S. Jésus-Christ ; l'adoration des mages, la fuite en Egypte, la Résurrection, etc. Il y avait une quêteuse faisant une gracieuse révérence chaque fois que l'on déposait dans sa bourse le sou traditionnel. Enfin, un affreux cosaque, surnommé Pandour, désignant par des mouvements de tête les bons et les mauvais enfants, et leur enjoignant d'obéir constamment à leurs parents. Il était la terreur de tous les bébés de l'époque. Pandour nous inspirait une telle frayeur que nous devenions sages au seul prononcé de son nom. Heureux temps et salutaires exemples qui frappaient l'enfance !

La Cathédrale de Nancy.

L'insuccès des négociations entamées à Rome, par le duc de Lorraine Charles III, pour obtenir l'érection d'un siège épiscopal dans la capitale de ses Etats, le fit se déterminer à solliciter, ce qu'il obtint, sans difficultés, la création, à Nancy, d'une collégiale dont le premier dignitaire aurait le titre de Primat, qui serait indépendante de la juridiction de l'ordinaire diocésain et ne relèverait que du siège apostolique.

Aussitôt l'expédition des bulles pontificales qui eut lieu le 14 mars 1602, le prince fit construire, à l'endroit où s'élève aujourd'hui l'église St-Sébastien, une primatiale provisoire où le nouveau Chapitre commença l'office divin le 1er janvier 1604. Mais le voisinage du marché public et de l'Hôtel-de-Ville parut bientôt peu convenable, et pour le temple lui-même, et pour les chanoines appelés à y chanter les louanges de Dieu.

Le cardinal Charles de Lorraine, évêque de Metz et de Strasbourg, légat du St-Siège, et fils de Charles III, avait acquis des Dames Prêcheresses le terrain aujourd'hui compris entre les rues St-Georges, du Manège, des Tiercelins et Montesquieu ; il en fit l'abandon spontané pour y élever une nouvelle Primatiale et les maisons des Chanoines. Il avait, au préalable, sollicité et obtenu du pape de réunir plusieurs bénéfices, dont il était titulaire, pour en former la manse du primat, et celle du Chapitre.

Une seconde église fut aussitôt construite en cet endroit et avec une telle activité qu'en 1609 le personnel de la collégiale s'y vint installer après y avoir transporté, de la première provisionnelle, comme l'on disait alors, les saintes reliques, les ornements et le corps du cardinal fondateur et premier primat, décédé le 24 novembre 1607. Placée au chevet de la Cathédrale actuelle, elle était orientée du midi au septentrion et avait la façade tournée vers la porte St-Jean. Néanmoins elle ne devait être encore que provisoire. Elle n'était pas achevée, en effet, que déjà l'on creusait les fondations d'un monument définitif et pour l'érection duquel Antoine de Lenoncourt, second primat, qui déjà avait fait confectionner, à Milan, une châsse magnifique pour y reposer les reliques de St-Sigisbert et enrichi la nouvelle collégiale de plusieurs ornements précieux, avait destiné une somme de trois cent mille francs. Il ne les donna pas, dit l'abbé Dumolart, en raison de l'obstination du Chapitre à vouloir, sans doute en présence des plans de Laruelle, que, comme la voisine, sa principale façade regardât la porte St-Jean. De fait, la première pierre en avait été posée au midi, le 1er juillet 1607 : mais après avoir constaté la défectuosité d'une telle orientation, le 6 mai 1610, on la reporta vers l'Orient, comme l'indique l'inscription dont l'abbé Lionnois a conservé le texte. On se mit immédiatement à l'œuvre : les fondations des gros murs, dans tout le pourtour de l'édifice, furent en peu de temps achevées et montées au-dessus du sol jusqu'à la hauteur de quinze pieds. Mais bientôt le manque de fonds, les événements politiques et les fléaux qui, successivement, vinrent s'abattre sur la malheureuse Lorraine pour la désoler, la dépeupler et la ruiner, firent suspendre, pour un temps, et enfin abandonner l'entreprise, si bien que les Chanoines durent continuer l'office dans leur seconde provisionnelle jusqu'en 1742. Disons, en passant, qu'en cette année, l'architecte Gauthier, ayant averti ces ecclésiastiques que la charpente de leur église menaçait ruine ;

saisis de frayeur, ils n'y voulurent plus attendre, seulement jusqu'au premier novembre, leur intronisation définitive dans la nouvelle primatiale, mais qu'ils se retirèrent dans l'église conventuelle des Tiercelins, où le 5 mai, ils transportèrent le Saint-Sacrement et la châsse de St-Sigisbert.

Ce ne fut qu'après un siècle écoulé, que Charles de Lorraine, électeur de Trèves, évêque d'Osnabruck et d'Olmutz, sixième primat, reprit, de concert avec son auguste frère, le duc Léopold, l'œuvre commencée sous le règne de Henri II. Ces deux princes firent quelques provisions de matériaux dès l'an 1698, mais voulant accélérer l'exécution de leur projet, Léopold nomma, et fit agréer par le pape l'abbé Dumolart, écolâtre de la Primatiale, pour économe et administrateur des biens et revenus de la manse du primat et directeur des travaux de construction de l'édifice à élever.

Le 4 septembre 1700, parut une ordonnance par laquelle Son Altesse Royale enjoignait à tous les propriétaires et locataires d'héritages où il y a des carrières de pierres de taille, sur les bans de Pont-à-Mousson, Norroy et autres, voisins de ses Etats, d'en laisser tirer autant que de besoin pour les édifices de la primatie de Nancy, moyennant une indemnité que régleraient des experts nommés à cet effet.

Dès le 17 mai de cette même année, les sieurs baron de Mahuet, administrateur général de la primatie, André, intendant des bâtiments de S. A. R. et l'abbé Dumolart avaient traité avec le sieur Thouvenin, de Pont-à-Mousson, pour la fourniture de 30,000 pieds cubes de pierres de taille, et quatre mois après, avec le sieur Lacroix, de Norroy, pour celle de 50,000 pieds, à raison de six sols le pied rendu de la carrière dans les bateaux du port de Pont-à-

Mousson, d'où, moyennant cinq sols par pied cube, ces mêmes tailles étaient amenées par voie d'eau, jusqu'au Crône de Nancy ; ce qui prouve qu'à cette époque, la Moselle et la Meurthe étaient livrées à la navigation. D'autres entrepreneurs ont soumissionné la fourniture des moëllons à raison de 9 livres 10 sols la toise cube, mesure de Roi, rendue sur place.

On a aussi tiré une quantité considérable de pierres de taille et de moëllons des carrières de Viterne, de Buthgnémont, de Laxou et Ste-Catherine, près de Nancy. On peut évaluer à plus de 300,000 pieds cubes de taille et à plus de 4,000 toises cubes de moëllons, les pierres mises en œuvre pour la construction de la nouvelle église.

Boccard, chaufournier à Art-sur-Meurthe, a soumissionné la fourniture de la chaux, pour préparation de laquelle il tirait le bois des forêts de la saline de Rosières. Nous mentionnons ce détail pour avoir occasion de dire que ce bois était amené, par des charretiers, sur les rives de la Mortagne, au-dessus de Xermaménil, et, de ce point, flotté jusqu'au dessous du pont de Saint-Nicolas, au lieu dit la Butte ; que pour éviter aux voituriers, chargés d'amener la chaux à Nancy, le détour qu'il leur eût fallu faire par Tomblaine ou par Essey, on établit sur la Meurthe, tout près des fours, un bac que, moyennant 350 livres, construisit Antoine Didier, maître charpentier et maire de Porcieux.

Le bois nécessaire pour la grosse charpente et la menuiserie est sorti des forêts de Charmes et de Châtel-sur-Moselle, appartenant au domaine ducal, et gratuitement abandonné par S. A. R. au profit de l'œuvre. Par ordonnance du 16 novembre 1714, Léopold autorisa M. Humbert Gircour, commissaire général et réformateur de ses bans et forêts au département d'Epinal, à procéder avec le garde marteau de chaque grurerie, à l'abattage, transport et débit de ce bois. Sébastien Henri, de Pont-à-Mousson, chargé de dresser le devis de la charpente principale, avait estimé à 850 le nombre de pièces d'arbres de dimension raisonnable, qu'elle absorberait. L'abattage se fit, et le produit en fut charroyé par les charretiers des 39 communautés les plus voisines des lieux d'exploitation. Une affiche placardée dans chacune de ces communes, le 10 octobre 1715, lui assignait la quantité de bois qu'elle aurait à voiturer depuis la forêt jusqu'au dépôt général, au-dessous de la vanne de Charmes ; moyennant toutefois 3 sols, 6 deniers par solive, pour les moins éloignés depuis le lieu du chargement, et 5 sols pour ceux qui le seraient davantage.

Le 12 février 1716, quatre individus de Charmes s'engagèrent à opérer le flottage de ce bois, depuis le lieu du dépôt jusqu'au port de Flavigny ou Richardménil, à raison de 3 livres, 10 sols par chaque pièce. Pour leur faciliter ce transport, Léopold avait consenti à ce que l'on abattît encore dans ses forêts douze cents trembles ou autres menus arbres pour en faire des gouvernails et des traverses d'union. Quant au transport du même bois du lieu de débarquement jusque sur le chantier de Nancy, deux cultivateurs de Ceintrey s'engagèrent à l'effectuer pour 5,000 solives, dans l'espace de trois mois, au prix de 6 sols, 6 deniers la solive. Plus tard, trois des flotteurs offrirent et obtinrent de faire le surplus, de Charmes à Nancy, moyennant 12 sols tournois par solive.

Le fer a été tiré en partie des forges de Belfort, les plombs de la Hollande, et les ardoises des Carrières au dessous de Trèves.

Durival avance que la primatiale actuelle a été commen-

cée sur les plans et les dessins de Saint-Urbain qui conduisit l'ouvrage ; néanmoins nous n'avon pas une seule
fois rencontré le nom de ce célèbre graveur ni celui de son
fils dans toutes les liasses que nous avons consultées, dit
M. l'abbé Guillaume. Nous avons trouvé celui de Mansard,
neveu, qui se serait inspiré, pour l'ensemble du nouvel
édifice, de l'église Saint-André du Val, à Rome.

Nous lisons, en effet, dans les très humbles remontrances
que M. l'abbé Dumolart adressait à Stanislas, le 15 juin
1742 :

Le bâtiment de la nouvelle primatiale de l'ordre corinthien a été réglé et résolu avec un dôme magnifique suivant les plans et dessins de M. Mansard appelé à ce sujet,
et qui ont été remis à M. de Bouzey ; et dans un mémoire
de ce qu'il y aurait à faire pour le perfectionnement de
l'église, présenté le 15 janvier 1743, le même économe,
après avoir signalé certaines modifications défectueuses
apportées dans la construction de l'abside, ajoute : Il faut
ajouter que c'est insulter à la mémoire de M. Mansard qui
a donné le plan de cette église, et qui l'a fait approuver
par les plus fameuses Académies de France et d'Italie.

La version de M. l'abbé Dumolart est d'autant plus accep-
table, qu'occupé de la construction de la nouvelle basilique,
depuis sa fondation et pendant trente années, ce chanoine
savait parfaitement ce qui se passait à cette époque ; elle
l'est encore par ce motif que Jean-Hardouin Mansard se
trouvait à Nancy, dans les premiers jours de 1700, envoyé
qu'il y avait été par Louis XIV au duc Léopold, pour lui
faire les plans d'un nouveau palais qui réunirait l'agrément et la commodité. Ce fut donc d'après les données du
célèbre architecte du grand roi que ceux de S. A. R. les
sieurs Betto et Révérend établirent leurs plans partiels et

leur devis, lesquels néanmoins subirent diverses modifications. La pensée dominante de ces hommes de confiance du
prince, était de doter Nancy d'un monument qui surpassât
en élégance les plus belles églises de la Lorraine et du
Barrois, et qui égalât au moins les plus remarquables du
royaume de France. De la travée d'intersection de la nef et
du transept, devait s'élever, à la hauteur de 90 pieds, ou
environ 30 mètres, un magnifique dôme avec son couronnement, ce qui explique tout d'abord l'écartement des deux
tours du portail qui, plus rapprochées, auraient masqué cette
imposante construction. Nous dirons plus loin pourquoi
ce projet grandiose n'a pas été exécuté.

Le 15 janvier 1703, le sieur de Mahuet, seigneur de Lup-
court, assisté de MM. de Ponze, résidant de M. le Prince
Charles, Deney et Phulpin, grand doyen et écolâtre de la
Primatiale, André, intendant et directeur des bâtiments
de S. A. R. Betto et Révérend, architectes, Lefebvre, conseiller de S. A. et l'abbé Dumolart, le sieur de Mahuet,
intendant de l'Hôtel et des finances, directeur et administrateur de la nouvelle église, fit procéder à l'adjudication
au rabais des fondations de ce monument. Emond Jacquart
l'emporta sur ses concurrents et les travaux lui furent
adjugés aux prix de 4 livres la toise cube de démolition
des anciens murs, y compris le parfait nettoyage des
moëllons à remettre en œuvre ; 4 livres, 5 sôls, celle des
terres d'excavation et leur déblai ; 15 livres celle de maçonnerie, et 150 livres le cent de solives de charpente mises
en œuvre, le tout conformément au devis.

On dut commencer par la bénédiction de la pierre angu-
laire qui fut posée le 3 septembre de cette année 1703 par
S. A. S. le prince François, au nom de ses augustes frères
Léopold-Clément et Charles de Lorraine, sixième primat.

Pour la cérémonie, qui se fit avec solennité, l'entrepreneur Jacquard avait préparé, en lieu convenable, un autel orné, des marches duquel l'abbé de Nay, grand-doyen, récita les prières et répandit l'eau bénite, un marteau, une truelle d'argent et un tablier de maçon en moire aussi d'argent. Pour ces fournitures, on lui remboursa 72 livres, 5 sols.

Cette première pierre, suffisamment creusée, renferme une plaque en rosette, gravée par les orfèvres Lenoir et Crox, portant au sommet les armes de Lorraine et d'Orléans, à droite, celles du prince Charles, à gauche, celles du prince François, au bas, celles du Chapitre, et au milieu, l'inscription que voici d'après l'abbé Lionnois :

D. O. M.

Aeræ Christianæ M.D.CC.III. die iij mensis septembris, Léopoldus I, Lotharingiæ et Barri Dux, Jerosolymorum Rex, Caroli V Principis invectissimi Sapientissimus filius, cum Elisabetha Carola, Francorum Regis nepte inclyta amantissima ejus uxore et serenissimus ac piissimus Princeps Carolus a Lotharingia Osnabrugensis et Olomugensis Episcopus, Archiprior Castiliæ et Lotharingiæ primas, insigne hoc templum à Carolo III votis præconceptum, duobus post sæculum annis opus expetitum diu magnificentissimo apparatu pietati proavorum obsequentes religiosi neptes suis extruunt sumptibus, serenissimus Franciscus à Lotharingia stabulensis Princeps et Bozonisvillæ Abbas, Leopoldi alter germanus frater primum lapidem tanto opere dignus posuit, atque in hujus beneficii anathema aggratulante clero, spectante numeroso populorum cœtu, perenne hoc monumentum posuerunt reverendissimi Domini.

Lionnois avance qu'à chaque angle de la plaque commémorative, on a enchâssé une médaille ; d'après les documents que nous avons sous les yeux, ces médailles, préparées par les graveurs que nous avons ci-dessus nommés, ont été enfermées dans une double boîte en plomb et en bois, et scellées comme la plaque dans la cavité de la pierre.

(Le métal et la gravure de ces objets ont été payés à Crox et Lenoir par 250 livres, 7 sols.)

Tout étant ainsi disposé, on se mit à l'œuvre et l'on continua jusqu'à ce que les fondations fussent arrasées à la hauteur du sol intérieur. Il y eut un temps d'arrêt. En 1707, les architectes crurent reconnaître que cette base de l'édifice n'offrait pas assez de garantie d'une parfaite solidité ; aussitôt, ils mirent en chantier Emond Jacquart pour la consolider par l'adjonction de plus de quinze cents blocs de pierre, mesurant ensemble plus de huit mille pieds cubes et de plus de deux mille quatre cents toises de moëllons, tant amenés des carrières qu'extraits des anciennes fondations.

En 1708, le 6 février, le sieur André présenta un devis (petit in-folio de 22 pages, parfaitement détaillé), des constructions à élever sur ces fondements consolidés, depuis le rez-pied jusqu'à la corniche du couronnement intérieur du premier ordre de l'édifice et, pour la façade, jusqu'au dessus des pilastres et des colonnes qui, depuis le palier du perron s'élèveraient à la hauteur d'environ 22 pieds. Le 2 mars suivant, ces travaux furent adjugés aux sieurs Emond Jacquart, Gentillàtre et Gabory qui, suivant l'une des conditions du devis, s'engagèrent à les terminer dans l'espace de deux ans.

Sans avoir été complètement arrêtés après l'achèvement du premier ordre d'architecture, les travaux languirent jusque vers la fin de 1714. A cette époque, le marquis de Lunaty-Visconti, nommé, par brevet du 3 août de la même année, nouvel administrateur par le primat, reçut ordre de faire incessamment travailler à l'état de la dépense que nécessiterait l'achèvement de la primatiale, pour y célébrer au plus tôt l'office divin.

En conséquence, l'architecte Guesnon dressa le devis de la maçonnerie et de l'architecture ; Henri, de Pont-à-Mousson, celui de la charpente, et le dessinateur Demangeot en traça les profils. A la fin de janvier 1715, des affiches imprimées chez Gaydon, placardées dans les principales villes des duchés, firent savoir que le lundi 25 février, il serait procédé à l'adjudication au rabais des ouvrages à exécuter pour l'entier achèvement de la nouvelle église. Cette opération eut lieu le 23 avril, en présence de M. le marquis de Lunaty-Visconti, administrateur, assisté de MM. de Tornielle, Grand Doyen, Lefebvre, Procureur-Général ès-chambre des comptes, Falloy, secrétaire, et Betto, architecte. Les sieurs Pierre Gabory et Jacques Mérard furent déclarés adjudicataires et poursuivirent l'entreprise avec beaucoup d'activité.

Les ouvrages de grosse charpente pour la couverture des diverses parties de l'édifice ont été adjugés, le premier juillet 1717, à Claude Didion, maître charpentier à Charmes-sur-Moselle, à raison de 250 livres le cent de solives de chêne et de 40 livres le cent de planches de sapin. Le chêne lui était fourni par la primatie, comme nous l'avons dit, mais il en devait faire état à raison de 26 sols la solive. Didion poursuivit ses travaux jusqu'en 1722, qu'ils furent entièrement terminés ; il y avait employé 11,376 solives de grosse charpente et 4,312 solives de bois débité.

Le sieur Louis Jeanmaire, maître couvreur, s'est chargé de la fourniture et de la pose des ardoises à raison de 18 livres la toise carrée (18 livres tournois équivalaient à 42 francs de France). On lui avait procuré d'abord 69,000 aissins ou bardeaux à 9 livres et 9 livres, 10 sols le mille, et cent mille clous pour les assujettir. Commencé en 1718, son travail était terminé à la fin de

1722. Mais les cheneaux avaient été, dans tout le pourtour de la couverture, faits en bois de chêne recouvert d'une lame de plomb. Malgré les 83,000 livres de ce métal employées à cet usage, les eaux pluviales eurent bientôt détérioré les conduits d'une manière notable. Sur la fin de 1737, l'architecte Gabory, accompagné du couvreur, du plombier et d'un géomètre, constata le dégât et fit observer qu'il fallait au plus tôt songer à le réparer. C'est seulement alors que l'on substitua, au plomb et au bois, de la meilleure pierre de Viterne dont chaque pièce, de largeur suffisante, aurait au moins trois pieds de longueur.

On commença les voûtes en 1720. Les architectes Betto et Révérend, peu confiants dans la solidité des gros murs et appréhendant un écartement comme il s'en était produit dans les églises Notre-Dame et Saint-Epvre de Nancy, proposèrent d'employer pour ces voûtes, sur une étendue d'au moins cinquante toises, de la pierre de taille, d'autant que la courbe est de plein cintre, et que les briques, aussi massives que la pierre de Savonnières, donneraient une trop forte poussée. Mais après examen attentif du diamètre des voûtes, de l'épaisseur des murailles, de la solidité des piliers buttants derrière les arcs doubleaux, les architectes Guesnon et Gentillâtre estimèrent que ces voûtes pouvaient être construites en briques, avec la seule précaution d'en faire un choix intelligent.

Nous avons dit que, dans le plan de Mansard, il était fait mention d'un dôme à élever au point d'intersection de la nef et du transept, et que c'est la pensée d'une telle construction qui a déterminé l'écartement des deux tours du portail. Déjà on avait commencé cette partie de l'édifice quand, dans les premiers jours de 1721 (le 17 janvier), l'architecte Betto fit part à M. l'abbé Dumolart de ses obser-

vations sur la nature du sol où gisent les fondations du
monument. Il lui représenta que ce fond de terrain est
d'un sable mouvant, toujours humide, parfois couvert
d'eau et partout peu solide ; que l'expérience l'a
prouvée par les fractures arrivées aux tablettes des
vitraux de deux chapelles, et par la ézarde prolongée
jusqu'au bas des murs qui les supportent ; que la maçonnerie des fondements, faite de moëllons de toutes sortes,
n'était pas assez solide, que l'élévation des murailles
s'était opérée avec trop de rapidité et sans soins, qu'en un
mot, ont avait visé bien plus à l'économie qu'à la solidité,
d'où il concluait au danger de poser, sur une pareille base,
un dôme de proportions considérables.

Par surcroît et pour donner plus de poids à sa décision,
le même architecte Betto réunit ses collègues Guesnon et
Révérend, auxquels il adjoignit le sieur Marchal, aussi
architecte et conducteur des bâtiments de S. A. R. à Lunéville, pour juger de la valeur des remarques qu'on vient
de lire, et, de plus, examiner avec lui les piliers et les arcs
doubleaux destinés à supporter le dôme projeté. Visite faite
de ces supports, il fut décidé, à l'unanimité, qu'on ne
pouvait, sans risques sérieux, élever sur leur tête une
construction qui, d'après le projet, devait avoir quinze
toises de hauteur, à prendre du dessous des arcs doubleaux
jusqu'au-dessus de la lanterne ; que ces arcs étaient trop
faibles et mal préparés, que les piliers eux-mêmes sur
lesquels reposerait toute la masse n'avaient pas la solidité
requise, l'extérieur seul étant en pierres de taille, tandis
que l'intérieur n'était qu'en moëllons ordinaires ; qu'enfin
la toiture ayant d'élévation une dizaine de pieds en sus de
ce que portait le devis, le dôme se trouverait en partie
enseveli dans les combles et perdrait de son élégance, si

l'on n'avisait à le dégager par des moyens qui, à leur tour, ne seraient pas sans de graves inconvénients. La conclusion de ces nouveaux experts était naturellement encore la simplification du plan de Mansard.

Cette seconde décision, pas plus que la première, ne persuada l'abbé Dumolard qui sollicita et obtint une troisième expertise. Par ordre de S. A. R., M. de Boffrand, son premier architecte, se rendit à la primatiale, où, après avois pris connaissance des décisions motivées qu'on vient de lire, il procéda lui-même, en présence de ses collègues Guesnon et Betto, de l'entrepreneur Gabory et de l'abbé Dumolart, à une nouvelle investigation des diverses parties du monument jusqu'alors exécutées. Après un minutieux examen et l'audition des conducteurs de l'entreprise, le 22 avril de cette année 1721, il rédigea son procès-verbal par lequel il déclara :

1º Que les deux fractions de murs extérieurs ne portent aucun préjudice à la solidité de l'édifice ;

2º Que les fondations n'offrent aucun indice de mauvaise construction ;

3º Que le bâtiment a été commencé, savoir : les fondations en 1702 ; les murs hors du rez-de-chaussée en 1708 et montés jusqu'à la hauteur des impostes des arcades de la nef ; et en 1709 jusqu'au-dessous de l'entablement de l'ordre corinthien à l'intérieur ;

4º Que les travaux ont été suspendus jusqu'en 1715 qu'on a élevé la construction jusqu'à la corniche des piédestaux, sur laquelle porte la première retombée de la voûte ; qu'en 1716 et 1717 on en a poursuivi l'élévation jusqu'au-dessus de l'entablement destiné à recevoir la charpente de la nef, du chœur, du transept et fait la couverture sur ces diverses portions ; qu'en 1720 on a posé des arcs doubleaux du dôme et fait les voûtes en totalité, de sorte que les fondations et murs d'élévation ont eu le temps de se consolider, ainsi qu'il l'a remarqué par les tranchées qu'il a fait faire au long des murs de la nef, et que l'on ne remarque dans l'ensemble aucun tassement ni aucun dérangement partiel.

Nous estimons aussi, continue de Boffrand, que les quatre arcs doubleaux de la croisée de l'église, en l'état qu'ils sont présentement..... ne sont pas suffisants pour porter le dôme, dont tout le poids pèse sur eux et sur la saillie des pendentifs ; que cependant ce dôme nous paraît nécessaire pour la dignité et la décense de cet édifice, et sans lequel il n'aurait, extérieurement, sur les autres édifices de la ville, aucune apparence ni distinction ; que pour l'élever avec solidité et sûreté, il est nécessaire de démolir lesdits arcs doubleaux jusqu'à la hauteur où sont actuellement les pendentifs et plus bas s'il est nécessaire, en cas que l'on reconnaisse après la démolition que l'appareil n'en soit pas suffisant ; qu'il est nécessaire de donner aux voussoirs des arcs doubleaux de cinq à six pieds de coupe et de les relier par des crossettes ou assises des pendentifs ; qu'il est nécessaire de laisser un peu d'espace entre le dessus des archivoltes et le dessous de l'architrave de l'entablement circulaire au bas du dôme, afin de donner plus de coupe aux voussoirs du milieu de l'arc.....

Il est à remarquer que le comble de ladite église, ayant présentement trente pieds de hauteur, au lieu de quinze environ que marquaient les premiers dessins, il est nécessaire d'élever à proportion la maçonnerie du stylobate qui qui porte le dôme, pour qu'il ne paraisse point engoncé dans la rencontre des combles et que les appuis des vitraux du dôme soient en glacis, en sorte que les pointes desdits combles n'en offusquent pas les jours, suivant les règles d'optique.

Et attendu qu'il nous a été dit que sous les quatre arcs doubleaux de la croisée de l'église, la fondation n'a pas été continuée ainsi que dans le vide des autres arcades de l'église ; nous estimons qu'il est nécessaire de remplir lesdites fondations de maçonnerie dans la largeur des quatre piliers, depuis le bon fond jusqu'au rez-de-chaussée, afin de diminuer par ce moyen la grande hauteur de ces piliers et les entretenir dans un état plus stable.

Informé des résultats de l'expertise de son premier architecte, Léopold fit mander à Lunéville les sieurs abbé Dumolart, Betto, Guesnon et Gabory, pour conférer avec les sieurs Cléret, contrôleur de ses bâtiments, Christophe Marchal, conducteur, Jean Marchal, appareilleur de ces ouvrages de maçonnerie, sur la possibilité d'élever le dôme projeté.

Après avoir entendu le sieur Betto sur ce qu'il soupçonnait le fonds de manquer de solidité, la lecture du procès-verbal de la visite du sieur de Boffrand, le 22 avril précédent, examiné les plans et profils dressés par le même architecte, suivant les modifications indiquées dans le document précité, les experts concluent unanimement à l'affirmation, moyennant la scrupuleuse exécution des moyens qui venaient de leur être proposés. Si ces moyens ne furent pas employés, si le dôme n'exista jamais qu'en projet, il est présumable qu'il ne le faut attribuer qu'au surcroît de dépenses qu'auraient exigé les modifications proposées par l'habile architecte, et reconnues indispensables par des connaisseurs instruits et consciencieux.

C'est donc à tort que Lionnois a écrit (*Histoire de Nancy*, t. III, p. 282), que l'abbé Dumclart, impatient de voir la fin

de l'ouvrage, qu'il avait suivi pendant plus de quinze ans,
et qu'il suivit encore autant d'années après, dit un jour au
duc Léopold que les fondations ne soutiendraient pas un
second ordre ; que le prince le crut et ordonna de couvrir
et de faire les voûtes. Le respectable économe avait, au
contraire, tellement à cœur l'achèvemenl parfait de la
basilique, à la construction de laquelle il avait consacré la
meilleure partie de son existence, que vingt ans après
l'entière confection de la coupole, le 15 juin 1742, il adressait au roi de Pologne de très humbles remòntrances, dont
voici un extrait :

Le bâtiment de la nouvelle primatiale, de l'ordre corinthien, a été réglé et résolu avec un dôme magnifique, suivant les plans et dessins dressés par M. Mansard, appelé à
ce sujet, et qui ont été remis à M. de Bouzey. Si cette église
en était privée, elle n'aurait rien au-dessus des églises de
France en réputation.....

Les tours de Saint-Paul de Londres n'approchent pas
celles de la Primatiale, qui surpassent ces premières en
délicatesse et en hauteur ; mais leur distance enlève une
partie de leur beauté, construites qu'elles ont été pour
avoir un dôme qui remplirait le vide.

Les plans, dessins, profils et élévation du dôme, remis à
M. de Bouzey, et celui de M. de Boffrand, ci-joint, qui rec-
tifiera le premier dessin de M. Mansard, particulièrement
pour la hauteur et la charpente..... feront l'admiration des
connaisseurs.

La dépense irait à 150,000 livres, et l'on mettrait quatre
ans pour la construction, afin d'agir avec mesure et prévenir les dangers. Mais, en même temps, l'abbé Dumolart
indiquait le moyen de réaliser le montant de cette dépense ;
de plus, il offrait un fonds de 6,000 fr., dont la rente 5 %

serait destinée à l'entretien du dôme, à la décharge de la fabrique.

Le digne économe ne s'arrêta pas encore à ces remontrances, l'année suivante (1743), il rédigea un nouveau mémoire de ce qu'il estimait devoir être fait pour donner à la nouvelle église un aspect plus monumental. Il lui voulait une longueur proportionnée à sa largeur, par conséquent un prolongement du chœur de 14 à 15 pieds de roi, deux nouvelles ouvertures du côté de l'abside, un supplément de six stalles de chaque côté, et par ce moyen, l'assainissement de ce chœur, la mise en état des chanoines de *louer Dieu en santé*, la *conservation du prélat,* et l'élimination des inconvénients du dépôt de la châsse de saint Sigisbert au-dessus du siège primatial. Si, dans les motifs sur lesquels l'abbé Dumolart appuie son projet, il en est qui provoquent le sourire, on en trouve de plus sérieux, et qui révèlent certains détails intéressants.

En l'exécutant : les plans, dessins, dépenses et dispositions faites par les sieurs Boffrand et Betto, architectes, suivant les ordres des ducs Léopold et François et particulièrement ceux de S. A. E. le prince Charles, primat, qui a donné pour la construction de l'église au-delà de 600,000 livres, seront effectués. Les intentions de ces grands princes ont été qu'il serait construit un baldaquin dans la croisée à gauche, près de l'autel des reliques; en conséquence, le sier Betto a fait faire le fondement pour rétablir le baldaquin qui subsiste dans l'ancienne église, fait pour le seigneur-primat Antoine de Lenoncourt, sur lequel la châsse du saint a reposé, jusqu'à ce qu'il a plu à MM. les administrateurs des derniers ouvrages de la placer dans le chœur. Cette position, telle qu'elle est actuellement (1743), est désapprouvée du public qui ne la voit pas à découvert,

enfermée qu'elle est dans un coffre sur lequel on s'est
contenté d'écrire en lettres d'or : *Corpus sancti Sigisberti.*
Le prétexte de faux jours et la crainte du froid ont fait
fermer des vitraux qui donnaient du jour au chœur ; mais
il faut avouer que c'est insulter à la mémoire de M. Mansard, qui a donné le plan de cette église et l'a fait approuver par les plus fameuses académies d'architecture de
France et d'Italie.

On a affaibli le gros mur qui ferme le chœur afin d'y
pratiquer un escalier pour lequel monter, on a fait une
porte dans la menuiserie qui appuie et soutient la chaire
du seigneur primat, inconvénient très intéressant pour sa
santé..... Il y a toujours une distance entre cette porte et
la menuiserie ; l'air qui y pénètre et s'y corrompt investit
le seigneur primat de tous côtés et lui causera une maladie. Ce vide de trois pieds et demi de profondeur et de
trente de hauteur servira de retraite aux chauves-souris,
aux chouettes et autres oiseaux nocturnes, mauvais
accompagnement à la relique du saint et au seigneur
primat.

Depuis Pâques jusqu'à l'Ascension et dans les calamités
publiques, on descend, au moyen d'une manivelle, la
châsse qu'il faut remonter ensuite. Elle repose complètement sur le couronnement de la chaire du prélat ; s'il
arrivait qu'un cran de la manivelle vînt à se détraquer, la
châsse, suspendue en l'air, tomberait, et si le prélat était
dans sa chaire.....

Pour la commodité du chœur, le petit orgue de l'an
cienne église devait être placé dans la croisée à gauche,
vis-à-vis la relique de saint Sigisbert..... Un facteur offrait
de confectionner un grand orgue pour 12,000 livres.....
l'administrateur n'a pas accepté..... il a préféré des cloches.

Le dôme avait été sérieusement entrepris, puisque d'après un règlement de compte arrêté entre les architectes de Boffrand et Guesnon, le 18 mai 1722, l'économe dut payer aux entrepreneurs une somme de 385 livres 2 sols pour perte de pierres déjà taillées et mises en place, et pour main-d'œuvre des ouvriers. L'exécution en ayant été abandonnée, comme nous l'avons dit, on se réduisit à le remplacer par une coupole qui serait ornée de peintures, et on y mit la main sans désemparer. La charpente en fut achevée en 1722. Le 1ᵉʳ décembre de cette même année, Claude Jacquart, héraut d'armes, peintre de S. A. R., souscrivit l'engagement de faire, moyennant 2,000 livres tournois, la peinture de l'entrados de cette coupole, suivant le dessin qu'il en avait lui-même composé, et qu'il soumit à l'approbation de Léopold. Il estima que les dépenses accessoires, comme achat de carton, couleur, huiles et autres, dépasseraient 1,800 livres, et de fait il lui fut délivré 100 livres pour l'outremer seulement, qu'il employa aux pendentifs.

Il n'est pas sans intérêt de connaître les principaux détails de la composition de Jacquart, et des précautions dont il s'environna pour donner à son œuvre toute la perfection désirable.

Le dessin, a-t-il écrit, représentera la gloire céleste, dont le sujet principal est la Ste-Trinité. L'esprit-Saint, sous la forme de colombe, éclairera tout l'ouvrage, Dieu le père et Dieu le fils seront assis sur des nuées et environnés d'anges. Au-dessous, la Ste Vierge assise, présentant à la Trinité saint Sigisbert, dont le corps reposera dans l'église, et saint Charles Borromée, patron du primat fondateur. Entre ces deux groupes, seront saint Jean-Baptiste, ensuite saint Etienne et d'autres martyrs.

Viendra l'ancien Testament figuré par Adam et Eve, les patriarches, les prophètes, les sacrificateurs, jusqu'à Moïse et Adam.

Le nouveau Testament sera représenté par saint Pierre, saint Paul et les autres apôtres ; dans un autre groupe, par quatre docteurs de l'Eglise, les saints Athanase, Grégoire le Grand, Jérôme et Ambroise.

Les vides laissés par ces principaux groupes seront remplis par plusieurs saints martyrs et confesseurs, et par des anges de différente grandeur et portant, les uns, des palmes pour les martyrs, et les autres, des couronnes pour les vierges.

Dans les pendentifs qui ont 39 pieds et plus de longueur, et plus de 22 de hauteur, seront représentés les quatre évangélistes avec leurs attributs et d'autres sujets analogues pour remplir la superficie.

Ce plan primitif a dû être modifié pendant l'exécution. M. le chanoine Rosières, alors directeur des sacristies de la Cathédrale, qui a étudié cette belle fresque, en a fait une description qu'il n'est pas hors de propos de conserver, dans l'hypothèse d'une restauration qui serait fort à désirer.

(Depuis lors, une restauration complète et intelligente de cette coupole a été faite par M. G. Save.)

Au centre, la sainte Trinité ; plus bas, la sainte Vierge, saint Jean-Baptiste, l'archange Michel, saint Sigisbert. A côté d'Adam et d'Eve, plusieurs patriarches entre lesquels Noé tenant élevé, à côté de l'arche, le rameau d'olivier ; plus loin, le sacrifice d'Abraham et Melchisédech. Du côté opposé à ce groupe et faisant face à Adam, Moyse tenant les tables de la loi ; à sa droite, Job, Tobie, David tenant sa harpe, Judas Machabée et au-dessus, le prophète Elie

enlevé au ciel sur un char de feu. A droite encore, en
regardant du milieu de la nef, les apôtres entre lesquels on
distingue les saints Pierre et André, puis à leur suite, les
martyrs, les docteurs désignés par le peintre, et avec eux
saint Charles qu'il a sans doute jugé mieux placé que dans
son premier dessin. A l'ombre d'une aile de l'un des anges
groupés au-dessous de saint Sigisbert, on aperçoit, dans
un médaillon, un personnage à longue chevelure, c'est
Jacquart lui-même qui, ayant à peupler un ciel, ne pouvait manquer de s'y ménager une place.

Après l'indication sommaire du plan général de sa
composition, l'artiste expose 'les moyens qu'il compte
mettre en œuvre pour le bien exécuter :

L'esquisse coloriée que je fais, a-t-il écrit, a près de 12
pieds de hauteur..... j'étudie séparément toutes les parties
les unes des autres, pour me guider tant dans l'ensemble
que dans le coloris, et donner à l'ouvrage une harmonie
aussi parfaite que possible. Il faut, en outre, faire les cartons de même grandeur que l'ouvrage lui-même, les dessi-
ner avec exactitude, en colorier à la détrempe les parties
principales et les mettre en place pour juger, depuis le
rez-de-chaussée, de l'effet produit à distance.

L'esquisse et les cartons coloriés me coûteront beaucoup,
a-t-il ajouté, d'autant qu'il me faut presque constamment
un modèle à qui je donne 50 sols par jour.

De nouveaux détails ne nous paraissent pas moins intéressants. On lit toujours avec profit ce qu'ont pensé, ce
qu'ont dit, ce qu'ont fait des artistes d'élite, d'autant plus
défiants d'eux-mêmes, d'autant plus soucieux de s'identi-
fier avec les sujets qu'ils avaient à traiter, d'autant moins
présomptueux qu'ils comprenaient mieux les effets à pro-

duire et les difficultés à vaincre pour imprimer à leurs
œuvres le sceau du génie :

Pour faire une bonne fresque, il faut ne faire enduire
que ce qui peut être peint dans la journée; ce qui, avec la
fourniture de la chaux et du sable, exige la présence con-
tinuelle d'un maçon à côté du peintre. Avant d'appliquer
la peinture sur les pendentifs et afin de la soustraire à
l'action de la pierre, il est indispensable d'enlever le mor-
tier-des joints, de le remplacer par un bon mastic, et de
donner au moins quatre couches d'une couleur à teinte
claire.

Il faudra trois années, dit encore Jacquart, pour faire le
travail comme je me propose de le faire. Deux étés pleins
pour le dôme, huit mois pour les pendentifs, sans compter
le temps d'hyver que j'emploierai à étudier la manière de
rendre l'ouvrage plus parfait, car les plus petites figures
seront deux fois plus grandes que nature, et les plus
grandes auront, quoique assises, près de seize pieds de
hauteur.

Claude Jacquart avait traité de la peinture de la coupole,
avec l'économe de la primatiale pour la somme que nous
avons indiquée ; mais il résulte d'autres documents
extraits par Henri Lepage, des comptes des receveurs et
des trésoriers généraux de Lorraine, que notre artiste a été
plus largement rétribué. Nous en reproduisons seulement
ici la partie la plus curieuse.

Jacquart qui, probablement, n'avait souscrit à l'abbé
Dumolart un engagement à prix réduit, que parce qu'il
était assuré d'une raisonnable compensation d'autre part,
adressa au duc Léopold une requête dans laquelle, après

avoir reproduit en abrégé la plupart des détails qu'on vient de lire, il s'exprime en ces termes :

« Claude Jacquart ose dire sans prévention que tous les peintres et connaisseurs de ce pays qui l'ont veu et même le sieur Bibiani, fameux peintre italien (auquel on peut demander le sentiment), avouent publiquement qu'il n'y a point dans ce pays d'ouvrage de cette sorte ny mieux exécuté quoique très difficil et très fatiguant ; ainsy Jacquart a-t-il donné toute son attention pour le perfectionner, s'en faisant un point d'honneur.

Toutes ses études et cet ouvrage l'ont déjà tenu un an entier, il a fourni toutes les couleurs et autres choses nécessaires, payé de ses deniers les massons qui ont enduits et les manœuvres qui ont fait le mortier et changé souvent les échaffaux.

Votre Altesse Royale lui fit l'honneur de luy dire qu'il tire ce qu'il pourrait du sieur abbé du Molar et que le surplus elle luy ferait donner à mesure que l'ouvrage s'avanceroit, il n'a touché jusqu'à présent du dit abbé que douze cent livres, lui ayant dit qu'il ne pouvait lui donner que deux mille livres en tout, et Votre Altesse Royale luy a fait donner Trois cents livres, ainsy c'est quinze cent livres que le remontrant a perceu jusqu'à présent, ce qui ne suffit pas pour les frais qu'il a fait sans comprendre ses peines, il a la moitié de ladite calotte à faire à fresque, et les quatre angles à l'huile, l'impression desquels coûteront plus de quatre cents livres sans les couleurs et les peines pour l'exécution. C'est pourquoy il supplie très humblement Votre Altesse Royale qu'elle ait la bonté de luy faire délivrer l'argent nécessaire pour continuer le dit ouvrage, en faire les avances nécessaires, les études et à l'aider à subsister pendant l'hyver qu'il y sera occupé et il redoublera ses vœux au Ciel pour la conservation du règne de Votre Altesse Royale. »

En conséquence de cette supplique, Léopold fit donner à Jacquart, le 16 novembre 1724, un acompte de 300 livres, et le 11 août 1727, un autre acompte de 500 livres.

M. de Boffrand était venu à Lunéville. Jacquart supplia le duc de faire examiner et estimer par cet habile architecte, l'ouvrage qu'il avait exécuté à la primatiale de

Nancy, ce que Léopold accorda le 23 mars 1728. M. de Boffrand formula le résultat de son expertise comme on va lire :

« Nous soussigné, premier architecte des bâtiments de Son Altesse Royale, suivant l'ordre cy-joint, après avoir examiné la coupole de la Primatiale de Nancy et les pendentifs au-dessous, le tout peint par le sieur Jacquart, avons estimé ledit ouvrage de peinture à la somme de Treize mille livres, sur laquelle somme sera déduit les sommes qu'il a reçu à compte. Fait à Lunéville le deux avril mil sept cent vingt-huit. « Signé Boffrand. »

Son Altesse Royale s'est chargée du paiement des ouvrages dont s'agit, déduction faite des deux mille livres dont le sieur Dumolart était convenu avec l'artiste ; et de fait, Jacquart, sur l'ordre de Léopold, contresigné Rutant, reçut à Lunéville le 27 août 1728, des mains du sieur Antoine, trésorier-général des finances, la somme de Huit mille neuf cents livres pour compléter celle que le sieur de Boffrand avait fixée dans son estimation.

Ainsi, le gigantesque ouvrage de peinture que l'on admire dans la Cathédrale, n'a été payé que 13,000 livres, qui feraient aujourd'hui un peu plus de 26,000 francs.

L'œuvre de Jacquart touchait à sa fin, quand le 5 juin 1725, les sculpteurs Dumont et Chauvel commissionnèrent et soumissionnèrent moyennant 600 livres, la confection de la frise qui forme la corniche de la coupole au-dessus des arcs doubleaux, et qui consiste en 32 consoles et autant de panneaux proportionnés, suivant les modèles fournis par MM. de Boffrand et Guesnon. Nicolas Castal, dit Pinceau, qui l'année précédente avait doré la croix de Lorraine, la boule et les ornements du balcon de la première tour, pour 270 livres, se chargea de peindre cette corniche, les ornements d'architecture qui la décorent et les arcs boutants voisins, selon qu'il lui serait indiqué, et d'avoir terminé sa tâche pour la fin d'octobre (il avait traité le 23 août 1727). De fait, Jacquart accepta le travail de Castal le 5 novembre et lui fit compter 450 livres de prix convenu.

Déjà nous avons eu occasion de remettre en lumière les noms de plusieurs personnages tombés dans l'oubli et qui cependant s'étaient fait, par leurs connaissances et leurs travaux, une réputation méritée. En traitant des sculptures exécutées dans la primatiale, nous aurons la jouissance de raviver la mémoire d'une pléïade d'artistes, presque tous Nancéiens, dont les ciseaux, sans égaler ceux des Bagard et des Drouin, ont accompli des œuvres qui attestent un vrai talent.

Les travaux de sculpture pour la nouvelle église ont commencé en 1709. Le 29 juillet de cette année, César Hennequin, de Nancy, a présenté un chapiteau corinthien à feuilles d'olivier comme spécimen de ceux qui surmonteraient les pilastres dans le pourtour intérieur du monument. Pour ce travail, il a reçu 88 livres 15 sols. A lui aussi on doit plus de trente roses agencées au-dessous des archivoltes des collatéraux, les chapiteaux des quatre colonnes et des pilastres qui se dressent en avant du portail.

Marc Pousset avait présenté un modèle de chapiteau qui ne fut pas accepté ; mais il en a sculpté seize à 10 livres pièce pour les pilastres du pourtour intérieur, probablement copiés sur ceux de Hennequin.

Bordenave a préparé plusieurs modèles en cire pour diriger la sculpture des bossages, le tout pour vingt livres.

Du mois de janvier 1710 à la fin de décembre 1715, les mêmes, Hennequin et Pousset, auxquels s'étaient joints Joseph Dieudonné et Marc Chauvel, ont sculpté 21 chapiteaux à 40 livres pièce, et de plus ébauché plusieurs de ceux qui devaient supporter le dôme; mais ces derniers furent jugés inacceptables par le sieur Renard, sculpteur de S. A. R., en conséquence de ce que les confectionneurs n'avaient pas eu sous les yeux de bons modèles, et surtout que leur salaire était insuffisant.

Ces sculpteurs ont néanmoins continué les travaux de leur art avec leurs confrères Gouverse, Mesny, Lemer et Menuet, non pas de compagnie, mais partagés en divers groupes pour soumissionner, comme par lots, les différents morceaux à façonner conformément aux devis. Ainsi, en 1718, Gouverse et Chauvel ont entrepris 41 chapiteaux du portail et des tours, 214 roses pour l'entablement du fronton, les quatre chapiteaux des piliers qui supportent la coupole et toutes les roses des arcs doubleaux de l'intérieur de l'édifice, à cinq livres l'une.

En 1723 et 1724, Mesny et Chauvelont ont attaqué les chapiteaux d'ordre composite de la face extérieure du transept et du sanctuaire, les vases à poser sur chacun des angles des tours, à 25 livres la pièce, les chapiteaux des colonnes et des pilastres du 3e ordre d'architecture du portail et d'autres pièces encore.

En 1725, Lemer a travaillé aux chapiteaux et autres pièces ouvragées de l'attique et de la lanterne de la seconde tour.

En 1726, Mesny, Dieudonné et Menuet ont commencé la sculpture des bossages préparés, dans l'intérieur de l'église, sur les pendentifs existant entre les archivoltes des arcades et l'architrave de l'entablement corinthien, tant de la nef que des autres portions de l'église, moyennant 375 livres par arcade. Les sujets à représenter étaient, pour chacune d'elles, composés d'un groupe de têtes

d'anges environné de nuages et de rayons au sommet de
l'arc, et de deux anges au naturel portant des attributs
emblématiques de la Sainte Vierge. Cette dernière condition a été rigoureusement observée sur tous les pendentifs
de la nef.

Ainsi, au-dessus de la première travée à gauche en entrant, le premier ange tient une branche d'olivier et le
second un bouquet de roses ; à la même travée de droite,
le premier ange : un soleil levant ; le second, une tour
crénelée ; pour la seconde travée à gauche, une arche d'alliance, une horloge ; pour la parallèle à droite, une palme,
un lys épanoui ; pour la troisième travée à gauche, un
ciboire, une rotonde, un temple ouvert ; pour le vis-à-vis,
un couronne de roses, une étoile. Au-dessus des hautes
arcades du transept ouvrant passage sur les sacristies, on
voit sur celle de gauche en allant vers le sanctuaire et faisant face au visiteur, deux anges tenant des couronnes,
sur celle de droite, deux autres anges offrant des guirlandes de fleurs ; vis-à-vis et de chaque côté, des anges en
différentes postures d'adoration.

Dans la chapelle du Sacré-Cœur, l'un des anges tient à
la main une branche de laurier, symbole de victoire :
l'autre présente de la main droite une palme, et de la
gauche tient une sorte de livre, peut-être le *liber vitæ*. Dans
la Chapelle de Notre-Dame de Bonne nouvelle, l'un des
anges semblent montrer le ciel à l'autre qui exprime le
désir d'y retourner.

Comme ceux de la nef, les pendentifs qui dominent les
deux travées reliant le transept au sanctuaire sont ornés
d'anges, mais sans attributs symboliques. Ceux du côté de
l'épitre sont dans une attitude contemplative ; des deux
autres, du côté de l'évangile, au-dessus de l'orgue d'accom-

pagnement, l'un semble parler du sacrement de l'autel à
l'autre qui l'écoute, les mains croisées sur la poitrine.
Enfin, la baie du fond de l'abside est couronnée par deux
anges portés sur des nuages et comme devançant, dans
son vol majestueux, le céleste messager en ronde bosse
qui les domine, les ailes éployées, et qui tient des deux
mains une couronne dont il n'a ceint le front d'aucun
primat, qu'il n'a pas déposée sur la châsse de Saint Sigisbert, pour la réserver sans doute à la reine du ciel, dont
l'image vénérée occupe aujourd'hui la place des reliques
du bienheureux roi d'Austrasie.

Deux des sujets étaient seulement achevés, lorsqu'au
mois de septembre de la même année, Menuet offrit
de les continuer seuls, avec réduction de 39 livres sur
le prix convenu en premier lieu, à condition néanmoins
qu'il lui serait fourni le plâtre nécessaire, l'échafaudage,
et laissé deux ans pour l'exécution de toutes les sculptures
des pendentifs de la nef. (Il a reçu pour cette partie des
sculptures 2,016 livres.) C'est donc à ce sculpteur que l'on
serait en droit de reprocher de n'avoir pas assez propor-
tionné, entr'eux, les attributs symboliques de la sainte
mère de Dieu qu'il a placés dans les mains des anges aux
ailes déployées, ainsi : un ciboire relativement aussi volu-
mineux que la rotonde qui lui fait face ; une horloge dont
le cadran a de hauteur plus du double de l'arche d'alliance
de vis-à-vis et d'autres encore.

Au ciseau de Mesny sont dues les figures d'anges sculptées au dessus du vitrail du fond de l'abside, les sujets qui
couronnent les autres vitraux, ceux des clefs des arcades
des collatéraux dont les dessins lui avaient été envoyés de
Paris par de Boffrand, encore les trophées de musique qui
ornent les deux panneaux de la tribune de l'orgue, mais

ceux-ci d'après les dessins de l'architecte Jennesson. Pour ce dernier travail, exécuté en 1739, Mesny a reçu 300 livres.

L'espace entre le vitrail de l'abside, et celui de chaque côté du chœur ayant paru trop dénudé, on résolut en 1728 d'y simuler, en plâtre, deux vitraux dans le style des voisins. Les sieurs Husson, plâtriers, se chargèrent de cette opération moyennant 90 livres, et le sieur Menuet confectionna les gloires des cintres et les guirlandes qui s'en échappent de chaque côté.

De ce que les bossages des sculptures, dont il vient d'être question, aient dû être en pierre de Savonnières, il n'en faut pas conclure que les sujets représentés soient exclusivement composés de cette matière. Ces bossages n'étant pas suffisamment épais pour fournir les parties de ces sculptures qui se détachent en demi-bosse, les sculpteurs y ont suppléé par le plâtre dont ils ont employé une grande quantité, et qu'ils ont soutenu au moyen de nombreux crampons préalablement scellés dans les tailles.

Avant de laisser mettre les sculpteurs en chantier, le 19 février 1724, l'architecte Gabory avait eu la précaution de faire repolir, à la ripe et au riflard, les archivoltes de la nef, des collatéraux et des chapelles, et raccorder toutes les parties endommagées, afin de rendre, à la surface des murs, toute sa native propreté.

En 1725, le 15 janvier, Mesny, Menuet et Dieudonné ont soumissionné la sculpture des stalles du chœur et de la chaire du prélat, moyennant une somme totale de 3,700 livres. D'après les dessins envoyés par de Boffrand, devaient être sculptés, dans les ovales ménagés au milieu de chaque pilastre des lambris, au dessus des stalles, quatorze figures représentant Notre-Seigneur, la Sainte Vierge et les douze apôtres, les deux premières de profil, placées du côté de la chaire primatiale, et les douze autres à la suite, six à gauche et autant à droite. Mais cette disposition primitive a été changée, elle a subi une modification peu réfléchie et même irrespectueuse.

D'après le projet de Boffrand, la principale richesse des stalles devait surtout consister en un ordre d'architecture corinthienne, avec panneaux contournés et sculptés, lambrequins et consoles. Le nombre des pilastres porté de 14 à 22, augmentait de 8 celui des médaillons et réclamait autant de nouveaux portraits qu'il était facile d'ajouter, tout en conservant à chaque sujet le rang que lui assignait le personnage qu'il est censé représenter. Or, les deux principales figures, celles du Seigneur et de sa Sainte Mère se trouvent reléguées sur le flanc antérieur des piliers les plus rapprochés du chœur, si bien qu'elles y restent à peu près inaperçues. Suivent, en diverses attitudes, les têtes des douze apôtres, presque toutes de trois quarts, puis en se rapprochant de la stalle majeure et de chaque côté, quatre figures de profil qui la regardent, mais sans permettre qu'on leur imposât un nom certain.

Le baldaquin du siège primatial était surmonté d'un cartouche soutenu par deux anges, et portant au milieu les armes du Seigneur primat. Cet ornement a disparu à la Révolution ; il aurait dû, plus tard, céder la place à la statue de la Sainte Vierge, que l'on voit aujourd'hui à l'abside, et dont nous parlerons en son lieu.

Il aurait été primitivement question de composer l'autel principal d'un massif de maçonnerie posé sur pilotis et d'un revêtement en bois sculpté. De fait, en 1725, on prépara le massif auquel en 1733, on donna plus de longueur par l'addition de seize pieds de parements. En 1729, Mesny avait soumissionné la sculpture du revêtement d'après les dessins préparés par l'architecte de Boffrand. Nous en dirons quelques mots plus tard.

Pour grouper en un seul chapitre toutes les œuvres de sculpture et marquer à quels ciseaux elles appartiennent, nous ajouterons qu'en 1734, Mesny se chargea de façonner les chapiteaux colonnes ou pilastres du troisième ordre du portail, moyennant 500 livres ; qu'en 1735 Dieudonné s'est engagé à sculpter sur pierre de Savonnières, en fronton de la façade du portail, les armes de Son Altesse avec les supports et lambrequins, suivant le modèle en terre qu'il en avait préparé et qui fut accepté. Il devait avoir achevé ce travail pour le 1er septembre 1736 et recevoir pour honoraires 1,200 livres en dehors des frais de l'échafaudage et des ferrements qu'on lui procura. En 1738, il entreprit, pour la terminer à la fin de l'année, la sculpture au dessus de la grande porte d'entrée, de deux anges adorateurs, grands de huit pieds, dans une attitude gracieuse, séparés au milieu par une croix sur piédestal, convenablement ornementé, suivant le dessin qu'en avait préparé le sculpteur Mesny, à la condition expresse que tout le bossage serait en pierre de Savonnières, et qu'il n'y serait employé ni plâtre ni crampons. Pour ce dernier travail, il reçut 450 livres au cours de Lorraine. Il a encore sculpté les flammes qui s'échappent des deux candélabres, moyennant 100 livres.

Le sculpteur Mesny et le menuisier Jeannot s'entendirent pour la sculpture des panneaux des trois portes principales de la basilique, conformément aux dessins de l'architecte Guesnon et pour le prix de mille livres.

Sur l'imposte de la porte du milieu devait être représenté, en tire point, un Jéhovah, avec une gloire et des rayons entrelacés ; dans les grands panneaux, des trophées

conformes aux modèles. Sur les impostes des portes laté-
rales, une croix de Lorraine entrelacée de deux L L avec
des palmes croisées au dessous et enroulant la moulure
du cadre. Dans les ovales supérieurs des vantaux, la représentation du mystère de l'Annonciation, et dans les infé-
rieurs des branches de roses et de lys liées en sautoir, le
tout en relief et d'un bossage bien fouillé.

Grâce au marteau, à la hache, au rabot intelligents des
artistes démolisseurs de 93, les impostes, les panneaux et
les médaillons des portes de la Cathédrale n'offrent plus
qu'un plat symbole de l'égalité républicaine ; la croix
supérieure, qu'un simulacre d'autel à la patrie, et le
champ de l'écu où s'épanouissaient les armes pleines de
Lorraine, une sorte de casaque romaine allongée de
lanières en façon de franges, symbole assez naïf de la
prospérité dont les régénérateurs de l'époque avaient doté
le pays.

On doit encore à l'architecte de Boffrand les plans et
profils des stalles et ceux des grandes portes de la Cathédrale dont la confection a eu lieu sous la surveillance du
conducteur des travaux, l'architecte Guesnon, qui en avait
dressé le devis. Le 19 février de l'année 1724, Sigisbert
Jeannot, menuisier, s'est rendu adjudicataire de ces portes
et stalles que nous avons sculptées par anticipation, et
qu'il s'était engagé à terminer dans l'espace de deux ans
et demi, pour une somme d'environ 11,750 livres, au cours
de Lorraine, et seulement de main-d'œuvre, la primatie
lui ayant fait délivrer, pour la confection de ces objets,
2,002 solives de bois de chêne.

Les stalles devaient se composer de la chaire du prélat,
de 36 chaises hautes et de 28 stalles basses, avec leurs
parcloses, dossiers, autres accessoires, et la boiserie supé-

rieure dont, moyennant 100 livres, l'architecte Menuel a profilé la cimaise.

Quatre ans après, le 21 mars 1728, le même Jeannot a entrepris les ouvrages en menuiserie du maître-autel, dont nous avons fait mention ci dessus, et, en 1733, il s'est chargé de la confection des portes de la sacristie, du chapitre et des escaliers qui conduisent aux voûtes. D'après ses quittances, ce menuisier a touché, depuis sa première entreprise jusqu'en 1739 : 13,631 livres, 5 sols, huit deniers, et on lui redevait encore 1,068 livres, 10 sols, 2 deniers.

Le 7 mars 1718, M. l'abbé Dumolart passa un traité avec Jean Baillet, serrurier à Nancy, pour la fourniture de tous les ferrements de grosse et petite serrurerie au bâtiment de la Primatiale, le tout en fer de Béfort ou de qualité équivalente, à raison de trois sols la livre, mis en œuvre et posé selon les modèles et les ordres qui lui seraient donnés. Baillet étant mort en 1722, il y eut, après affiche et publication préalables, une nouvelle adjudication des ouvrages de serrurerie à exécuter, notamment les armatures des 31 grands vitraux, dont le serrurier Fontenoy avait entrepris la confection qu'il ne put continuer.

Les sieurs Louis Desœillets et Barthélemy père et frère, de Lunéville, après une première mise au rabais, et une réduction de 300 livres sur la totalité souscrite par Jean Lamour et Nicolas de Faulx, ont été déclarés adjudicataires, moyennant une dernière concession de 450 livres sur la totalité, à raison de 4 sols 9 deniers par livre de ferrements ordinaires mis en place, et de 6 sols par livre pour les armatures des fenêtres rendues posées selon les dessins de l'architecte Guesnon. On peut évaluer à plus de 60,000 le nombre de livres de fer employées dans le gros œuvre de la Cathédrale, par les ouvriers ci-dessus dénommés, et pour lesquelles ils ont reçu plus de 16 000 livres au cours de Lorráine. D'autres serruriers ont fait encore des fournitures partielles de barreaux, de crampons, de goujons, de clous, et notamment le sieur Pelletier, de Pont-à-Mousson, qui a soumissionné le 16 mars 1718 toutes les broches nécessaires pour la grosse charpente, suivant les modèles de l'architecte Betto, et au prix moyen de 50 sols le cent.

Plus de 60,000 livres de plomb, dont la plus forte partie a été fournie par Louis Briey, quincaillier à Nancy, marché passé le 13 juin 1718, ont été mises en œuvre dans les différentes parties du bâtiment. Ce métal était payé de 18 à 20 sols la livre. Le même industriel s'est aussi engagé à fournir le fer blanc nécessaire, à raison de 7 sols 3 deniers la feuille mise en place, mais sans les clous qui furent payés à part.

Après avoir pris connaissance du devis dressé par l'architecte Guesnon, le 22 avril 1724, Nicolas Stamps, vitrier à Lunéville, s'est chargé du vitrage des 31 fenêtres de l'édifice, avec obligation d'avoir terminé les vitraux de l'ordre supérieur, pour le 1er décembre de cette même année, et ceux de l'ordre inférieur pour la même époque de 1726, le tout en verre de l'usine de Porcieux ou autre de qualité égale, et pour le prix de 14 sols le pied carré.

André Pierlet et Joseph Bertin, maîtres carrieurs, ont souscrit, le 27 juin 1728, la fourniture de toutes les dalles nécessaires pour le pavage intérieur de l'église en bonnes pierres de balain, à raison de 15 livres la toise carrée, mesure de Lorraine. La pierre de Viterne, en quantité de près de 800 pieds, a été employée pour les marches du grand perron et fournie par Joseph Henry, à raison de 9 sols le pied pris sur place. Ces marches ont été taillées et posées en 1738.

En même temps Brody et Morel posaient les marches du sanctuaire et préparaient l'agencement de près de 2,500 pièces de dalles octogones pour le chœur et les environs. L'année suivante 1729, le sieur Jérôme Lemaire, marbrier de Son Altesse, souscrivit l'engagement de fournir 1,500 carreaux de marbre noir, d'environ 5 pouces carrés pour le sanctuaire ; Gouvernel et consorts amenèrent 900 petits carreaux de pierre noire des carrières de Seichamps, auxquels le carrier Valentin joignit ceux qu'il tira des environs de Metz. Le pavage de l'église ne fut terminé qu'en 1734.

L'architecte de Boffrand avait tracé des projets pour le pavé du chœur et d'une partie de la nef, en compartiments de marche blanc et noir.

Par traité du 9 février 1718, Louis Jeanmaire, ardoisier à Nancy, s'est chargé de la couverture en écailles (ardoises), des carrières des environs de Trèves, de la toiture entière du bâtiment et de ses dépendances, à raison, pour chaque toise carrée de Lorraine, de 18 livres tournois, faisant 42 fr. de France. Pour ce travail, achevé vers la fin de 1722, cet entrepreneur a mis en œuvre 69,000 essaims (ou bardeaux), 901 risses (rangée d'ardoises de $2^m,38$ de longueur, et contenant, terme moyen, 350 ardoises) 100,000 clous d'essaims, et pour 680 livres 6 sols de clous d'ardoises.

La matière de cette couverture a coûté au total plus de 9,000 livres et la main-d'œuvre environ 2,000 livres de plus, soit en tout, 20,000 livres.

Les travaux faits aux deux tours en 1717 et toisés en 1718 avaient été soldés par une somme de 16,867 livres 1 sol. Repris et continués successivement par les maçons, les appareilleurs, les tailleurs de pierres et les sculpteurs, ces ouvriers y mirent le bouquet en 1723, M. l'abbé Dumolart leur donna 19 livres pour boire ; mais il ne pouvait être question que de la partie inférieure de ces deux élévations, à l'exclusion des attiques qui ne furent commencées que sur la fin de 1724. Dès le mois de février de cette année, on avait amené 500 pieds de pierre de roche, des carrières de Buthgnémont, pour les trompes qui furent placées, dans les derniers jours d'avril, quatre à chacune des deux tours, et depuis la même époque, jusqu'à la fin de 1725, on tira des carrières de Pont-à-Mousson, 29,000 pieds cubes de taille pour la construction des attiques.

Avant de terminer la première tour, on eut la précaution d'en essayer un modèle en bois d'après un dessin de Boffrand (1), pour s'assurer par avance de l'effet que produirait sur place l'ensemble de la construction. Elle dut être complètement achevée en 1725. En effet, sur la fin de juillet, le peintre Castal reçut 179 livres 2 sols 6 deniers pour avoir doré la boule, la croix de Lorraine, le panonceau de la flèche qui la surmonte, et les fuseaux du balcon qui environne la lanterne au-dessus des corniches du dôme. Selon toute apparence, on avait par trop accéléré la besogne, puisque, en 1736, il fallut songer à consolider, par un cercle de fer, la boule que le vacillement de la verge avait fendue, et sceller de nouveau en plomb la tige qui

(1) Un dessin original de ce maître de l'art, représentant la face et la coupe de la partie octogonale des tours, porte le paragraphe suivant : Elévation et profil d'une des tours de l'église primatiale de Nancy, au-dessus des trois ordres qui sont primitivement faits pour être exécutés en pierre de taille jusqu'au haut de ladite tour, suivant les ordres de Son Altesse Royale, fait à Lunéville, le 21 octobre 1723 (signé) Boffrand.

(Notice par M. Morey, *Mémoires de l'Académie de Stanislas*, année 1865, page 220.)

n'a pas moins de 28 pieds de hauteur. La même opération dut être faite également à la seconde tour qui fut entreprise et achevée dans les années 1725 à 1730. En 1733, 1734 et 1735, plusieurs ouvriers charpentiers ont confectionné et posé les escaliers destinés à conduire aux divers étages des deux tours, les contre-vents en planches, pour en fermer les ouvertures, et les deux beffrois pour la suspension des cloches, dont l'architecte Jennesson avait dressé les plans et profils, après avoir visité les beffrois de la cathédrale de Toul.

La suppression forcée du dôme entraîna la modification du portail tel que Mansard l'avait conçu, tel que de Boffrand l'avait dessiné. Avec ce dôme s'élançant du transept à la hauteur de 90 pieds, l'obélisque placé entre les deux tours, environné à sa base de statues emblématiques (1), orné au centre du cadran de l'horloge entouré de riches sculptures, couronné par un ostensoir rayonnant, sur-monté d'une croix, cet obélisque était artistement propor-tionné; il divisait l'espace qui sépare les deux tours, mais sans rien effacer du dôme dont il conservait toute la pers-pective et dont il formait comme un avant corps. Mais ce dôme n'ayant pu être prudemment construit, pour le motif que nous avons dit, l'obélisque de Boffrand ne pouvait plus à lui seul dissimuler l'écartement des tours. On l'eut bien vite reconnu par expérience, car il avait reçu un commen-cement d'exécution. Nous l'avons appris par le traité passé le 31 août 1727, entre l'abbé Dumolart et les carrieurs

---

(1) La foi, la charité, la force, la prudence, la justice, la tempérance.

Dans les deux niches où sont aujourd'hui les statues des saints Man-suy et Sigisbert, obtenues du gouvernement par Mgr Darboy, devaient être les deux personnages du mystère de l'annonciation : la Vierge à droite et l'archange Gabriel à gauche.

Sarrazin et Frison pour la fourniture des tailles nécessaires à cet usage. En 1730, Mme Régente avait ordonné qu'on avisât un sujet qui serait en harmonie avec l'architecture du portail des tours. Conformément à cet ordre, l'abbé Dumolart avait fait dresser le projet d'un troisième ordre d'architecture composite, comme on en voit dans plusieurs villes de l'Europe et même comme on en voyait jadis à Nancy, au portail de l'église des Dames du Saint-Sacrement ; il l'avait envoyé, en 1733, à la princesse qui l'avait accepté et verbalement ordonné qu'on l'exécutât. Néanmoins cet ordre resta sans effet, ce qui décida l'économe à faire à S. A. un second envoi des plans dessinés à nouveau, et soumis, au préalable, à l'appréciation de la cour de Vienne. La princesse les approuva encore et l'abbé Dumolart se mit en devoir de se procurer les matériaux et les ouvriers nécessaires pour achever l'édifice, qu'il tremblait de ne voir jamais terminé et dont, à l'heure où il écrivait, la dépense totale n'avait pas encore atteint le chiffre de 700,000 fr.

Démarches encore inutiles ! Les architectes Demangeot, Guesnon et Gentillâtre avaient imaginé des plans de remplissage qu'ils prétendaient faire admettre, qu'on déclarait inacceptables, qu'il fut question d'envoyer à l'Académie des beaux-arts, ce qui n'eut pas lieu, mais ce qui détermina Elisabeth-Charlotte à ordonner la suspension des travaux (1).

____

(1) Deux projets de couronnement au-dessus du second ordre, entre les deux tours, ont été également présentés par de Boffrand : le premier consiste en un soubassement en ardoises à huit pans qui s'élargissent en bas par une courbe ; il est surmonté par une lanterne octogonale surmontée elle-même d'un comble à double courbure, avec croix au sommet, au pied et sur le rempart d'un fronton sont deux statues : la Religion et la Charité. On lit dans le haut : *Dessin pour une pira-*

L'abbé Dumolart ne put se résigner à l'exécution d'un tel ordre ; il s'adressa directement encore à la Régente par une supplique, au dos de laquelle la duchesse douairière fit écrire : S. A. R. Madame Régente ordonne que les architectes qui ont dressé les différents plans et ornements qu'il convient de placer dans le vide, qui se trouve entre les tours de la Cathédrale Primatiale, s'assembleront incessamment pour convenir entr'eux du plan qu'il est expédient de suivre, et mettront leurs avis par écrit pour y celuy renvoyé au Conseil avec le plan à suivre, et y être statué par S. A. R. Fait à Lunéville le 13 may 1734. Signé : Humbert Gircourt.

Conformément à cet ordre, les contendants s'assemblèrent le 24 juin chez l'abbé Dumolart, sous la présidence de leur collègue Thomas Gentillâtre, désigné par S. A. pour discuter les projets et examiner les plans.

L'abbé Dumolart présenta un dessin qui ne pouvait être que celui de l'horloger Barbe. Guesnon en déposa un autre figurant une pyramide haute de 90 pieds, tenant à ce que l'idée de Mansard fût respectée.

Demangeot en avait préparé quatre différents ; il critiqua

mide avec lanterne au-dessus pour mettre en haut du portail fait en l'année 1727.

L'autre projet, gravé par Thiéry, pour l'*Histoire de Lorraine* de Dom Calmet, consiste en une horloge placée dans un soubassement, plus large sur la face que sur les côtés, avec légers pans coupés. L'horloge est couronnée de deux enfants qui tiennent les attributs du temps ; au pied et sur les côtés, il y a des statues allégoriques ; le nu de la pyramide est orné d'un écusson avec couronne royale et guirlande de fleurs ; au sommet, une boule rayonnante surmontée d'une croix. On lit en tête du projet : Dessing fait en grand avec le plant, coupe et profil, pour la pyramide agréée par feu S. A. R. pour terminer le haut du portail de l'église fait en 1728.

(Notice par M. Prosper Morey, architecte de la ville de Nancy, *Mémoires de l'Académie de Stanislas,* année 1865, page 221.)

ceux de ses confrères et se plaignit de ce que l'abbé Dumolart se rangeait du côté de Barbe qui était horloger et non pas architecte. Gautier en soumit un de sa composition, mais qui s'alliait peu au reste de la façade, et qu'il aurait fallu modifier.

On ne dit rien de celui de Jennesson reconnu tout d'abord inacceptable.

Enfin, après diverses combinaisons, on arrêta celui qui a été exécuté de 1734 à 1738, qui, pour le fond, doit être celui de Barbe, et dont l'exécution a coûté 18,000 livres.

. Nous avons dit que le grand écusson aux armes pleines de Lorraine qui remplit le tympan du fronton de ce troisième ordre a été sculpté, en 1735, par Dieudonné.

En 1726, le ferblantier Mathieu a fondu et façonné 350 livres de plomb pour poser et consolider la croix qui domine ce fronton.

La même année, au mois de novembre, François Roux a posé le cadran formé de planches de chêne, couvertes de 1250 livres de plomb en lames épaisses et coloriées par le peintre Sauvage.

Ces ouvriers ont reçu pour salaire de ces derniers travaux : Mathieu 52 livres 10 sols ; Roux 52 livres ; et Sauvage 52 livres. Le plomb, qui est de Hollande, a été payé à raison de 34 livres le cent.

Laissons les paveurs achever les travaux de leur métier autour de l'église (1731), le perron est terminé (1738), nous pouvons pénétrer dans l'intérieur de l'édifice. Mais nous sommes arrêtés sur le seuil, et certains curieux nous demandent si les chiffres reproduits par l'abbé Lionnois, dans son Histoire de Nancy, tome III, page 275, sont exacts, si la Primatiale n'a guère coûté que 800,000 livres, et enfin qui a fourni une telle somme de deniers ?

A la première de ces questions, nous répondrons que, vérification faite, la presque totalité des sommes partielles, marquées par le laborieux abbé Dumolart, concorde avec les états placés sous les yeux du Primat.

A la seconde, nous dirons qu'il est difficile de donner le total exact de ce qu'a pu coûter la basilique : 1° en raison des variantes qui se font remarquer dans le nombre des diverses pièces qu'il faudrait rapprocher et comparer ; des rapports partiels de l'une sur l'autre, de certains objets dont les totaux seraient à vérifier, et d'une foule de menues dépenses qu'il conviendrait d'ajouter aux sommes principales ; 2° en raison aussi de la dépréciation des monnaies à diverses époques, par exemple en 1725 : le léopold d'or qui, valant 62 livres 10 sols, a été réduit le 1er juin à 57 livres 10 sols ; le 20 du même mois, à 54 livres 10 sols ; le 31 août, à 49 livres 17 sols 6 deniers, d'où au mois de décembre, il est descendu à 34 livres 13 sols 11 deniers ; le léopold d'argent de 7 livres 10 sols, réduit à 6 livres 12 sols, 6 livres 5 sols 3 deniers, 5 livres 15 sols, 4 livres 5 sols et 4 deniers. Nous pensons néanmoins ne nous écarter que bien peu de la stricte vérité en fixant au chiffre rond d'un million de livres, la dépense entière de l'immeuble, sans y comprendre les travaux d'ameublement dont nous aurons à parler.

Quant à la troisième question, à savoir : qui a supporté les frais d'une entreprise aussi considérable ? nous y répondrons avec plus de certitude et sans le moindre embarras. Pas plus que la Cathédrale de Toul, la Primatiale de Nancy n'a coûté aux nombreux serfs et vassaux de la tyrannie théocratique, comme s'est exprimé un légendaire de l'Ingressin, ou de la tyrannie monarchique et cléricale, ainsi qu'à propos d'un sous-lieutenant de pompiers,

répétait naguère un municipe de Chaumousey, cette Primatiale, disons-nous, n'a coûté ni tailles à merci, ni d'immenses impôts, ni un asservissement de bétail.

On sait déjà que Charles de Lorraine, frère de Charles III,
a fait don du terrain qu'il avait acquis des Dames prêcheresses, et que le duc Léopold a fourni gratuitement, pour
toute la charpente et la principale menuiserie, le bois
nécessaire et qui ne fut pas épargné.

Le prince Charles, archevêque électeur de Trèves,
sixième primat, a abandonné, pendant les 17 ans de son
administration, les revenus entiers de la primatie qui s'élevaient à trois cent mille livres.

Après la mort de ce premier titulaire et en vertu d'un
indult pontifical, Léopold les a employés pendant cinq
années au même usage.

L'archevêque primat a fait aussi, au profit de l'œuvre,
abandon de 30,000 livres, qui lui revenaient sur la succes-
sion du sieur Savary, évêque de Séez ; et de 16,200 livres,
comme cessionnaire des prétentions de M. le chevalier
d'Harcourt ; encore de la rente, à deux et demi pour cent,
de 51,000 livres, placées sur l'Hôtel-de-Ville de Paris,
abandon que Léopold continua, après le décès de son frère,
jusqu'à parfait achèvement de la nouvelle église.

Outre la cession de ses droits à l'héritage fraternel, en
faveur de ce monument, Léopold y contribuait encore
chaque année pour une somme plus ou moins forte, préle-
vée sur sa cassette particulière, et, lorsqu'il eut cessé de
vivre, la duchesse douairière, sa veuve, continua, en proportion de ses revenus, la même générosité.

Ajoutez que ces largesses ne restreignaient en rien les
dons charitables de ces augustes personnages, si résolu-
ment décrétés de tyrannie par les fils, aussi ingrats

qu'ignorants, de ceux qu'ils ont comblés de leurs bienfaits, et dont ils avaient conquis l'affection et le dévouement. Nous en trouvons les preuves dans les comptes de l'abbé Dumolart, économe de la primatie, par exemple : chaque année, Charles de Lorraine faisait délivrer à titre de pension, 500 livres au collège des Jésuites de Nancy ; 700 livres à un M. Santher, 300 livres au sieur Mesnot, l'un de ses aumôniers et 1,000 livres à M. de Ponte, son envoyé à la cour de Lorraine, laquelle somme de mille livres fut continuée à Mme de Ponte pendant son veuvage et jusqu'à sa mort.

L'architecte Betto, employé à la construction de la cathédrale, ayant en 1715 représenté que son âge ne lui permettait plus de continuer ses fonctions, le prince évêque ordonna que sa pension annuelle de 400 livres lui serait maintenue et servie jusqu'à la fin de ses jours. (Lettre de M. de Rutant à M. l'abbé Dumolart du 31 mai 1715.) En 1726, le même prince accorda une pension de 10 livres par mois à la veuve Nancy, dont le mari s'était tué en tombant du bâtiment ; en 1728, une autre pension de 100 livres par an, à la veuve de Jean Marchal, l'un des toiseurs.

En 1699, averti de la détresse des pauvres paysans de la Vosge, par suite de la cherté des vivres, il rendit l'ordonnance dont nous avons copié le texte sur la minute même que, dans son impartialité, un journal de Nancy a refusé de publier pour ne pas démentir l'officier municipal qui dans une allocution cordiale et bien sentie (*Impartial de l'Est*, n° du 16 décembre 1869), fait mourir en 89, pour la défense du peuple, contre la *tyrannie monarchique et cléricale*, un citoyen nommé député au Conseil des Cinq Cents, en 1797, et président de la section législative du Conseil d'Etat, en 1810. Bégin, (*Histoire de Lorraine*, T. 2, page 300), dit le 12 février :)

De par Son Altesse sérénissime, le prince Charles de Lorraine, évêque d'Osnabruck et d'Olmutz ; il est ordonné au sieur Dumolart, notre économe à la primatie de Nancy, de délivrer des deniers de la recette d'icelle, la somme de cinq mil (*sic*) livres au R. P. en Dieu, Dom Alliot, abbé de Moyenmoutier, pour en achepter des grains, dans la nécessité pressante de cette année, aux pauvres nécessiteux de la Vosge, et les leur distribuer conformément aux ordres qui lui en seront donnez par le R. P. Kreutz, confesseur de notre très cher et très aimé frère Monsieur le Duc de Lorraine, et moyennant la présente et quittance dudit R. P. abbé de Moyenmoutier, il en sera bien et valablement quitté et déchargé.

Signé : CHARLES.

Donné à Nancy le 21ᵉ janvier 1699.

La somme ci-dessus a été délivrée le 22 janvier 1699.

Signé : D. H. Alliot, abbé de Moyenmoutier.

Il nous parait suffisamment démontré que la tyrannie ducale monarchique et cléricale de la Lorraine a fait les frais de la primatiale de Nancy, comme de bien d'autres monuments, sans oppression du peuple, sans asservissement de serfs et de vassaux. Il ressort même, avec une passable évidence, que la personnification princière et sacerdotale de cette tyrannie ne servait pas trop mal les classes ouvrières du peuple, puisque les fournitures des matériaux ont été faites, et tous les travaux exécutés par des entrepreneurs, des artistes et des ouvriers de Nancy ou des localités voisines, entre les mains desquels le montant total de la dépense est resté, sans y comprendre les gratifications qui leur étaient allouées, soit à l'achèvement d'une partie notable de l'édifice, soit à l'occasion d'un événement solennel comme celui du mariage de François IV fils de Léopold, avec Marie Thérèse d'Autriche, qui dut être célébré le 19 février 1736, et pour lequel les tours de la primatiale furent illuminées au moyen de 50 flambeaux du prix de 34 sols la pièce.

Le prince de Beauvau, successeur de Charles de Lorraine, ne put se dispenser de suivre l'exemple de ce généreux prélat ; il contribua aussi, pour sa part, quoique
moins forte que celle de son prédécesseur, à l'achèvement
de l'église dont il était le premier dignitaire.

Le nouveau temple allait ouvrir ses portes au Chapitre
de l'insigne Collégiale de Lorraine-France, car telle est la
seule qualification que lui donne la bulle de son érection.
mais en même temps allait se fermer pour toujours, et en
attendant sa destruction complète, une autre collégiale,
vénérable par quatre siècles d'existence, la collégiale de
Saint-Georges, fondée comme nous l'avons déjà dit, par
le duc Raoul, en l'année 1330. En effet, le bon roi de Pologne, docile instrument de la dénationalisation lorraine
entre les mains de son gendre Louis XV, Stanislas, sous le
spécieux prétexte que le culte divin étant le principal objet
de ses soins dans le gouvernement de ses États, il devait
donner une application suivie aux choses qui y ont rapport, et considérant combien il est difficile que le service
soit fait avec la dignité et l'édification désirables dans les
deux Chapitres séculiers de sa bonne ville de Nancy, il
n'a pas trouvé de meilleur moyen pour remplir les vues
louables de ses prédécesseurs, fondateurs des dits Chapitres que de réunir ceux-ci, en les fixant dans la nouvelle
église primatiale et dans les bâtiments en dépendant. Sans
plus se préoccuper donc des traités qui maintiennent
toutes les fondations des princes lorrains, et en assurent
la fidèle et perpétuelle exécution, notamment l'article 19
des Conventions arrêtées à Vienne le 28 août 1736, il unit
et incorpora pour toujours le chapitre de Saint-Georges et
la chapelle fondée dans son église sous le titre du Crucifix,
ensemble tous les biens meubles et immeubles, tant dudit

Chapitre que de ladite chapelle, au Chapitre de l'église primatiale, pour ne faire désormais qu'un même collège.

Le 31 octobre 1742, M. de Bouzey, grand doyen, vicaire général et prélat référendaire des signatures des grâces et justice de Sa Sainteté, bénit solennellement la Collégiale, puis à l'issue de la messe capitulaire, chantée encore en l'église des Tiercelins, on transporta la châsse de Saint-Sigisbert d'abord et ensuite le Saint-Sacrement. Cependant, à la même heure, M. l'abbé de Vence, prévôt de Saint-Georges, consommait les saintes espèces dans l'antique et princière église qu'il allait quitter sans retour mais non pas sans regrets.

Le même jour à une heure trois quarts, les membres des deux chapitres réunis, en habits de chœur, dans leur nouveau domicile ecclésiastique, se rangèrent suivant la teneur des lettres patentes, c'est-à dire suivant les actes de prise de possession pour tous ceux qui étaient prêtres avant leur élévation au canonicat, et, pour les autres, d'après leur rang d'ancienneté dans le sacerdoce.

A deux heures précises, ce collège fusionniste, composé de vingt-cinq chanoines, y compris les dignitaires, de deux sous-chantres, huit vicaires perpétuels, un sacristain et quatre chanoines clercs, se rendit au chœur où chacun prit la place que lui assignait son rang, et les vêpres furent entonnées par le grand doyen. Quelques instants avant l'office, Sa Majesté Polonaise avait envoyé et fait présenter au chapitre, par son chancelier, un ornement complet en drap d'or et soie dont les officiants se revêtirent pour cette première cérémonie. Le secrétaire du chapitre n'ayant pas omis d'ajouter, sur son registre, que ce cadeau royal fut présenté avec des grâces et de la façon qui l'augmentèrent de beaucoup.

Le lendemain, 1er novembre, Stanislas vint exprès de Lunéville à Nancy, pour assister à la messe solennelle que chanta le grand doyen. M. de Bouzey eut l'honneur d'avoir à dîner chez lui le monarque sans couronne, qu'en cette dernière occurrence les vrais Lorrains pouvaient considérer comme faisant l'office d'un commissaire aux inhumations.

Laissant les bons chanoines de la Collégiale primatiale de Nancy faire leurs offices et s'administrer, non toutefois sans de fréquents désaccords, mais qui prenaient une fin soudaine quand il était question de signaler leur indépendance du seigneur évêque de Toul, nous examinerons l'arrangement intérieur du temple devenu Cathédrale, dont Mgr Lavigerie, huitième évêque de Nancy et de Toul, a fait gratter toute la superficie intérieure en 1866; qu'il a fait élever au rang de basilique privilégiée par le Souverain Pontife Pie IX, et qu'il a solennellement consacrée le 10 mars 1867.

Dans sa notice sur de Boffrand, M. Morey rapporte que cet habile architecte dressa le projet du maître-autel en quatre beaux dessins coloriés. Sur le premier on lit : Plan de la table d'autel et du marchepied, comme il devait être fait en marbre en 1728 et exécuté en bois en 1728 et 1729.

Le second dessin représente la face principale disposée à peu près suivant les détails qui vont suivre : cet autel, élevé de trois marches au-dessus du sol de l'église, est peint en marbre rouge, dit Languedoc.

Le troisième dessin contient l'élévation de la face postérieure de l'autel ; le panneau du centre est orné d'une mitre avec crosse, croix et palme enlacées et formant trophée.

Le quatrième représente la face latérale, on lit en tête : Coupe du maître-autel du sanctuaire faite par le sieur

Guesnon en l'année 1728; en conformité du dessin original qui lui a été envoyé de Paris par M. de Boffrand, agréé par S. A. R., lequel desseing a été exécuté en menuiserie par le sieur Janno maître menuisier à Nancy, au lieu qu'on avait projeté de le faire en marbre.

Nous ignorons si le premier projet d'autel présenté par Boffrand et dont nous avons fait ci-dessus mention, a été en tout ou en partie exécuté ; nous trouvons, presque à la même date, un second projet beaucoup plus riche de matière et de forme que le précédent, mais dont nous ne pouvons pas davantage affirmer la réalisation. En effet, dans ce second projet, le célèbre architecte disait :

Le marbre de Nancy ne peut être employé, n'ayant plus les qualités requises.

Le corps de l'autel devra être en marbre vert campan ou vert de mer, ou encore en marbre de Flandre comme les marches ; mais parce qu'il n'y a point de marbre vert en Flandre, on ferait le corps et la table en brèche violette.

Le gradin serait en blanc veiné ou en brèche violette, mais non en seracolin qu'on ne trouve pas en Hollande. Les tables ou panneaux de derrière en blanc veiné.

Les ornements de sculpture seront en bronze doré ou en mélange d'étain et de plomb fondu et doré au bruni.

Ces ornements consisteront, au-devant de l'autel, en consoles avec cannelures et têtes de chérubins. et un cartouche au chiffre de Saint-Léopold, ou en un cartouche de plus grande dimension avec un bas-relief représentant quelque trait de la vie de ce bienheureux.

Le gradin sera orné d'entrelacs d'épis de blés et de pampres chargés de raisins.

Au-dessous de la croix du tabernacle, on placera les

attributs de la primatie, à savoir : une croix et une crosse en sautoir et une mitre.

Quoi qu'il en ait été, l'autel majeur actuel, en marbre rare, a été posé en 1753, par Launoy, marbrier à Charleville.

On doit à M. de Ravinel (1) qui, avant d'être chanoine de la Primatiale l'avait été de St-Georges, les deux beaux autels du Sacré-Cœur et de Notre-Dame de Bonne-Nouvelle, moins toutefois les statues en marbre blanc des docteurs qui les accostent. Ces magnifiques sculptures faisaient jadis partie du Mausolée du Cardinal de Vaudémont, 81e évêque de Toul, dans l'église ducale des Cordeliers de Nancy, où elles auraient dû être réintégrées, Les deux chapelles datent de 1751.

Par brevet du 11 septembre 1747, Stanislas accorda aux chanoines, pour y déposer les restes mortels du Cardinal leur fondateur, la première des trois chapelles de la nef du côté de l'épître, à droite en entrant et voisine de celle du Saint-Sacrement, aujourd'hui du Sacré-Cœur, à la condition de la fermer d'une grille, de l'orner d'un autel et d'un lambris conformes aux dessins qui lui avaient été présentés.

Un second brevet, portant la même date, concède au grand doyen de Bouzey, pour sa sépulture et pour celle de sa famille, la première des trois chapelles de la nef à gauche, parallèle à la précédente.

---

(1) C'est à ce vénérable chanoine, si connu dans Nancy par ses abondantes aumônes aux prisonniers, que le faubourg des Trois-Maisons est redevable de l'hospice, dirigé par les sœurs de Saint-Charles, pour l'instruction des petites filles, la visite des malades, et les soulagements nécessaires à leur état.

Pour cette fondation, M. de Ravinel donna une somme de soixante mille francs.

Par un troisième brevet, le roi de Pologne abandonne aux membres du Chapitre, pour leur sépulture individuelle, avec licence d'y placer des tombes, épitaphes, armoiries, et autres marques distinctives, les deux dernières chapelles de la nef, attenant aux deux tours, et le rez-de-chaussée de ces mêmes tours, à la condition qu'elles seraient fermées de grilles et lambrissées aux frais de la communauté canoniale.

Restaient, sans destination spéciale, les deux chapelles du milieu dans les bas-côtés de la nef. A la requête des chanoines, Stanislas, par brevet du 19 septembre 1757, leur en accorda l'usage pour la sépulture: l'une, des sous-chantres, vicaires perpétuels ou amovibles, sacristains, bibliothécaires; l'autre pour celle des commensaux de l'église et des étrangers qui demanderaient à y être inhumés, le tout avec les facultés précédentes et aux mêmes conditions, auxquelles est ajoutée celle que voici : dans le couronnement des grilles, on placera, selon la convenance :

Sepultura canonicorum.
Sepultura Vicariorum.
Sepultura extraneorum.

Les conditions posées à ses collègues de chœur, par Stanislas, premier chanoine de la primatiale, titre dont voulut bien hériter Louis XV à la mort de son beau-père, ces conditions de concession des chapelles, que nous venons d'indiquer, ont été fidèlement remplies, au moins quant à la confection des grilles. Celle de la chapelle des Primats et celle de la sépulture de la famille de Bouzey, sont sorties des ateliers du célèbre Jean Lamour ; celles qui ferment les deux premières chapelles, à droite et à

gauche en entrant dans l'église, portent la signature :
F. Jeanmaire fecit 1759 ; celles du milieu, moins ouvragées que les précédentes, n'indiquent pas de quel atelier
elles sont sorties.

Longtemps auparavant, en 1734, le duc François, reconnaissant des longs services de son vieil économe et aumônier, et d'une somme de 18,000 livres qu'il donnait pour la
fondation d'un second sous-chantre, et l'augmentation des
honoraires du premier, lui avait octroyé la première chapelle de la nef, à gauche, en entrant, pour y reposer après
sa mort.

Confiant dans la parole d'un bon maître, l'abbé Dumolart avait fait confectionner par le sieur Vivier, serrurier,
pour une somme de 750 livres, et d'après un dessin de
l'architecte Leclerc (Lettre du duc de Choiseul du 21 juin
1766), préalablement soumis au grand duc de Toscane qui
l'avait approuvé, un grillage qui aurait fermé sa chapelle
et que le prince voulait être reproduit à toutes les autres,
pour dissimuler la largeur trop considérable de la nef.
Mais le pauvre chanoine avait pressé le remboursement de
certaines sommes dues à la mense primatiale par M. le
grand doyen, qui ne se hâtait pas de l'exécuter. M. de
Bouzey, mécontent, voulut faire savoir à son poursuivant
l'autorité qu'il tenait de sa prélature, fit enlever la grille,
probablement sans songer à en restituer le prix à celui qui
l'avait payée, et sans égards pour la décision d'un prince
que l'on n'avait plus à ménager, envoya M, Dumolart dormir son dernier sommeil dans la chapelle des Orphelines
où il repose. Aussi bien est-ce pour lui un avantage. Que
deviendraient aujourd'hui ses restes mortels, écrasés par
l'énorme et grossière construction de fourneaux, qu'à tout
prix il fallait placer ailleurs et qui, pour échauffer les

fidèles, en offusque les regards et détruit l'harmonie des chapelles !

Depuis quatre ans, était accordée, au Chapitre, la chapelle ci-dessus indiquée pour déposer le corps du Cardinal fondateur et ceux des primats ses successeurs, quand seulement, le 7 juin 1751, Stanislas autorisa la confection d'un caveau sous les dalles de cette chapelle. La demeure sépulcrale achevée, le Chapitre alla chercher le cercueil déposé dans l'église provisionnelle, où il était resté, en attendant qu'on pût le descendre dans cette nouvelle sépulture. Après les fouilles exécutées en présence des chanoines, on retira de la fosse un cercueil en bois, ren-fermant un second cercueil en plomb ; entre les deux avait été placée une plaque de plomb représentant un christ *(sic)*, sur la face de laquelle étaient gravés ces mots :

Hic jacet Carolus, Cardinalis a Lotharingia, tituli Sanctæ Agathæ, filius Caroli tertii ducis Lotharingiæ.

J. Thouvenin, Canonicus.

Sur le revers était représentée une résurrection, avec ces mots qui font suite aux précédents :

Legatus Sanctæ Sedis apostolicæ, fundator ecclesiæ primatialis, 1607.

Amené dans la nouvelle église, on descendit immédiatement le cercueil dans le caveau préparé pour le recevoir. On résolut de faire, au plus tôt, un service solennel et l'on décida que le cercueil de plomb contenant le corps serait enfermé dans un second cercueil aussi de plomb, sur lequel on placerait l'inscription suivante :

In hoc feretro reconditur serenissimi et eminentissimi Principis Caroli à Lotharingia, sanctæ Romanæ Ecclesiæ Cardinalis diaconi tituli Sanctæ Agathæ, Argentinensis et Metensis Episcopi, hujusce insignis ecclesiæ primatialis protoprimatis et sanctæ sedis apostolicæ a latere legati, olim in veteris ecclesiâ primatiali sepultum et in hanc novam basilicam, curâ capituli, translatum die 23e mensis augusti anno 1752. Obiit die 24e Novembris 1607.

Ce fut seulement le 30 janvier 1753 qu'eut lieu le service projeté et le placement de l'ancien cercueil dans le nouveau, dont le Chapitre fit les frais.

Une inscription latine dont Lionnois a conservé le texte marquait, dans l'intérieur de la chapelle, la sépulture du cardinal fondateur et, en même temps, celle des primats qui lui succéderaient. Enlevée à l'époque où le lithurgiste décadaire Thiébault publiait, en onze articles, la manière de décorer les temples de sa déité, elle ne fut ni replacée ni remplacée. La préoccupation engendrée par les événements qui succédèrent, firent oublier l'existence du caveau primatial, et cet oubli regrettable fut sans doute la cause qui fit demander, à la famille de Bouzey, une place dans son caveau pour y déposer les restes mortels du vénérable Mgr Osmond. Leur place naturelle était à côté du cercueil de Charles de Lorraine qui n'a pour compagnon que celui de l'héroïque des Isles, et la chapelle Saint-Charles dans laquelle on aurait placé l'inscription commémorative de Mgr de Forbin Janson, eût été en réalité et à l'exclusion de toute autre, la chapelle des évêques (1).

Par lettre du 18 décembre 1749, M. de la Galaizière fit savoir au Chapitre nancéien, que Stanislas avait autorisé le transport, dans la primatiale, et l'érection au fond et

____

(1) Dans ces derniers temps et à la sollicitation de la Société d'archéologie lorraine, la fabrique de la Cathédrale a fait placer de chaque côté de l'autel de cette chapelle, un cartouche modestement orné, pour rappeler la mémoire des deux personnages qui reposent dans le caveau souterrain.

sous la grande vitre du transept, du côté de la sacristie des
Chanoines, du monument funèbre de Nicolas de Ludre,
enlevé par la famille lors de la démolition de la collégiale
St-Georges, où il avait été primitivement placé. Trois ans
après, le primat fit apporter, dans une caisse de plomb, et
inhumer les restes de ce défunt, au pied du monument qui
en rappelait le souvenir et qui, d'après la description qu'en
a laissée l'abbé Lionnois, était d'une remarquable beauté.

Aux cendres de Nicolas de Ludre, apportées de Saint-
Georges, à celles du Cardinal fondateur et des deux Nicolas-Joseph et Simon-Xavier Lefebvre venues de la seconde
église provisionnelle, si l'on réunit les corps de plusieurs
membres de la famille de Bouzey, ceux de Nicolas Antoine,
grand chantre, de Hugo et de Charles Regnard, chanoines
de la Primatiale, et plus tard celui du jeune des Isles, et
enfin celui de Mgr Osmond, on aura à peu près toutes les
sépultures de l'intérieur du nouveau monument.

En 1742, on remit au sieur Quérat, habile fondeur de
Nancy, les sept cloches des deux chapitres pour en fondre
quatre à l'usage de la nouvelle église. Le travail dut être
achevé dans les premiers jours de 1744, puisque la bénédiction en eut lieu le 24 mars de cette même année.
L'Hôtel-de-Ville de Nancy prié, par le Chapitre, de donner
son nom à la 4e des nouvelles cloches, se rendit en corps à
la cérémonie, apportant en cadeau une lampe d'argent du
poids de douze marcs.

Le grand orgue primitif a été confectionné par les frères
Dupont, facteurs lorrains. Commencé en 1758 ou 1759, il
a été expertisé par les organistes de la Cathédrale de Toul,
Noiret et Martellet, et de Saint-Epvre de Nancy, le 22 avril
1763. Ces artistes l'ont trouvé si parfait et en ont rendu si
bon témoignage, qu'à leurs certificats de pleine satisfac-

tion, les chanoines ont ajouté une gratification spontanée de dix louis d'or. Les frères Joseph et Nicolas Dupont avaient, un peu auparavant, confectionné l'orgue de Lunéville et celui de la Cathédrale de Toul.

On sait qu'en 1859, c'est-à-dire après un siècle de durée et plusieurs réparations partielles, l'orgue des frères Dupont a été remis à neuf et complété par M. Cavaillé-Coll pour une somme de soixante-six mille quatre cents francs. La tribune qui supporte l'orgue est ornée de motifs représentant des trophées d'instruments de musique taillés dans la pierre et dus au ciseau de Barthélemy Mesny.

On ne saurait assez regretter la perte des objets précieux que possédait la Primatiale, avant les exploits spoliateurs des ministres du citoyen Faure en 1790. Non pas, si l'on veut, en raison de leur quantité et de leur valeur vénale, quoique, d'après les états officiels de l'époque, on puisse en estimer le poids à 500 marcs d'argent et en fixer le prix brut à plus de 50,000 livres, mais à cause de leur richesse artistique dont on peut se faire une idée par les descriptions qui en ont été conservées. On citait entr'autres :

Une chapelle d'argent aux armes de Lorraine, ornée de ciselures, de filigrane et de pierreries, que nous pensons être celle offerte aux Cordeliers par le duc Charles IV, par un acte du 16 décembre 1666, ainsi conçu :

Son Altesse désirant contribuer à l'embellissement et ornement du grand autel de l'Eglise des P. Cordeliers de ce lieu de Nancy, par quelque marque de son zèle et de la dévotion très particulière qu'Elle a pour l'immaculée conception de la glorieuse mère de Dieu, durant l'Octave que sa dite Altesse y a establie pour la célébration de ceste grande feste : Icelle a fait don aux susdits Pères Cordeliers de son tabernacle d'argent enrichy de huit colonnes avec les bases, balustrades et une figure de la résurrection au-dessus, le tout pesant 217 marcs quelques onces, et ce pour servir à l'effet que dessus ; à condition touttefois que tous les ans ils le presteront aux sieurs de la Primatialle pour le jour de la procession de la Feste Dieu, après laquelle les dits sieurs de la Primatialle seront tenus de remettre ledit Tabernacle entre les mains des dits Pères Cordeliers : pour assurance de quoy sa dite Altesse veut et entend qu'ils s'obligent réciproquement à ce que dessus par tous actes nécessaires, en tel cas requis...

Le cuissal de Saint-Georges transporté à la Collégiale de ce nom.

Deux reliquaires en bois d'ébène chargés de médaillons en argent, dans l'un desquels un cristal riche, parfaite-ment taillé, rehaussé d'or et de turquoises.

Deux chandeliers de cuivre, hauts de huit pieds, d'un beau travail, et que l'on plaçait près des degrés du chœur.

Une riche croix en cristal taillé, montée sur ébène in-crusté d'argent, avec fleurons en vermeil représentant les évangélistes.

Deux autres chandeliers en cristal d'une rare beauté, montés sur ébène comme la croix.

Un évangéliaire couvert d'argent ciselé portant d'un côté la Sainte Vierge et Saint Jean aux pieds d'un crucifix ; de l'autre l'Annonciation de la Sainte Vierge et les armes du Chapitre.

Un magnifique lutrin, en cuivre, soutenu par trois aigles portant l'écu de Lorraine, surmonté de deux figures repré-sentant l'Annonciation de Notre-Dame, posé sur un socle marbre noir, et pour la confection duquel le chanoine

Alix avait, le 16 janvier 1686, donné une somme de cent pistoles d'or. Au dessous du pupitre principal en était ajusté un plus petit, en forme de croix de Jérusalem, pour supporter le livre des enfants de chœur pendant le chant du martyrologe. Ces beaux meubles d'église étaient sortis des ateliers de François Cuny, fondeur de l'artillerie de Lorraine, qui avait aussi fondu le lutrin de la paroisse Saint-Sébastien et l'ange qui soutenait les deux lampes de la même église (1).

La perte de ces objets d'art et de beaucoup d'autres encore a été compensée, en partie, par l'offrande faite à la Cathédrale de morceaux de prix qu'elle ne possédait pas auparavant, que de pieux fidèles avaient sauvés du nau-frage révolutionnaire, et qu'ils se sont empressés de remettre entre les mains de l'administration paroissiale quand le calme fut rétabli. Nous signalerons notamment, outre les quatre statues en marbre blanc provenant du tombeau du Cardinal de Vaudémont, et dont nous avons précédemment parlé :

1° La statue de la Sainte Vierge placée sous le petit dôme du fond de l'abside, au dessus du siège épiscopal, précisément à l'endroit où était la caisse renfermant la châsse de Saint Sigisbert. C'est de là que dans les calami-tés publiques on descendait cette châsse pour l'exposer à la vénération des fidèles, d'où est venue l'expression populaire : Descendre la châsse de Saint Sigisbert, La statue provient de l'ancienne église des Carmes et on la

---

(1) Ici se rencontre une difficulté de date. Le chanoine Alix a fait son testament le 5 janvier 1686, et François Cuny est mort le 7 mars 1681, à l'âge de 84 ans. Le lutrin aurait-il été commandé et fondu, mais non payé avant la mort du fondeur et seulement soldé à ses héritiers ?

croit, non sans une grande probabilité, du sculpteur Bagard, artiste lorrain.

2° La statue miraculeuse de Notre-Dame de Bonne-Nouvelle et une colonnette de porphyre servant de candélabre, transportées de la Collégiale de Saint-Georges en celle de la Primatiale lors de la réunion des deux chapitres, en 1742.

3° Le peigne liturgique, le calice, la patène et l'évangéliaire de saint Gauzlin, 34e évêque de Toul, de 922 à 962. Ces précieux objets, heureusement soustraits au vandalisme révolutionnaire par la vigilance de M. le doyen du Chapitre et la sollicitude de M. l'abbé Joseph Raybois, prévôt du même Chapitre, ont été offerts et donnés à la Cathédrale de Nancy, par ce respectable ecclésiastique, le 31 août 1803, avec les reliques proprement dites du bienheureux fondateur de l'abbaye de Bouxières. Ils ont été décrits, le peigne liturgique par M. Bretagne, et les trois autres par Auguste Digot, dans les *Mémoires de la Société d'Archéologie lorraine* ; nous donnerons seulement ici les plus curieux détails sur le contenu de l'évangéliaire :

Ce volume, admirable sous tant de rapports, est tout entier en vélin de très riche qualité. Il contient 227 feuillets, mais sans aucune réclame, aucun chiffre, aucun signe qui ait pu guider le relieur. Après trois feuillets consacrés au titre principal, à une pièce de vers et à quelques dessins coloriés, viennent : 1° Le prologue de saint Jérôme, adressé au Pape Damase, et un autre prologue sur les Evangiles ; 2° les Canons d'Eusèbe, et son épître à Carpien ; 3° une table des Chapitres de l'Evangile selon saint Mathieu ; 4° une nouvelle pièce de vers ; 5° l'Evangile de saint Mathieu divisé en 61 Chapitres (Capitula), et 355 versets ; 6° un prologue sur l'Evangile de saint Marc, et une pièce de vers ; 7° une table des noms hébraïques employés dans cet Evangile avec leur interprétation latine ; 8° une table des passages les plus remarquables (*Testimonia quæ sunt in Marco*) ; 9° des vers ; 10° l'argument de l'Evangile selon saint Marc ; 11° cet Evangile divisé en 46 chapitres et 235 versets ; 12° une biographie de saint Luc ; 13° une table de mots hébraïques ; 14° une autre table des témoignages ; 15° une pièce de vers ; 16° la table des Chapitres ; 17° une préface ; 18° des vers ; 19° l'Evangile selon saint Luc, en 73 chapitres divisés en 343 versets ; 20° des préfaces pour l'Evangile selon saint Jean ; 21° des vers ; 22° des tables des mots hébraïques et des témoignages ; 23° l'Evangile de saint Jean partagé en 35 chapitres et 232 versets ; 24° un petit écrit formant deux pages et intitulé : *De octo beatitudinibus;* 25° une dernière pièce de vers ; 26° enfin une table indiquant les passages des Evangiles devant être lus chacun des jours de l'année. Cette table est intitulée : *Incipit capitulorum capitulare Evangeliorum,* et commence non point au premier dimanche d'Avent, mais à la fête de Noël. Elle est terminée par ces mots : *Explicit capitulare Erangelior. De circulo anni feliciter.* L'épiphanie porte encore le nom de *Theophania* et on n'y voit pas figurer le nom de la fête de la Trinité, instituée à Liège vers l'an 920. On remarque avec une satisfaction pieuse que le choix des Evangiles pour les dimanches, les fêtes en général et les féries se trouve conservé dans nos modernes missels, à très peu de chose près, comme il est marqué dans cet antique manuscrit.

Cet évangéliaire dont saint Gauzlin s'est servi pendant la durée de son long épiscopat, a été écrit dans la seconde moité du siècle précédent, par les ordres et pour le compte de l'évêque de Toul Arnald, qui siégea de 871 à 890. On lit, en effet, à la fin du prologue sur l'Evangile de saint Marc, ces deux mots latins écrits en caractères grecs : *Arnaldo jubente*. Or cet Arnaldus ne peut être que notre évêque, unique de son nom sur les cédules de l'église de Toul, et tout à fait distinct de son antéprédécesseur, saint Arnoul, en latin *Arnulphus*, et, comme l'ont remarqué d'habiles paléographes, le caractère, les miniatures, les lettres ornées, le calendrier s'accordent pour fixer à cet évangéliaire la date qui lui est assignée. L'écriture d'ailleurs offre une frappante analogie avec celle d'un missel, copié par ordre de Drogon, fils naturel de Charlemagne, évêque de Metz de 823 à 855.

Plusieurs des tableaux qui se voient dans la Cathédrale sont attribués à de célèbres artistes, la plupart enfants de la Lorraine. Ce sont ceux du fond du chœur et celui du contre-retable de l'autel collatéral à droite du sanctuaire, peinte par Claude Charles ; les tableaux des autels du Sacré-Cœur et de la Sainte Vierge, attribués à Girardet ; l'adoration des mages et le baptême de N. S. J.-C. dus au pinceau de Claudot ; Notre-Dame du Rosaire, aux pieds de laquelle est groupée la famille ducale, que l'on pensait, mais à tort, devoir être attribuée à Bellange ; la Sainte-Famille enfin que l'on dit être de Léonard de Vinci.

Reliques de saint Sigisbert.

L'objet relativement le plus digne de l'attention des fidèles, dans la Cathédrale, est sans contredit la relique de saint Sigisbert, patron de la ville de Nancy. Nous en aurions parlé d'abord si nous n'avions jugé convenable de lui consacrer un chapitre spécial, en reproduisant, pour partie, ce qu'en a dit Henri Lepage, dans une petite brochure publiée par lui en 1851.

Tout le monde sait que le corps de saint Sigisbert avait reçu d'abord la sépulture dans l'église abbatiale de Saint-Martin de Metz. Vers la fin de 1552 ou au commencement de 1553, il fut apporté dans la capitale de la Lorraine, et déposé dans l'église du Prieuré Notre-Dame, aujourd'hui place de l'Arsenal, où il resta jusqu'en 1603, que Charles III qui avait obtenu du Pape l'érection d'une collégiale à Nancy, le fit transporter dans l'église provisoire où les chanoines avaient commencé à faire leurs offices. On y avait dressé, à gauche du grand autel, un mausolée digne d'un roi, sur lequel était placée la châsse contenant les reliques de saint Sigisbert. Ce mausolée devait être replacé dans la nouvelle Primatiale. En 1729, on avait préparé le massif destiné à le supporter. La châsse était d'ébène, couverte d'argent, richement émaillée, élevée sur une espèce de plate-forme soutenue de hautes colonnes de marbre très bien émaillées, avec des termes de vermeil doré, surmontées d'un pavillon où étaient représentés quelques miracles du Saint. Cette châsse avait été apportée de Milan à Nancy, par les ordres et aux frais d'Antoine de Lenoncourt, second primat de Lorraine.

Dans une réunion du Chapitre de la Primatiale qui eut lieu le 2 avril 1740, M. de Bouzey, grand doyen, exposa aux chanoines que les ornements qui enveloppaient le corps de saint Sigisbert étant prêts à tomber en lambeaux, à raison de leur vétusté, il était urgent de les remplacer ; mais que cette opération ne pouvant se faire sans procéder à l'ouverture de la châsse, il fallait que cette cérémonie eût lieu avec toutes les formalités voulues, et en présence d'un certain nombre de personnes choisies, qui seraient priées de signer le procès-verbal de reconnaissance, afin d'en assurer d'autant mieux l'authenticité.

En conséquence de cette communication, le Chapitre fixa
la cérémonie au vendredi 8 avril suivant. L'ouverture de
la châsse se fit par M. de Bouzey, vicaire-général de M. de
Beauvau, Primat de Lorraine, alors à Rome, en présence
de tous les chanoines assemblés, des grands dignitaires de
la cour de Lorraine, tous Conseillers du roi de Pologne,
des Curés de la ville, de Charles Bagard, premier médecin
ordinaire du roi et du sieur Elophe Parmentier, maître
chirurgien de la ville.

Après avoir récité les prières accoutumées devant le
grand autel, au pied duquel la châsse, environnée d'un
beau luminaire, avait été posée sur un tapis de Turquie, on
procéda à l'ouverture, et le corps de saint Sigisbert fut
reconnu se trouver dans l'état suivant :

La tête, le tronc, les bras et les cuisses se tiennent
ensemble, le tout recouvert des muscles, des téguments et
de la peau, excepté la tête dont les os du crâne sont à
découvert depuis les sourcils jusqu'aux os des tempes et à
l'occipital ; le coronal est aussi à découvert, de même
que les pariétaux et la partie supérieure de l'occipital ; la
face est entière ainsi que le nez qui est un peu recourbé
par le desséchement de ses propres cartilages ; les lèvres
sont conservées, et la supérieure est assez relevée pour
laisser entrevoir les quatre dents incisives de la mâchoire
supérieure ; les autres parties de la face sont aussi conservées dans leur entier et sans lésion, aussi bien que le
corps, les bras, les cuisses, excepté les fausses côtes du
côté gauche qui sont séparées du tout, et par conséquent
solution de continuité aux muscles de la poitrine, du bas-
ventre de ce côté ; les avant-bras et les jambes sont séparés
du tout ; l'avant-bras gauche, le poignet, la main, les doigts
avec les ongles sont sans lésion ; la main droite, depuis le

poignet jusqu'à l'extrémité des doigts est entière ; la jambe
droite est entière avec deux os du tarse, qui sont le calca-
néum et l'astragale, le tout sans solution de continuité aux
muscles et à la peau ; les deux os de la jambe sont à nu ; le
tibia est entier ; il manque au péroné environ trois travers
de doigt de la partie supérieure. (Procès-verbal dressé par le
sieur Parmentier, maître-chirurgien de la ville de Nancy.)

Après avoir constaté l'état dans lequel se trouvait le
corps, on le replaça dans la châsse avec différents ornements dont voici l'énumération d'après le procès-verbal
qui en fut dressé :

1º Un matelas piqué de satin cramoisi ;

2º Une tunique de taffetas d'Angleterre, aussi cramoisi ;

3º Un drap d'or bordé d'une petite frange d'or et d'un
galon autour du col.

4º Un coussin de drap d'or avec des glands en franges
d'or pour poser la tête du saint ;

5º Un autre petit coussin, aussi de drap d'or, avec une
frange d'or pour poser la main droite ;

6º Un suaire de taffetas de Florence, cramoisi ;

7º Un voile de drap d'or et d'argent avec une dentelle
d'or, pour recouvrir ledit suaire ;

8º Un morceau de taffetas d'Angleterre, cramoisi, pour
couvrir tout le corps habillé.

On a aussi mis au côté gauche du saint un ancien coussin de satin cramoisi qui s'est trouvé sous le chef du saint ;

Une bourse très ancienne, en forme de gibecière, chargée
de différents écussons, dans laquelle a été mis un petit paquet cacheté du sceau du Chapitre, en cire vermeille, lequel
contient plusieurs fragments du corps de saint Sigisbert,
et qui a pour inscription : *Fragmenta ex corpore sancti
Sigisberti reposita;*

Une scie à manche de bois, qui a servi à couper les jambes du saint.

Après être resté pendant un certain nombre d'années à la place qui lui avait été primitivement réservée, la châsse de saint Sigisbert en fut enlevée, à cause de l'humidité du lieu et mise, avec plusieurs autres reliques, dans l'intérieur du maître autel. C'est là qu'elle était encore déposée lorsque, en 1793, des hommes pour lesquels rien n'était respectable ni sacré, l'en arrachèrent et dispersèrent les reliques qui avaient été si longtemps l'objet de la vénération des peuples lorrains. Le corps du patron de Nancy fut jeté d'abord dans la sacristie, puis ensuite porté dans la cour de la maison de M. O'Mahoni, près la place d'Alliance, où ce qui en restait fut livré aux flammes. Quelques personnes néanmoins avaient pu en sauver les débris qui furent recueillis avec soin, et qu'on put replacer plus tard dans la châsse que le vénérable abbé Charlot, curé de la cathédrale, fit faire à ses frais (1), pour remplacer l'ancienne, devenue beaucoup trop grande pour le peu de reliques qu'il restait à y déposer.

C'est le 30 janvier 1803, que les fragments du corps de saint Sigisbert, sauvés pour la meilleure partie par M. Simonin, père et grand-père de MM. les docteurs Simonin, furent placés dans la nouvelle châsse par Mgr Osmond, évêque de Nancy, et exposés de nouveau à la vénération des fidèles. Ces débris sont, autant qu'il est possible de le reconnaître, deux os du bras, un autre os et une petite côte, un os de la jambe, une omoplate à laquelle

____

(1) Cette châsse renferme une note manuscrite ainsi conçue : *Sumptibus suis confecit Charlot, pastor ecclesiæ hujusce parochialis..... et posuit in venerationem suam erga S. Sigisbertum cujus reliquias collegit.*

sont encore attachés des muscles et des filaments charnus, trois grandes côtes, deux fragments de côte, une rotule et un fragment de côte.

Quant à la châsse donnée par le primat Antoine de Lenoncourt, elle ne fut pas détruite ; on se contenta d'enlever les ornements d'argent qui la décoraient ; elle renferme aujourd'hui les reliques du corps de saint Gauzlin, l'étole de saint Charles Borromée, et plusieurs autres objets qui échappèrent, en 1793, au pillage et à la dévastation des églises.

En 1696, les Bernardins de l'abbaye d'Orval, au comté de Chiny, diocèse de Trèves, sollicitèrent du Chapitre de la Primatiale quelque relique du saint roi d'Austrasie. Les chanoines répondirent à la supplique des Cirsterciens en leur envoyant, le 8 mai, une partie d'une côte de ce Bienheureux.

Mmes Adelaïde et Victoire de France, traversant Nancy pour se rendre aux eaux de Plombières, assistèrent à la messe qui fut célébrée à la Cathédrale-Primatiale par M. de Choiseul-Beaupré, le 27 août 1761. Après avoir vénéré les reliques du saint roi, ces princesses témoignèrent le désir d'en emporter quelques esquilles. Le Chapitre s'empressa d'y satisfaire et leur offrit en présent une parcelle de la peau et du muscle du jambier antérieur de la jambe gauche.

La vénération des peuples pour les reliques de saint Sigisbert et les grâces obtenues du ciel, par l'intercession de ce Bienheureux, le firent choisir pour patron de la capitale du duché de Lorraine. Dans les calamités publiques, à la demande des magistrats de la cité, interprètes des vœux des populations, sa châsse était descendue de l'arche où elle était enfermée, au-dessus du siège primatial, et exposée à la vénération publique, pendant tout le temps des supplications ordonnées par l'autorité compétente.

En 1668, les fidèles de Nancy manifestèrent le désir de voir se former, pour les personnes de l'un et l'autre sexe, en l'église primatiale, une confrérie qui serait canoniquement érigée sous le titre et l'invocation de saint Sigisbert. Le pape Clément IX, voulant favoriser cette dévotion, donna, le 20e jour d'août de cette même année, une bulle par laquelle il autorise l'érection de la confrérie sous le titre et l'invocation de saint Sigisbert, dans l'église Notre-Dame primatiale de Nancy, et lui accorde à perpétuité les indulgences qu'il est bon de rappeler :

Indulgence plénière à tous les confrères et consœurs, vraiment pénitents, confessés et communiés :

1° Le jour de leur entrée dans ladite confrérie ;

2° A tous ceux d'entr'eux qui, tous les ans, visiteront dévotement ladite église primatiale au jour de la fête de saint Sigisbert, depuis les premières vêpres de la veille jusqu'au soleil couchant dudit jour, et y prieront selon les intention du Souverain-Pontife ;

3° A chacun d'eux, qui, à l'article de la mort, aura reçu la rémission de ses péchés et la communion, ou qui, au moins contrit, invoquera de cœur ou de bouche le Saint Nom de Jésus.

A tous ceux qui, pénitents, confessés et communiés, visiteront l'église susdite les jours et fêtes de saint Joseph, de l'Annonciation de Notre-Dame, du dimanche des Rameaux, de l'Ascension, et y prieront dévotement aux fins ci-dessus : sept ans et sept quarantaines d'indulgences.

Soixante jours des mêmes indulgences :

1° A ceux qui assisteront aux messes ou autres offices divins qui seront célébrés dans ladite église;

2º Ou qui assisteront aux assemblées publiques ou pri-vées de la confrérie ;

3º Qui logeront les pauvres ;

4º Qui mettront la paix entre les ennemis ou qui auront contribué à la rétablir ;

5º Qui accompagneront et suivront des confrères et des consœurs décédés ;

6º Qui assisteront aux processions qui se feront ;

7º Qui accompagneront le Saint-Sacrement tant aux processions que lorsqu'on le porte aux malades, ou qui, ne pouvant le faire, diront, au son de la cloche qui annonce la cérémonie, une fois le *Pater* et l'*Ave Maria ;*

8º Qui réciteront cinq fois l'oraison dominicale et la salutation angélique pour les confrères défunts ;

9º Qui retireront quelque âme perdue, et la ramèneront dans la voie du salut ;

10º Ou bien qui feront quelque autre œuvre de charité ou de piété (1).

On a conservé, en outre, jusqu'à sept indults de diffé-rents papes, portant concession, à la confrérie de Saint-Sigisbert, soit d'autels privilégiés, soit d'indulgences pour visites au Saint-Sacrement ou autres œuvres pieuses, mais valables seulement pour sept ans.

Terminons cet article de la présente notice en rappelant, d'après les anciens, que le duc Léopold, plusieurs princes de sa famille et les principaux seigneurs de la cour de Lorraine, tous personnages qui n'étaient pas de faibles esprits, se faisaient un honneur et un devoir d'appartenir

---

(1) La bulle du pape Clément IX se trouve aux archives du départe-ment, ainsi que le sommaire des indulgences perpétuelles ci-dessus détaillées.

à une association que les malheurs des temps a dissipée, et dont, nous en avons la confiance, le clergé et les vrais catholiques de Nancy, salueraient la résurrection par de sincères applaudissements.

La confrérie de Saint-Sigisbert en rappelle une autre, également établie dans la Primatiale et qui, comme elle, a cessé d'exister et devrait être solennellement rétablie : nous voulons parler de la confrérie des menuisiers. Le 9 novembre 1766, le corps des menuisiers, représenté par son doyen-maître et ses jurés, avait obtenu de M. de Dombasle, chanoine de la Primatiale, agissant au nom du Chapitre, de faire célébrer une fois par mois, et à leurs frais, une messe qui se dirait dans la chapelle de Saint-Sébastien, aujourd'hui Sainte-Concorde, de faire dans cette chapelle les embellissements qui ne nuieraient en rien à l'ensemble de l'église, et dont ils auraient communiqué les projets au maître de la fabrique ; de tenir leurs assemblées dans la salle capitulaire, à la condition de rendre dorénavant leurs comptes en présence du chanoine trésorier ou de son secrétaire, mais avec la faculté d'emporter la décoration qu'ils auraient faite dans la chapelle, si la permission de s'y réunir venait à leur être retirée. Elle le leur fut au bout de 25 ans, non par le Chapitre ecclésiastique, mais par celui du Directoire qui en révoqua bien d'autres, l'on ne sait que trop pourquoi. Aussi les braves menuisiers laissèrent en place, dans leur chapelle, la boiserie qu'ils y avaient posée à leurs frais et qu'on y voit encore aujourd'hui.

En résumé donc, on a mis 42 ans à bâtir la cathédrale actuelle de Nancy, elle a coûté en somme ronde un million ; elle a été payée en totalité par les princes de la maison de Lorraine, ducs ou évêques; elle n'a coûté au pauvre peuple ni un jour de corvée ni un denier de monnaie ; elle a fourni, pendant près d'un demi-siècle, de l'ouvrage aux ouvriers des divers corps de métiers et alimenté le commerce ; elle a mis en renom de modestes artistes ; elle n'a préjudicié en rien aux œuvres de la charité publique ou privée ; elle a enfin répandu dans le pays un numéraire relativement considérable.

Depuis sa fondation jusqu'à son érection en évêché, la primatie fondée par Charles III eut successivement neuf titulaires qui, presque tous, furent les bienfaiteurs de cette nouvelle institution :

1º De 1602 à 1607, le cardinal Charles de Lorraine, qui donna le terrain pour y construire l'église et les maisons des chanoines ;

2º De 1607 à 1636, Antoine de Lenoncourt, qui enrichit l'église de magnifiques ornements et de la châsse de saint Sigisbert qu'il avait fait confectionner à Milan ;

3º De 1636 à 1645, Charles de Lorraine, abbé de Gorze, qui ajouta à la manse primatiale l'abbaye de Lisle que le roi de France lui avait substituée d'autorité, à celle de Gorze qu'il trouvait plus à sa convenance ;

4º De 1645 à 1659, Charles de Lorraine, connu sous le nom de Charles V. Il ne toucha rien des revenus de la Primatiale à cause des guerres qui désolaient le duché. Néanmoins le prince François, son père, fit de riches présents à la nouvelle fondation ;

5º De 1659 à 1687, Louis-Alphonse de Lorraine, chevalier d'Harcourt. Ce primat canoniquement élu ne jouit d'aucun avantage temporel de sa dignité, à cause du procès que lui intenta M. de Savary, évêque de Seëz, nommé par brevet du roi de France et qui percevait les revenus de la primatie. Autorisé à diriger des poursuites contre ce prélat, l'abbé Dumolart obtint un jugement qui le condamnait à restituer les fruits indûment perçus. Cette sentence reçut en partie son exécution au profit de la nouvelle église;

6° De 1687 à 1715, Charles de Lorraine, frère de Léopold, électeur de Trèves, évêque d'Osnabruck et d'Olmutz. C'est lui qui a posé la première pierre de la construction actuelle, pour laquelle il a totalement abandonné les revenus de sa dignité jusqu'à sa mort, arrivée en 1715;

7° De 1722 à 1742, François-Vincent-Marc de Beauvau, qui ne se montra pas très exact à verser à la manse capitulaire ce qu'il devait pour la construction du temple nouveau ;

8° De 1742 à 1774, Antoine Clériadus de Choiseul-Baupré, qui devint archevêque de Besançon et cardinal. C'est à lui que les chanoines dûrent la décoration que leur accorda Stanislas et le privilège de porter la soutane violette;

9° 1774. — Louis-Hector-Honoré-Maxime de Sabran, des comtes de Forcalquier. A peine installé comme primat, il fut nommé au nouvel évêché de Nancy, et, avant même l'arrivée de ses bulles, élu pour l'évêché-duché-pairie de Laon.

Les archives de l'Hôtel de Ville renferment l'aperçu ci-après des objets en argent enlevés à la Cathédrale de Nancy et envoyés à la monnaie de Metz le 10 novembre 1792.

Une paire de flambeaux pesant 5 marcs, une navette et sa cuillère, 2 marcs 2 onces ; une paire de burettes et le plat, 3 marcs 7 onces ; deux encensoirs à la moderne, 10 marcs ; deux paires de girandoles, 13 marcs 4 onces ; un petit crucifix et sa croix, 5 marcs ; une croix de procession, 6 marcs 6 onces ; une paire de chandeliers, 2 marcs 4 onces ; un encensoir, 4 marcs 6 onces ; un autre, 4 marcs ; un grand plat relevé en bosse et ses burettes, 4 marcs 1 once ; un bénitier et son goupillon, 7 marcs ; un gobelet à pied et le couvercle, 4 marcs ; une croix processionnelle dorée, 3 marcs 3 onces ; un plat et ses burettes dorées, 4 marcs ; couverture du coussin de la vraie croix et son étui, 6 marcs 4 onces ; une couronne, 3 marcs ; un petit reliquaire de saint Roch, 6 onces, 4 grammes ; deux couvertures de livres, 5 marcs 4 onces ; deux anges adorant la Sainte Épine, 6 marcs 5 onces ; un bras de saint Sigisbert, 2 marcs 50 onces (1) ; un coussin et le bras de saint Georges, 21 marcs 5 onces (2) ; trois petits reliquaires, un petit goupillon, la coquille, 1 marc 6 onces ; la Vierge, 36 marcs ; la Croix, son bâton et trois bâtons de chantres, 20 marcs 4 onces (3) ;. la côte de saint Laurent, 4 onces ; une bourse à quatre faces en émail destinée à rester à la sacristie (4) ; deux bâtons de bedeaux venant de Saint-Georges, 9 marcs ; six chandeliers qui sont sur l'autel, fer et plâtre compris, 366 marcs ; la porte du tabernacle, deux couronnes et un cœur, 1 marc, 1 once, 4 grammes ; un petit saint, 1 marc 2 onces ; l'or qui incrustait la vraie croix, 1 once 5 grammes 1/2 ; un petit cœur en or, 1 once.

L'authenticité de la relique de saint Charles Borromée, déposée dans la châsse de saint Gauzlin, est prouvée par

(1) Un bras d'argent dans lequel était enchâssée une côte de saint Sigisbert.

(2) Le cuissal transporté en 1742 de la Collégiale Saint-Georges à la Primatie.

(3) L'un de ces bâtons était surmonté d'une figure de Notre-Dame tenant l'enfant Jésus, et se nommait le bâton Cantoral.

(4) Cette bourse en argent et vermeil avec émaux portait les armes de Catherine de Lorraine, sœur du fondateur de l'église Primatiale, et servait à recevoir les corporaux.

le document suivant qui se trouve aux archives départementales, et dont copie a été tirée sur la minute :

Antonius de Lenoncourt insignis et sanctæ sedi immediate subjectæ
ecclesiæ beatissimæ Virginis Mariæ oppidi Nanceii primas.....

Fidem facimus indubitam et attestamur quod stola auri-phrygiata
quam hodie eidem ecclesiæ nostræ primatiali devote et graciose Illus-
trissimo ac Reverendissimo DD. Cardinali Borromeo, archiepiscopo
mediolanensi, in civitate Mediolanensi, nobis exeuntibus atque ex
alma urbi Roma redeuntibus anno Domini 1608, in mense maio, lumi-
naribus accensis ac servatis solemnitatibus et reverantiis in talibus
requisitis, nobis tradita et consignata fuit ; dictum que ab eodem
Ill^me et R^me D^e Cardinali et certioratum nobis fuit quod dicta stola
eadem esset qua Sanctus Carolus Borromeus, cardinalis ejus præde-
cessor archiepiscopus utebatur quando sacrum missæ officium cele-
brabat, aut alias divine pontificali ritu peragebat.....

Datum Nanceii die Veneris sancta 5ᵃ, mensis aprilis 1613.

                              Antonius de Lenoncourt.

Cette attestation est sur parchemin.

Inscriptions commémoratives de la fondation de l'érection en Basilique Romaine et de la Consécration de la
Cathédrale de Nancy.

D. O. M.

Primatialem hanc ecclesiam sub titulo B. M. V. ab angelo salutatæ,
à Leopoldo I magno Lotharingorum duce anno reparatæ salutis
M. DCC. III a fundamentis incheatam et a Stanislao benefico Poloniæ
rege ad finem usque perductam, Pius PP. VI Pontifex maximus inter
Cathedrales annumeravit anno Domini 1777.

D. O. M.

Primatialem hanc et cathedralem ecclesiam in pristinum cultum
restitutum a S. D. N. Pio PP IX pontifice maximo, sacrarum basili-
carum romanarum privilegiis nobilitatam, Karol. Mart. Allemand-
Lavigerie, Nanciensis et Tullensis episcopus, in archiepiscopatum
Algeriam designatus, adsistente venerabili capitulo, solemni ritu con-
secravit, anno reparatæ salutis M. D. CCC. LXVIJ die mensis martii
XIII.

Des onze paroisses dont Nancy se compose actuellement, quatre anciennes subsistent, ce sont : la Cathédrale-Primatiale, Bonsecours, Saint-Sébastien et Saint-Georges, dont l'église actuelle, sise au faubourg Saint-Georges, ne date que de 1844, c'est une paroisse d'industriels et d'ouvriers.

Il nous a tout à fait semblé hors de propos de donner des détails sur les églises nouvellement ou récemment construites ; des études et des monographies ont été publiées, et nous nous exposerions à tomber dans des redites. Qu'il nous suffise donc de faire savoir que Saint-Léon et Saint-Joseph deviennent des centres de plus en plus importants de population, ce dernier surtout, en raison des immenses casernements qui ont été créés dans ces parages.

Les fêtes publiques à Nancy.

Ne voulant pas nous écarter des limites que nous nous sommes imposé, nous allons continuer notre étude rétrospective, et faire connaître au lecteur en quoi consistaient, à Nancy, il y a environ un demi-siècle, les fêtes publiques.

C'était le 1er mai que l'on célébrait la Saint-Philippe, patron du roi.

Dès la veille, à six heures du soir, les cloches sonnaient à toute volée, et un peu plus tard la musique de la garde nationale se réunissait dans l'hémicycle de la statue de Stanislas, pour y exécuter des symphonies. Le lendemain, à six heures du matin, nouvelle sonnerie de cloches, et, je le crois, sans pouvoir l'affirmer positivement, distribution de secours aux indigents. Dans la matinée, grand'-

messe officielle à la Cathédrale, office religieux auquel assistaient tous les corps constitués, et des députations de la garde nationale et de l'armée. En sortant de la Cathédrale, on se rendait sur la place de Grève, aujourd'hui Cours Léopold et place Carnot, et la revue de la garde nationale, sapeurs-pompiers et des troupes était passée par l'autorité supérieure, puis chacun rentrait chez soi, et l'on se donnait de nouveau rendez-vous, à la tombée de la nuit, pour assister aux maigres illuminations qui avaient lieu sur les places Stanislas et Carrière. C'était bien simple et bien modeste; de fumeux et assez rares lampions que supportaient des consoles en grossier bois de sapin, indiquaient, d'une manière plus ou moins exacte, les grandes lignes de nos monuments publics. Si le temps n'était pas favorable, ce qui arrivait assez fréquemment, presque tous ces lampions s'éteignaient et faisaient place à une fumée très intense et très épaisse. On n'était pas si difficile alors, on avait à peine le gaz et pas d'électricité, on ne parlait ni de ballons à enlever, ni de feux d'artifice à tirer; c'est du second Empire que datent à Nancy les grandes réjouissances populaires.

L'anniversaire des trois glorieuses journées de la révolution de 1830 était à peu près célébré de la même manière, à l'exception d'un service funèbre pour les victimes, aux lieu et place de la messe d'actions de grâces pour le roi. Symphonies musicales, revue des troupes et illuminations; rien n'était oublié. Il n'y a pas longtemps encore, on voyait autour et au-dessus des portiques de l'Arc-de-Triomphe, les consoles en sapin dont nous parlons ci-dessus, destinées à supporter les lampions officiels; ce n'était pas du tout joli, et cela noircissait une grande partie des sculptures de ce beau monument qui encadre si avantageusement la belle perspective de la magnifique place Stanislas.

On ne célébrait alors que deux fêtes patronales : la Saint-Pierre, fête du faubourg de ce nom, et la fête de Saint-Fiacre, patron des jardiniers, pour le faubourg des Trois-Maisons ; il n'existait à cette époque (1846) que deux confréries de Saint Fiacre, l'une à la Cathédrale, l'autre à l'église Saint-Fiacre ; aujourd'hui, presque toutes les paroisses possèdent la leur.

Nous croyons être agréable à nos lecteurs en reproduisant ci-après: 1° un travail intitulé : les Marseillais à Nancy en 1792 ; on y trouvera d'utiles renseignements très précieux à conserver. Le second est du même auteur ;

2° un article humoristique, la Saint Fiacre, d'un de nos honorables concitoyens de Nancy, M. P. Barthélemy, 1846, de l'imprimerie de Hinzelin.

Séjour du Bataillon des Marseillais à Nancy en 1792. — La statue de Louis XV.

Rien ne peut donner une plus juste idée de l'effroi qu'a répandu dans nos murs le passage des Marseillais (1), que l'expression de terreur qui se manifeste encore aujourd'hui dans les paroles et sur la physionomie des témoins de ce drame de quatre jours. A ce nom, leurs yeux semblent

(1) On donnait aussi aux Marseillais les noms de Fédérés et de Volontaires ; c'est sans doute pour cette raison que bien des personnes désignaient, mais à tort, sous le nom de Marseillais, les bataillons des sections de Paris qui, à la même époque, ont traversé notre département pour se rendre à l'armée du Nord. Ainsi, ce ne sont pas des Marseillais qui, en 1793, menaçaient de détruire, à Bonsecours, le tombeau du roi de Pologne ; car le véritable bataillon des Marseillais n'existait plus à cette époque.

s'animer d'une lueur sinistre, leur voix se précipite, s'altère ou devient saccadée ; ils ne procèdent et ne répondent que par exclamations.

Et cependant plus d'un demi-siècle les sépare de ce jour si tristement mémorable. Ah ! c'est qu'il est des souvenirs si profondément gravés qu'ils s'éteignent à peine dans la tombe ; ils semblent incrustés dans l'esprit comme dans le granit, et la main du temps a beau passer sur l'empreinte séculaire, l'impression reste impérissable.

Qu'est-ce donc que ces hommes dont le nom est devenu pour nous synonyme de Vandales ?

C'était un bataillon de cinq cents forcenés, arrivés à Paris le 31 juillet 1792, pour hâter les progrès de la révolution dont la marche paraissait trop lente aux furieux démagogues qui les avaient appelés ; cohorte impure que les prisons de Gênes, du Piémont, de la Sicile et de l'Italie avaient vomie dans le port franc de Marseille ; ramassis de bandits, de vagabonds, d'hommes sans aveu et sans patrie. La République les avait adoptés, dira-t-on ; oui, mais la patrie a rougi de cette adoption, puis elle en a gémi ; car tels que des hyènes, ils lui ont meurtri et dévoré le sein. Loin de nous la pensée de jeter l'outrage sur le soldat de la République ! Nous ne faisons pas la honteuse injure à celui qui a généreusement et loyalement défendu le sol de la France, de le confondre avec des bandits qui trempaient leurs mains dans n'importe quel sang, pourvu qu'ils les baignent dans le sang.

A la voix de la Montagne qui comptait exploiter à son profit leur fougue méridionale et leur bravoure sanguinaire, ils se dirigent sur la capitale, laissant partout derrière eux les traces d'une fureur jusqu'alors inouïe. Paris les organise militairement, et bientôt un chant révolutionnaire ajoute à leur célébrité, *la Marseillaise*, cet hymne civique que nous entendions pour la première fois, mais dont l'écho, après avoir retenti dans les bivouacs, sur le champ de bataille et au sein de nos villes, allait se prolonger au delà des limites de l'Europe épouvantée.

Comme on devait s'y attendre, ils signalèrent leur entrée dans Paris par toutes sortes d'excès et de désordres que la garde nationale n'eut pas le courage de réprimer, soit qu'elle fût effrayée de l'audace de ces nouveaux hôtes, soit qu'elle redoutât la faction qui les faisait agir. Le plus hardi sans-culotte n'était qu'un modéré à côté de ces hideux anarchistes, dignes suppôts de ces hommes qui osaient avancer ce principe, subversif de toute loi divine et humaine : Il n'y a pas de crimes en temps de révolution.

Pendant leur séjour de trois mois à Paris, on les a vus former l'avant-garde dans toutes les sanglantes catastrophes. Le 10 août nous les montre aux Tuileries, forçant le château et massacrant des prisonniers Suisses avec un horrible raffinement de cruauté ; les premiers jours de septembre nous les représentent à la tête d'assassins à gage, se ruant dans les prisons, et déchirant leurs victimes avec le rugissement des bêtes féroces ou le rire sauvage des cannibales (1).

____

(1) On peut juger par un seul fait de la terreur qu'ils inspiraient aux Parisiens : Un jeune homme de Nancy se trouvant à Paris à cette époque, s'avisa de dire ingénuement à l'une de ces femmes que les Marseillais avaient amenées à leur suite : Qu'êtes-vous donc venue faire à Paris ? Attends, je vais te le dire, Aristocrate ! Et elle allait se jeter sur lui comme une furie. Le maître de l'hôtel n'eut que le temps de faire rentrer le jeune étourdi, en lui disant : Mais, malheureux, vous voulez donc que ces gens mettent le feu à ma maison, ou qu'ils viennent nous massacrer tous ici !

Enfin l'armée du Rhin les appelle ; ils quittent Paris où leur départ ne laisse de regrets qu'au sein de la Commune qui seule s'était réjouie de leur présence et de leurs fureurs. Ils vont effrayer dans leur marche nos provinces et nos villes ; mais parmi les cités qui auront à essuyer leurs outrages, Nancy recevra les plus rudes coups ; Nancy, la ville princière et vraiment royale, qu'on leur avait désignée d'avance comme le foyer de l'aristocratie, Nancy verra briser son écusson, et portera longtemps sur son front armorié les traces de leur brigandage.

PREMIER JOUR. — *L'arrivée.* — Le 12 novembre 1792, Nancy présentait un aspect étrange ; la plupart des rues se trouvaient silencieuses et désertes ; le marchand avait fermé son magasin, l'artisan avait déserté son échoppe ; les citoyens paisibles et tous ceux qui passaient pour royalistes ou aristocrates, s'étaient retirés dans leurs maisons dont les portes et les fenêtres entièrement closes témoignaient de l'inquiétude de leurs hôtes. Tout le mouvement et l'agitation semblaient s'être portés sur la place Louis XV et dans cette grande rue qui aboutit à la Porte de Toul. Là, on voyait des groupes naître, grossir et se multiplier d'instant en instant. Les uns étaient composés de cette classe d'hommes désœuvrés, qui stationnent en tous temps sur les places publiques, qui croupissent dans une lâche oisiveté, et pour lesquels un événement fâcheux est presque toujours une bonne fortune ; les autres étaient formés d'artisans et de patriotes de différentes professions, le chef orné du bonnet rouge ; genre de coiffure qui devait contraster d'une manière bizarre avec la queue dont nos pères aimaient à se parer. Au milieu d'eux s'agitaient, les poings sur la hanche, le corps penché en avant, et la face enluminée, les femmes de la Halle et de la Poissonnerie ; quelques-unes portaient fièrement le bonnet phrygien sur leur bonnet rond, à larges dentelles tombantes. On lisait sur toutes ces figures l'impatience et la joie. Puis c'étaient des troupes tumultueuses de ces enfants criards et hargneux, qu'on rencontre dans toutes les scènes de désordre, et toujours disposés à commencer l'attaque. De temps en temps, on apercevait aussi dans la foule bruyante quelques citoyens à la physionomie curieuse, mais pacifique ; ils s'approchaient timidement des groupes dont ils écoutaient les propos, puis se retiraient, plus ou moins rassurés de ce qu'ils venaient d'entendre.

D'où provenait cette joie des uns et cette frayeur des autres ? Tout à coup, un lointain roulement de tambour frappe l'oreille. A ce bruit, un cri général s'échappe de la foule : Les voici ! puis les groupes s'ébranlent, se confondent, se portent en masse vers la rue de l'Esplanade, du haut de laquelle on aperçoit flotter l'étendard républicain : Ce sont eux ! Les Marseillais ! Vivent les Marseillais ! Vivent les enfants de la patrie ! Et la foule s'écarte en formant deux haies jusqu'au centre de la place Louis XV ; le fier bataillon s'avance triomphalement au refrain de la *Marseillaise*, au milieu des vivats, des bravos, des trépignements, des claquements de mains ; les bras s'élèvent, les bonnets rouges s'agitent dans l'air : les cris des hommes, des femmes, des enfants retentissent jusque dans les quartiers les plus éloignés dont ils troublent le morne silence, et, comme un tocsin d'alarme, jettent partout l'épouvante.

Ravis d'un accueil aussi sympathique, auquel ils étaient si loin de s'attendre dans une ville qu'ils ne croyaient peuplée que d'aristocrates ; étonnés de rencontrer tant

d'amis là où ils ne comptaient trouver que des adversaires
ou des ennemis de leurs principes ; ces hommes promènent
sur la foule des regards émerveillés ; lancent, en relevant
la moustache, un superbe sourire à cette masse qui, par
derrière, en tête, sur les flancs, les entoure, les presse, les
salue du geste et de la voix, leur adresse de frénétiques
apostrophes et leur prodigue les épithètes les plus propres
à exalter encore l'audace qui se peint sur leurs traits.

Est-ce bien franchement que tu me serres la main, dit
l'un d'eux à un sans-culotte nancéien ? — Comment donc !
Mais c'est avec la franchise d'un vrai sans-culotte. — Ah !
c'est que, vois-tu, cette main-là a tenu par les cheveux
vingt-sept têtes d'aristocrates, et celle-ci les a coupées !
Et à ce récit, les yeux de cet homme, que dis-je ? de ce
sauvage, brillaient d'une joie féroce, tandis que le vrai
sans-culotte, terrifié, sentait sa main trembler dans celle
qu'il avait d'abord saisie avec tant d'assurance.

Arrivés sur la place, au milieu des acclamations et des
cris toujours répétés de Vive les enfants de la patrie ! les
Marseillais se rangent en bataille : Cinquante hommes du
8ᵉ de la Meurthe et de gardes nationaux, composant le
poste de la municipalité, se trouvent sous les armes et
considèrent avec calme, défiler devant eux, ce fameux
bataillon que nous allons passer en revue.

Quelles physionomies ! Quel aspect! L'œil contemple
avec une curiosité mêlée d'une sorte de terreur, ces figures
presque toutes basanées, rébarbatives, au regard féroce,
fauve, étincelant ou sombre, dans lequel on lit la froide
détermination du scélérat, la soif de la destruction et la
joie de la vengeance déjà satisfaite; rebuts de la société,
ils se sont vengés sur elle de l'odieux stigmate imprimé à
leurs fronts. Une vapeur de sang, une odeur de bagne

semble s'exhaler encore de ces rangs, et sous cet uniforme on devine plutôt l'âme d'un bandit que le cœur d'un généreux républicain.

Ce bataillon était composé de chasseurs, de grenadiers et d'une compagnie d'artillerie, traînant à sa suite deux pièces de canon de faible calibre, sans munitions. Considéré en masse, il présente un coup d'œil uniforme ; mais en détail, il offre quelque chose de bizarre. La république manquant des fonds nécessaires pour habiller ses soldats, avait forcé les marchands de la capitale et de toutes les villes des départements, à vendre au maximum les draps de leurs magasins, payables en assignats ; genre de paiement dont personne ne se souciait ; mais il fallait obéir, car la prison savait bien vite calmer toute résistance.

Aussi rien de moins uniforme que les capotes de ces hommes ; on en voyait de grises, de bleues, de vertes, de noires ; mais toutes d'une étoffe très fine ; pour ôter aux soldats tout moyen de la vendre ou d'en trafiquer, on avait imaginé de l'orner par le bas d'une bordure à la grecque, imprimée sur le drap, et d'un très bon effet. Cependant cette variété de nuances, sombres ou vives, s'effaçait sous le sabre et la giberne, sous l'épaulette de laine, et sous deux rangs de boutons de cuivre jaune qui s'alignaient sur le revers de la capote.

A l'exception des grenadiers qui portaient des bonnets à poil, hérissés ou rapés, décorés de la plaque, tous avaient des casques en cuir bouilli, ornés de la jugulaire, garnis de peau de tigre et surmontés d'une chenille noire, à la suite de laquelle s'allongeait une queue poudrée et pommadée ; une culotte blanche à passe-poils rouges, des guêtres noires, montant au dessus du genou, complétaient cet uniforme qui ne manquait pas d'une certaine sévérité.

Quant à celui des artilleurs, il était entièrement bleu et à passe-poils rouges.

On remarquait dans les derniers rangs, des hommes nouvellement incorporés, sans équipement, sans costume militaire, d'un extérieur sale et repoussant ; recrues immondes qu'ils avaient recueillies dans leur marche, usées par les maladies, la misère et la débauche. On fut obligé de faire, en leur faveur, un appel à l'humanité des habitants ; car la plupart eussent été incapables de continuer leur route ; et bientôt on apporta au district de la charpie, du linge et des vêtements qui furent distribués aux plus malheureux ; on ne considérait pas l'homme, mais l'état misérable de celui qu'on soulageait.

L'appel est fini ; les billets de logement sont distribués et chaque soldat se dispose à chercher son gîte ; mais à cet instant, quelques patriotes qui attendaient impatiemment la fin de l'appel, se précipitent dans les rangs, saisissent par le bras les enfants de la patrie, les engagent à les suivre, et les entraînent dans leurs domiciles ; chacun d'eux tient à honneur de posséder un Marseillais et de l'asseoir à sa table ; et ceux auxquels le peu d'aisance ne permet pas de faire une semblable démonstration en applaudissent vivement les auteurs.

Cet enthousiasme d'une partie de la population nancéienne s'explique facilement dans cette circonstance. On connaissait la convention de Pilnitz ; le manifeste du duc de Brunswick avait indigné la France ; dès lors, la nation menacée dans son indépendance se tint debout, discuta ses intérêts et se mit sur une redoutable défensive ; bientôt l'Assemblée législative déclara la patrie en danger ; depuis cette crise terrible et solennelle, l'esprit patriotique s'était réveillé dans tout le royaume ; partout la garde nationale s'était promptement organisée ; l'élan devenait général ; c'était à qui s'enrôlerait le premier pour repousser l'invasion étrangère ; et l'année suivante, Nancy, ville de vingt-sept mille âmes, comptait sur les frontières huit mille de ses enfants (1).

Il faut le dire, beaucoup de nos concitoyens, hommes d'un caractère honorable et de bonne foi, ne voyaient dans ces Marseillais auxquels ils faisaient un accueil aussi fraternel, que les zélés défenseurs des libertés du pays ; la plupart de leurs actes étaient encore inconnus ou perdaient à leurs yeux de leur énormité, et ils ne songeaient pas que, dans quelques jours, ils auraient à réprimer eux-mêmes l'effervescence démagogique de ceux qu'ils traitaient si favorablement.

Malgré cette exaltation des esprits, aucun désordre n'eut lieu pendant ce jour ; mais l'intérieur de la ville présentait un contraste frappant : telle rue retentissait de chansons patriotiques ou grivoises, telle autre y aboutissant offrait l'image de la solitude et semblait avoir été tout à coup abandonnée de ses habitants ; dans certaine maison régnaient la joie, le tumulte, les chants, les ris, la bonne chère ; le soir une brillante clarté illuminait les appartements ; dans la maison voisine, une famille tremblante se tenait dans l'obscurité, le silence et la crainte.

DEUXIÈME JOUR. — *La Grande Revue.* — Le lendemain, à neuf heures du matin, les tambours dont quelques-uns, au lieu de casque, portaient le bonnet rouge, battent le rappel

(1) Il n'y avait plus alors à Nancy que des vieillards et des enfants de treize à quatorze ans, qui, armés de piques, faisaient le service de la place. On désignait les premiers sous le nom de Garde royale pituite; on appelait les autres Garde royale bonbon.

dans les différents quartiers de la ville. Les uns s'imaginent que c'est pour le bataillon le signal du départ et tressaillent d'une joie intérieure qui s'explique aisément ; toutefois ils s'étonnent que des hommes qu'on leur avait dépeints si terribles, dont le nom seul réveillait des souvenirs de sang et de destruction, se montrent aussi pacifiques, aussi amis de l'ordre, ne manifestent leur présence par aucun acte de brigandage, et ne justifient en aucune manière cette réputation de terreur qui les avait précédés ; ils se félicitent d'un départ si prompt et qui les rend au calme de leur paisible existence.

D'autres au contraire s'en alarment ; toute la populace des faubourgs, tous les esprits mal intentionnés, toute la plèbe des carrefours de la ville-vieille et de la ville-neuve ne peut croire à une retraite si subite qui les priverait d'une foule de douces émotions. Comment ! Nancy ne jouirait pas d'une scène tant soit peu tragique ? Les Marseillais, ces dévastateurs par excellence, ces célèbres septembriseurs ne donnaient pas le plus faible échantillon de leurs épouvantables prouesses ! La plus petite ville aura eu ses agitations, ses terreurs, de mortelles heures d'angoisse, et Nancy, cette ville qui porte partout sur ses murs, sur ses monuments, sur ses édifices l'empreinte d'un duc, d'un prince, d'un roi, d'un tyran, cette ville d'aristocrates, n'aurait pas sa lugubre représentation, n'éprouverait pas le plus léger émoi ! Et ces hommes qui ont laissé la trace de leurs pieds sanglants sur les marches d'un trône, qui ont forcé à fuir, tremblant, de son antique palais, un roi et sa famille, ces hommes, l'effroi d'une ville comme Paris, de cinq cent mille âmes, passeraient inaperçus dans nos murs ! Oh ! l'enfer ne le permettra pas !

En effet, l'enfer ne l'a pas permis ; car, à la grande satisfaction des uns, et au vif regret des autres, ce bruit de tambour est l'annonce d'une grande revue. Déjà le soldat, revêtu de son uniforme d'ordonnance, débouche de toutes les rues et s'empresse de se rendre sur la place Louis XV ou place du Peuple, comme on commençait à peine à l'appeler ; chasseurs, grenadiers, artilleurs, chefs et soldats, tous sont réunis. Cette fois, le coup d'œil est imposant ; la capote multicolore a disparu ; la foule, plus nombreuse encore que la veille, a les yeux fixés sur l'immobile bataillon ; et telle est l'avide curiosité des spectateurs que le silence est aussi profond parmi eux que dans les rangs qu'ils considèrent.

Le tambour-major attirait d'abord l'attention (1) : c'était un homme d'une taille peu ordinaire ; il atteignait presque deux mètres. Le mouvement des bras, le port de la tête, la démarche avaient quelque chose d'une coquetterie étrange; il voulait se donner un air imposant, gracieux et martial, et cette souplesse étudiée, ce balancement, cette ondulation de tout le corps donnait à toute sa personne un air de fanfaron, de damoiseau et de spadassin. C'était un type curieux et tout à fait à part ; il s'avançait la main gauche sur la hanche, la canne en avant, la tête couverte d'un superbe tricorne, inclinant sur l'oreille et ombragé de longues plumes aux couleurs nationales, entouré d'une foule de gamins agitant des castagnettes de faïence ou d'osselets dont ils réglaient la cadence sur le son du tambour.

Quelques-uns exerçaient leur adresse à faire enrouler et

____

(1) C'était un forgeron du faubourg St-Antoine, qui, à la journée du 10 août, avait lutté dans les rangs des Marseillais dont il s'était fait remarquer par son audace ; dès lors ils se l'associèrent ; il fut décidé à l'unanimité qu'il serait leur tambour-major ; ce nouveau recruté fut aussitôt enrôlé, et forcé, malgré sa vive opposition, de marcher à leur tête.

dérouler d'elle-même, par un mouvement ascendant et descendant, une ficelle dans une rainure étroite, creusée dans l'épaisseur d'un mince cylindre de bois, sur les flancs duquel brillaient les trois couleurs disposées en cercles, à la manière d'une cocarde.

Ils exécutaient ce jeu en criant :

Ça ira, les aristocrates à la lanterne ! (1).

Ils se tenaient éloignés du tambour-major à une distance respectueuse, car en faisant parfois le moulinet avec sa canne, il avait manqué d'accrocher plus d'un nez et d'écorner plus d'un menton. De temps en temps, notre homme dérogeait à sa gravité, et détournant légèrement la tête, jetait un regard moitié souriant aux dames républicaines dont la plupart aussi auraient mérité d'être passées en revue.

Monté sur un cheval bai, le chef parcourait à chaque instant le front du bataillon, et semblait tout fier de commander de tels hommes. L'épée à la main, un panache tricolore flottant sur son casque, des bottes à l'écuyère, cet appareil lui donnait quelque peu l'air chevaleresque. Il promenait ses regards triomphants tantôt sur ses soldats, tantôt sur la multitude qui les entourait. Et cet homme dont le front superbe commande aujourd'hui le respect et la crainte, naguère, le maillet et le ciseau à la main, taillait humblement la pierre ; et là, courbé sur un bloc inerte, il songeait peut-

____

(1) Le même jouet, non décoré des trois couleurs, se trouvait aussi entre les mains des enfants de familles nobles ou royalistes ; mais chaque fois qu'en baissant ou levant le bras, ils faisaient descendre ou monter le cylindre, ils répétaient pour refrain : Ils s'en vont, ils reviendront ; faisant ainsi allusion au départ des émigrés, qui ne croyant pas au succès ni à la durée de la Révolution, regardaient leur retour comme prochain.

être déjà, en entendant croûler la Bastille (1), que ce marteau qu'agitaient ces robustes mains, se convertirait
bientôt en une épée qui briserait le trône du roi. Sa femme,
nous regrettons de profaner ce nom pour désigner un tel
monstre, sa femme se vantait en termes qui soulevaient et
gonflaient le cœur d'indignation, d'avoir pris et serré dans
sa main le cœur de l'infortunée duchesse de Lamballe, de
l'avoir pressuré entre ses lèvres pour en extraire, disait-
elle, la dernière goutte de sang aristocrate ! Nous citerons
au besoin l'homme digne de foi auquel elle a tenu ce langage. Tant il est malheureusement vrai que toute révolution enfante des cannibales !

Maintenant parcourons avec le commandant les rangs
des soldats qui s'étendent, depuis la ci-devant intendance
(plus tard ancienne Préfecture), en longeant la municipalité, jusqu'au café Valdenaire, ou de la Comédie. (Il n'y
avait alors sur cette place que deux cafés).

Tous l'arme au bras, l'œil fixe, la moustache longue,
descendant en ligne courbe, la queue poudrée, tressée,
exhalant une forte odeur de cosmétique, restent immobiles sous le regard de leur chef ; tous ont l'habit bleu à revers blanc, la culotte blanche, les guêtres de la même couleur, fermées de boutons de cuivre. Les chasseurs portent
l'épaulette de laine verte ; les grenadiers avec leurs hauts
bonnets à poil, leurs épaulettes de laine rouge et leurs
queues, nous rappelleraient volontiers les vieux grognards
de la garde impériale, si nous osions comparer l'honneur et
la noble bravoure avec l'opprobre et la barbarie.

(1) Presque tous les officiers de ce bataillon étaient tirés des faubourgs
de Paris. Cependant, beaucoup de nos concitoyens furent étonnés de
voir marcher à la tête d'une compagnie de Marseillais le fils d'un horloger de Nancy. Il est vrai que quelques jeunes gens, séduits par la
beauté de l'uniforme, s'engageaient dans les volontaires.

Les officiers n'étaient distingués des soldats que par l'épaulette qui était de soie et par leurs bottes à revers. Mais ils portaient comme costume de fantaisie le chapeau à trois cornes, orné du plumet, des bas de soie blancs et des souliers à boucles.

Au centre, se déployait le drapeau tricolore sur lequel on lisait : Vaincre ou mourir. Liberté, Egalité, Fraternité. Cette dernière devise n'était, dans les circonstances présentes, qu'un stupide contresens, qu'une amère dérision.

L'aspect de ces hommes sous les armes avait quelque chose d'effrayant et de terrible ; la foule, en les contemplant, semblait électrisée ; car chaque rue criarde et tumultueuse avait là ses représentants qui s'extasiaient d'admiration ; mais lorsque, au commandement du chef, le bataillon vint à défiler, ce fut un hourra, une confusion de toutes sortes de voix, de cris, d'acclamations assourdissantes. Quelques bonnets rouges ouvraient la marche et écartaient la foule en s'écriant : Place aux enfants de la patrie ! Vivent les vrais soldats de la république ! Et les Marseillais s'avançaient le regard aussi foudroyant, d'une allure aussi menaçante que s'ils marchaient de nouveau à l'attaque des Tuileries : il semble qu'en foulant ce sol, ils devinent qu'ils marchent sur la tête d'un roi qui, à leur approche, s'est enfoui sous terre. Puis, tout à coup, éclate dans les rangs et dans la foule l'hymne révolutionnaire, le chant de la nation, la Marseillaise dont les paroles et la musique, à la fois sévère, entraînante et majestueuse, ont fait naître, bouillonner tant de courages et enfanté tant de héros ; ce cri de tout un peuple qui proteste contre l'esclavage et contre la tyrannie, qui jette tout à la fois dans l'âme la terreur, l'exaltation et l'enthousiasme, qui remplit le cœur d'un sublime amour de la liberté, cet air si heureu-

sement adapté aux paroles, ce refrain si imposant, si belliqueux, qui provoque au combat, qui semble nous jeter
dans la mêlée, tout cela dans la bouche de ces hommes,
sortant de ces poitrines haletantes, avait quelque chose de
terrifiant ; leurs voix rauques, leurs gestes d'énergumènes,
leur effrayante pantomime, ôtaient à cet hymne ce qu'il a
de noble, de généreux et de solennel ; ils ne comprenaient
ni le sens ni l'esprit qui avaient présidé à la composition
de cette ode ; et la plupart de ceux qui la chantent encore
aujourd'hui ne les comprennent pas davantage. Ce chant
patriotique avait été composé au moment où l'on apprit la
marche des Prussiens sur la France. C'est donc la haine de
toute domination étrangère qui a inspiré le poète ; c'est
contre les ennemis de la patrie qu'il s'indigne, qu'il appelle
tout un peuple aux armes ; et loin d'exciter des Français
contre d'autres Français, comme beaucoup se l'imaginent,
loin de provoquer la guerre civile ou l'effusion du sang, il
recommande la pitié pour des ennemis s'armant à regret
contre nous.

La marche et les chants ont cessé. Chaque homme a
répondu à l'appel, et les rangs sont rompus ; mais aussitôt
des groupes se forment, mêlés de bourgeois et de soldats ;
parmi eux on remarque de ces citoyens à la physionomie
méchante et hypocrite, de ces hommes qui méditent lâchement le mal, et savent le faire exécuter. On se concerte,
on écoute ; puis le mot d'ordre est donné : on se sépare
avec un coup d'œil d'intelligence, un serrement de main
significatif ; et bientôt cette place où retentissaient mille
voix, où s'agitait une multitude orageuse, rentre dans son
calme habituel ; mais c'est le calme précurseur d'une autre
tempête.

Scènes de dévastations.

Deux heures se sont écoulées ; une sourde rumeur, des bruits sinistres se répandent dans la ville, se répètent de bouche en bouche et assombrissent les esprits. Aussitôt les cris de : Ah ! ça ira ; les aristocrates à la lanterne ! partent à la fois de différentes rues ; c'est le signal du ralliement ; car, au même instant, se précipitent hors des tavernes et des cabarets les plus hideuses figures : bonnets rouges, Marseillais, gens de la lie du peuple se joignent, s'attroupent et s'agglomèrent ; puis se divisent par bandes et se dispersent sous la conduite de cette race d'hommes qui semblent l'âme de tout désordre, les méchants génies de toute œuvre ténébreuse ; de ces hommes qui s'affublaient de bonnet rouge, non par amour de la République, non pour témoigner de leur attachement à la nouvelle constitution, mais pour avoir plus de facilité d'exercer le mal, pour l'exécuter avec une impunité plus certaine, en se retranchant derrière cet insigne de la liberté, devenu pour eux l'emblème de l'anarchie.

A l'Hôtel-de-Ville ! s'écrie le coryphée d'une bande.

Puis, munis de haches, de marteaux, de bâtons et d'échelles dont ils s'étaient emparés de force dans les maisons des citoyens, ou que leur avaient procurés de complaisants amis, ils se portent sur la place du Peuple en poussant des cris aussi farouches qu'autrefois les armées des barbares près d'en venir aux mains avec leurs ennemis.

Que veulent-ils donc, ces hommes ? Contre qui s'avancent-ils en brandissant leurs sabres, leurs haches et leurs épieux ? Sur quels formidables ennemis vont-ils décharger leur fureur et leurs coups ? Dédaignant d'avoir recours aux armes ordinaires, ils marchent sans doute contre quelques

ennemis de la République, dignes de leur valeur ! Non,
ces braves, ces enfants de la patrie, vont lutter contre des
bronzes insensibles, briser des statues, des images de
saints, mutiler des écussons et pourfendre des tableaux !
C'est au nom de la liberté qu'ils violent les domiciles ! C'est
par horreur de la tyrannie qu'ils font la guerre aux beaux-
arts ! C'est par amour de la liberté, de l'égalité, de la fraternité, que, sacrilèges iconoclastes, ils osent frapper la
sublime figure de celui qui, le premier, vint prêcher aux
hommes la liberté, l'égalité et la fraternité !

Nous voudrions pouvoir dérouler sous les yeux du lecteur, et avec la même rapidité qu'elles ont eu lieu, ces
scènes de dévastations, les retracer simultanément dans
un seul cadre afin de le transporter comme par enchantement dans tous les lieux à la fois où ces modernes
Vandales ont porté leurs pas : ce serait un panorama sai-
sissant, où l'horrible, l'étrange et parfois le burlesque se
trouveraient confondus.

Le désordre est organisé ; chaque bande a son rôle :
aucun bras ne doit rester oisif ; à la même heure, l'irruption doit commencer dans les endroits désignés à leur
rage.

Tenez, les entendez-vous rugir ? ils envahissent la place
Louis XV, cette place devenue leur quartier général ; ils en
forment le siège ; il semble qu'ils veulent la prendre
d'assaut ; ils s'ameutent, ils tourbillonnent autour des
portes, s'élancent sur les grilles, alors si richement, si
magnifiquement dorées, où ils ont aperçu des fleurs de lys,
escaladent les fontaines de Neptune et d'Amphitrite, au-
dessus desquelles brille l'écusson aux armes de France,
surmonté d'une couronne. Les uns grimpent, se crampon-
nent aux barres de fer ; les autres se hissent sur les épaules

de leurs camarades. On en voit qui se pavanent, orgueil-
leusement assis sur les bras ou sur la tête du dieu des
eaux, qui souffre débonnairement cet affront, ou sur les
épaules de sa royale épouse. Les sabres, les bâtons, les
marteaux se lèvent, retombent et retentissent sur ce chef-
d'œuvre de serrurerie de l'ingénieux Lamour. En un instant, couronnes, fleurs de lys, ornements et dorures tombent et sont foulés aux pieds par la populace qui chante et
bat des mains.

Rien ne peut donner une idée de cet assaut général et
épouvantable, de ce frémissement, de ce choc du fer contre
le fer, répété au même instant, dans toutes les parties de
la place, et mêlé à des cris, à des vociférations incessantes ;
c'était un écho de l'enfer.

Les spectacles sont variés et prêtent aux émotions. Les
quatre statues en plomb, ornement du piédestal qui portait
un roi, sont encore sur leur socle, comme si elles attendaient
que reparût au milieu d'elles celui dont elles formaient le
cortège. Leur vue blesse, irrite les regards ; ces satellites
d'un tyran ne doivent plus rester debout ; et les Marseillais, secondés d'un appariteur public de cette ville, font
tomber les têtes des quatre statues sous les dents d'une
scie : les têtes de la Justice et de la Clémence ! Stupide
aveuglement ! Comme si ces vertus qui font la force et la
gloire d'un Etat, qui honorent et ennoblissent surtout le
cœur de l'homme, devaient aussi être proscrites du sol de
la France !

Dans ce moment, quelques-uns font invasion dans
l'Hôtel-de-Ville, dont ils parcourent les salles, le sabre à la
main, et franchissent les degrés qui conduisent au grand
salon ; là se trouvaient placés dans des trumeaux, en face
l'un de l'autre, les portraits de Louis XV et de Marie

Leczinska, son épouse (ces portraits ont été remplacés par des glaces) ; quelle bonne fortune ! En un instant, ils sont percés de coups de sabre ; la toile est déchirée et arrachée.

Dans une des salles du rez-de-chaussée, la même violence se répétait, mais accompagnée d'une circonstance que nous allons rapporter parce qu'elle fait ressortir le dévouement, le courage, peut-être téméraire, d'un de nos concitoyens.

Pendant qu'un Marseillais frappait à coups multipliés un portrait en pied de Stanislas, un garde national nommé Vallée, tapissier, rue de la Fayencerie, qui était de service au poste de la commune, considérait ce spectacle avec ses camarades, non sans frémir intérieurement d'indignation. Il s'approche du soldat avec un regard moitié souriant, mais où percent cependant le défi et la menace, et l'apostrophe ainsi : Dis-donc, camarade, serais-tu aussi hardi que tu parais l'être, si celui que tu frappes d'estoc et de taille pouvait tirer son sabre ? Je gage que tu rengainerais bien vite.

A ces paroles qui exprimaient un doute injurieux, surtout pour un Marseillais, notre homme entre en fureur et riposte par le mot sacramentel d'Aristocrate ; puis il ajoute : Tu défends un roi, tu n'es toi-même qu'un lâche.— Je crois que tu te trompes ; le lâche c'est celui qui coupe la tête et les bras à un mort; d'ailleurs, tu peux éprouver sur le champ ce que je suis ; si tu as du cœur, viens avec moi à vingt pas d'ici.

Le défi est accepté ; les deux champions, accompagnés chacun d'un seul témoin, se rendent dans un carré de la Pépinière. Vallée qui est un vieux soldat ne manque pas de sang-froid, et plaisante même son antagoniste jusque sur le terrain : Je ne suis pas comme le roi de Pologne, moi dit-il, en se mettant en garde, je peux tirer mon sabre. Eh bien, reprend le Marseillais, voyons si tu te défendras mieux que lui.

Au bout d'une minute, celui qui venait de parler, roulait sur le carreau.

A ton tour à présent, si tu veux, dit le vainqueur au second du Marseillais. Mais celui-ci ne jugea pas convenable d'accepter la partie. Vallée fut obligé de se tenir caché pendant deux jours (1).

Sortons un moment de l'enceinte de la porte Royale ; passons l'Arc-de-Triomphe ; nous voilà sur la place Carrière ; les échelles sont dressées aux grilles ; même escalade, mêmes dégâts. Mais c'est au palais du gouvernement qu'il faut accourir ; là se passe la scène la plus burlesque, et qui serait divertissante, si elle n'était pas trop stupide. De chaque côté de ce magnifique palais, dans un espace formant le demi-cercle, se trouvent appliqués au mur les bustes des principales divinités païennes : ils les prennent pour une collection de rois et de reines ! Quelques-uns même crurent y reconnaître des saints. A cette vue, rien n'égale la fureur comique des uns et la gaîté bruyante des autres ; chacun apostrophe ces pauvres têtes suivant l'émotion de joie ou de colère qu'il éprouve. L'un d'eux s'écrie d'un air indigné : Quel tas d'aristocrates que tous ces Nancéiens ! Mais tous les princes et princesses de l'Europe se sont donnés rendez-vous chez eux !

Une Junon avec son sceptre, c'est l'autrichienne, il n'y a

____

(1) Vallée ne fut pas le seul qui osa se mesurer avec les Marseillais ; on cite les frères Bagard, du faubourg Saint-Pierre, qui tous les jours avaient une querelle à vider avec eux, et ne manquaient jamais de mettre leur adversaire hors de combat. On pense que sans ces démonstrations, qui faisaient connaître l'esprit et les dispositions de la garde nationale, les Marseillais se seraient livrés à de plus déplorables excès.

pas à en douter. Et ce jeune blanc-bec ? en désignant un
Apollon, c'est bien sûr son fils. Monsieur Veto, où est-il
donc ? Eh ! tu ne le vois pas devant toi, s'écrie une voix
rauque; depuis qu'on lui a pris son sceptre, il s'est emparé
d'une fourche. Et cet autre avec sa coupe, qui ose boire
tout seul à notre nez ! Attends, je vais te faire raison !

Allons, branle-bas de combat! s'écrie le chef de la bande :
aussitôt, les haches, les marteaux s'agitent dans l'air, les
échelles sont appliquées au mur et dans un rapide instant,
les têtes des dieux et des déesses roulent à terre (1). Pourquoi, à la vue de ces nouveaux Titans, ces malheureuses
divinités n'ont-elles pu s'enfuir en Egypte, comme leurs
ancêtres de fabuleuse mémoire? Il était si dangereux alors
de ressembler à un roi !

Au-dessus des portiques en fer à cheval s'élevaient les
trophées érigés par Stanislas à Charles V, pour rappeler
les victoires que ce prince avait remportées sur les Musul-
mans; ils n'échapperont pas à la hache des Vandales ; en
quelques minutes, épées, boucliers, casques, têtes de
guerriers roulent et confondent leurs ruines. (C'est M. Lépy
aîné, sculpteur nancéien, qui fut chargé, en 1831, de réparer les trophées, le médaillon de Charles V, et les groupes
allégoriques.)

Laissons les enfants s'amuser avec les débris, heurter
les unes contre les autres les têtes de Vénus et de Vulcain,
de Jupiter et de Junon, et entrons avec les dévastateurs
dans ce palais que son gouverneur a déserté ; suivons-les

______

(1) Un de nos concitoyens, M. D..., témoin de ce brigandage, ne put
retenir un cri de réprobation qui fut entendu des Marseillais: heureusement que quelques spectateurs qui le connaissaient se mirent à le
huer, et l'entraînèrent hors de la foule en feignant de le battre ; sans
cette ruse, il allait périr comme un dieu.

dans ces superbes salons où l'œil est partout surpris, émerveillé. Sculptures, reliefs, tableaux, statues, marbres, glaces et tentures, toutes ces richesses, toute cette magnificence royale, tombe, s'anéantit sous les coups de ces aveugles destructeurs. Rien n'échappe à leurs investigations ; ils parcourent l'édifice du seuil au faîte ; et ces quatre belles statues, sorties des savants cisaux de Guibal, de Belchamp et de Lenoir, que vous voyez encore aujourd'hui sur l'entablement, accroupies sur leur bloc de pierre, semblent n'être là que pour réveiller nos regrets en nous montrant l'une sa tête abattue, les autres, leurs torses et leurs bras mutilés.

Ainsi ce palais tout à l'heure si resplendissant n'offre plus que des ruines à l'œil attristé.

Mais hélas ! partout où nous porterons nos pas, que rencontrerons nous ? Le palais de justice sera-t-il pour eux une enceinte inviolable ? Trembleront-ils de franchir l'entrée de ce sanctuaire ? Ne leur semblera-t il pas entendre encore la voix du magistrat qui, ailleurs, du haut de son tribunal, a prononcé l'arrêt infamant du plus grand nombre d'entr'eux ? Non, ils osent polluer ce lieu de leur présence. Mais, ô déception ! rien ne s'offre à leur rage ; rien, que l'image du Christ. Eh bien ce tableau, à la vue duquel plus d'un criminel s'est senti trembler et pâlir, ne leur inspire ni respect ni terreur ; et ils le déchirent avec la même audace qu'ils mutilaient tout à l'heure la face d'un Mercure !

Du temple de la Justice, pénétrons dans le temple de Dieu ; là peut-être oublirons-nous un instant les scènes désolantes dont nous venons d'être témoins. Les traits consolants sont si rares dans notre récit que nous nous sentons une véritable joie au cœur lorsqu'ils nous arrivent sous notre plume.

Une troupe de Marseillais étaient entrés dans la Cathédrale ; à cette époque le culte extérieur n'était pas encore aboli ni interdit. Ils suivent la grande nef, s'avancent jusqu'à la balustrade du maître-autel, en jetant partout des regards scrutateurs. Quelques rares fidèles, agenouillés près des piliers, sur le parvis du temple, saisis de frayeur, s'apprêtent à quitter le saint lieu, car ils ont aperçu entre les mains de ces étranges visiteurs des scies, des pinces, des marteaux, et ils tremblent dans l'attente d'une profanation.

Tout à coup les orgues frappent leur vue : Que font ces grands tuyaux de plomb dans une église ! Ne pourrait-on pas les employer d'une manière plus utile ? On peut en faire des balles ! Il y a assez longtemps qu'ils fonctionnent pour la plus grande gloire de Dieu.

Ils montent à la galerie, conduits par un bienveillant cicérone ; car chaque bande en avait un qui paraissait lui être tout dévoué ; un certain nombre de curieux les suivent : Allons ! A bas les orgues ! La République a plus besoin de balles que le bon Dieu n'a besoin de musique.

Et déjà ils portaient une main profane sur cet instrument dont la majestueuse harmonie sied si bien dans nos temples, qui élève et transporte l'âme, qui est à lui seul un orchestre complet, enfin le plus audacieux et le plus magnifique de tous les instruments créés par le génie humain, comme l'a dit un auteur de nos jours.

Mais si parmi cette foule il se trouvait des génies de la destruction, il s'y rencontrait aussi quelquefois des génies protecteurs. Au moment où ils se disposaient à exécuter leur projet, un musicien distingué de notre ville, M. Michelot, beau-frère de M. Julliac, négociant à Nancy, dont nous devons ici proclamer le nom, sent son cœur d'artiste s'émouvoir à la vue d'un tel attentat ; et comme inspiré du ciel, il leur dit : Vous avez raison, camarades, mais avant de le détruire, laissez-moi vous jouer quelques airs.

Et en prononçant ces mots, il s'était emparé du clavier, et déjà ses doigts se promenaient sur les touches.

D'abord la note vibre et s'échappe rapide, entraînante, impétueuse ; c'est tour à tour la voix humaine, le son du cor, le roulement de la foudre ou de l'airain, le sourd murmure de la mêlée, et le clairon qui sonne le chant de la victoire.

L'artiste s'arrête un instant, jette un regard sur ses auditeurs qui, tous immobiles, silencieux, sous le poids d'une impression qui les maîtrise, semblent plongés dans l'extase et l'écouter encore. Puis profitant de cette disposition des esprits, il passe habilement à un autre thème, et les sons les plus doux, les plus enivrants, d'une suavité voluptueuse, viennent charmer les oreilles et pénétrer l'âme. Mais il cesse tout à coup en disant : Allons, camarades, maintenant à l'œuvre, brisons tout cela ! Non, non, s'écrient-ils brusquement, d'une voix unanime ; ce serait dommage, c'est trop beau !

C'est ainsi que la présence d'esprit, le talent et la noblesse d'âme d'un de nos concitoyens préserva d'une ruine inévitable les orgues de notre Cathédrale.

La bande qui venait de dévaster le palais du gouvernement se dirige vers la place Saint-Epvre, au milieu de laquelle s'élevait la statue équestre du duc René. Encore une tête de roi. Il y en a donc partout, dans ce Nancy !

Allons, Brisant, signale ton adresse, et démonte-nous ce cavalier ! Ce Brisant était un Marseillais, qui dans toutes les occasions se faisait gloire de justifier son nom de famille. Cette homme d'une stature athlétique, d'un abord

farouche, paraissait d'une force musculaire prodigieuse ;
outre son sabre dont il se servait quelquefois, il portait d'une
main un énorme bâton, et de l'autre un merlin que son bras
vigoureux maniait comme un roseau. Quand il avait frappé
un coup qui lui semblait digne de lui, il traçait avec la
pointe de son sabre, sur un débris encore debout, cette
inscription : Brisant brisavit. Pensant laisser ainsi, par ce
jeu de mots burlesque, un souvenir de son vandalisme.

La troupe se range donc en demi-cercle autour du piédestal ; Brisant s'avance tout orgueilleux d'une si noble
distinction, monte à l'assaut à l'aide d'une échelle, et pour
donner une nouvelle preuve de cette force dont il était si
fier, et qui lui valait de tels honneurs, il soulève, à bras
tendu et en ligne droite, sa masse de fer, puis en décharge
un coup des plus lourds sur le cavalier qui s'affaisse sous
le choc et voit sa tête voler à vingt pas (1). Ce fut un hourra
des plus retentissants, et l'auteur de cet exploit fut salué
comme un héros.

Mais des cris qui partent des rues voisines détournent
l'attention ; l'hôtel du baron de Vioménil, dans la rue du
Haut-Bourgeois, et l'hôtel du comte du même nom dans la
rue Callot, sont infestés à leur tour ; pour échapper à la
vague révolutionnaire, les maîtres du lieu ont déserté ; le
suisse garde seul ces tristes et silencieuses demeures :
tremblant, il livre passage à ces furieux qui forçaient
l'entrée, la menace à la bouche, et se précipitent dans les
salons, tous décorés de magnifiques tableaux, ouvrages
des plus grands maîtres ; portraits de famille, des princes
de Lorraine, chastes figures de vierges, têtes de Christ,

____

(1) Quelqu'un s'empara de cette tête et la remit à Lépy, aîné, qui la
déposa au Musée. Ce fut cet artiste qui plus tard replaça le duc René
sur son piédestal.

ornés des plus riches encadrements, boiseries sculptées, charmants reliefs, rien n'échappe aux coups du sabre et du marteau. Quelques-uns, cependant, se contentent de détacher les tableaux et de les emporter avec eux, car ils leur réservent un autre sort.

Si quelque chose peut égaler la fureur des Marseillais à tout détruire, c'est l'infatigable et infernale ardeur des hommes qui se faisaient gloire de les conduire et de les guider au milieu de leur œuvre de destruction. Aucun édifice public ne sera oublié, tous porteront l'empreinte de leurs ravages ; tous conserveront de leur présence un effrayant et déplorable souvenir.

Ils sortent de la .Chambre des Comptes (Hôtel de la Monnaie), où ils n'ont trouvé à briser que les médaillons en marbre blanc des princes de Lorraine, qui servaient de type pour frapper la monnaie ; ils accourent à l'Université où ils espèrent être plus heureux. C'était le 13 novembre, à trois heures ; l'Académie était convoquée pour sa séance de rentrée. Ils arrivent dans ce moment, envahissent tout l'édifice, pénètrent dans la salle de réunion, et sous les yeux des membres stupéfaits et tremblants, font main basse sur tous les tableaux, déchirent les portraits en pied de la Reine, du Dauphin et de la Dauphine, que Stanislas avait fait placer dans les trumeaux des deux cheminées du grand salon, brisent le médaillon en stuc de Louis XV, et vingt portraits d'hommes de lettres ou artistes qui, d'après les statuts, figuraient dans cette salle, pour avoir remporté les prix de l'Académie, entr'autres celui de M. de Solignac, que cette Société venait d'inaugurer pour honorer la mémoire de son premier secrétaire perpétuel.

Comme il était impossible, au milieu d'un tel chaos, de délibérer ou d'arrêter le désordre, l'assemblée se dispersa,

et le 20 du même mois, les officiers de l'Académie, les
membres réunis, dressèrent procès-verbal des dégâts exercés dans cette fatale circonstance (1).

Quatre heures sonnent ; c'est l'heure du rendez-vous
général sur la place du Peuple ; tous les quartiers, tous les
édifices, tous les lieux désignés au vandalisme ont été
explorés ; chacun s'est acquitté scrupuleusement de son
rôle, et il serait difficile de dire qui, en ce jour mémorable,
a le mieux mérité de la patrie.

Toutes les diverses bandes, encore séparées, s'appellent,
se rallient, et parcourent, en procession, et en chantant,
les rues qui conduisent à la place ; elles offrent un spectacle bizarrement grotesque ; ceux-ci portent en triomphe
des tableaux déchirés ou encore intacts ; ceux-là, des sta-
tuettes de vierges ou de saints qu'ils ont enlevés de leurs
niches, au coin des rues, ou abattues du seuil des maisons ;
un autre, affublé d'une robe de procureur qu'il a trouvée
au Palais de Justice, s'avance lentement, d'un air comique-
ment grave, à la tête d'une bande qui se livre derrière lui
aux contorsions les plus burlesques. D'un côté, on entend

____

(1) Extrait du rapport fait dans la séance du 20 novembre 1792. Pour
conserver les noms des gens de lettres dont les portraits ont été détruits, et pour entrer dans l'esprit de celui de nos statuts qui impose
en quelque sorte la loi aux gens de lettres et artistes couronnés par
l'Académie, de faire placer leurs portraits à la bibliothèque, et pour
soutenir l'émulation que le fondateur a voulu exciter, le secrétaire
perpétuel propose un moyen de remplacer les portraits détruits, de
suppléer à ceux qui manqueraient et de dispenser des frais que l'exécution de cet article occasionne : ce moyen consisterait à dresser un
tableau qui serait placé dans un lieu apparent de la bibliothèque, et qui
présenterait le nom, l'âge et la profession de tous les citoyens qui,
depuis la fondation de l'Académie, ont remporté les prix ; et chaque
année on transcrirait de la même manière ceux qui auraient droit à
cet honneur. Cette motion, mise en délibération, a été adoptée à l'unanimité.

la *Marseillaise*, ou l'éternel *ça ira* ; d'autre part, ces paroles moins connues :

> Madame Véto avait promis
> De brûler tout Paris, etc.

Ils arrivent ainsi sur la place du Peuple ; là, les principaux acteurs s'abouchent : on prononce sur le sort des tableaux ; l'arrêt ne se fait pas longtemps attendre ; on décide qu'on en réjouira les regards de la foule par un brillant autodafé. Aussitôt, ces toiles précieuses, ces cadres d'une dimension remarquable, dorés avec tant de luxe, sculptés avec tant de goût et d'art, sont jetés pêle-mêle, mis en monceaux au milieu de la place, en face de la rue de l'Esplanade. Quant aux tableaux qui n'étaient pas endommagés, il ne faut pas que la flamme les dévore intacts ; on les dresse à une certaine distance, et quelques soldats, prenant leur élan, se précipitent, l'épée à la main, et passent tout entiers au travers de la toile ; imitant ainsi le saut périlleux à travers le cercle de papier, dont les Franconi, forains, nous donnent parfois le spectacle.

A présent qu'ils sont flétris, qu'ils ont subi, en quelque sorte, la honte de la dégradation, il faut les anéantir ; le riche bûcher s'élève ; on y met le feu de tous côtés ; la flamme, alimentée par l'huile et les vernis, consume rapidement les toiles et les cadres, d'où s'exhale une fumeur blanchâtre qui répand au loin sa mauvaise odeur ; puis, hommes, femmes, enfants, se prennent par la main et dansent à l'entour, en poussant les cris les plus étranges ; on croirait voir des Hurons exécutant leurs sauvages évolutions autour des prisonniers qu'ils vont dévorer.

De tous ces tableaux dont quelques-uns étaient l'œuvre de Rubens, et un plus grand nombre de Girardet, il ne reste plus que d'informes débris, perdus au milieu d'un amas de cendres. Certains amateurs, en les considérant d'un œil consterné, offraient, dit-on, vingt-cinq louis de ces cendres précieuses.

La nuit tombe ; le feu de joie s'éteint ; contents de leur œuvre, les dévastateurs quittent le théâtre de leurs exploits et se retirent, les uns dans leurs logements ou dans les cabarets, les autres chez les particuliers qui leur ont offert une hospitalité bénévole ; tandis que les chefs, sous leur coquet uniforme de fantaisie, sortent des cafés, ou se promènent sur la place.

Peu à peu la foule se disperse ; le tumulte et les cris s'affaiblissent ; mais tandis que quelques rues, les plus populeuses, retentissent encore de patriotiques refrains, que quelques orateurs populaires pérorent dans les tavernes et sur les places publiques, pénétrons jusqu'à l'extrémité de la Grande-Rue-Ville-Vieille ; entrons dans cette maison qui touche à la porte Notre-Dame ; là se passe une scène des plus palpitantes d'intérêt, et dont vous et moi aurions voulu être témoins.

Trois Marseillais étaient logés chez la veuve M....., nos hôtes assis autour du feu dont la flamme brillante éclipsait le pâle éclat d'une petite lampe posée sur une table, devisaient sur les événements de la journée, et trouvaient fort mauvais qu'on n'eût pas dévasté les églises et les maisons religieuses. Tout à coup, l'un d'eux rompant la conversation, retourne la tête et parcourt la chambre d'un œil inquisiteur ; il aperçoit appendue au mur, au-dessus du chevet d'un lit, une croix de bois sur laquelle se trouve l'effigie du Christ : Ah çà, citoyenne, dit-il à l'hôtesse, qu'est-ce que tu fais de ce grand pendu-là ? Si tu ne lui casses pas aussitôt les jambes et la tête, j'aurai le plaisir de le faire moi-même. Et en prononçant ces paroles, il se lève et tire son sabre du fourreau. A cette vue, rien ne peut dépeindre l'état de cette femme : cette image sacrée, l'objet de sa vénération, devant laquelle, toute jeune, elle s'est agenouillée tant de fois à côté de sa mère, qu'elle regarde comme un gage de sécurité et de bonheur domestique, on la briserait en sa présence ! Un si horrible sacrilège se consommerait dans sa maison ! Elle reste un moment immobile, sans voix, les yeux fixés sur le Marseillais, et comme pétrifiée d'indignation ; puis d'un bond, elle s'élance vers l'âtre, en écartant si brusquement les deux soldats qu'ils perdent l'équilibre et manquent de rouler sur le plancher ; elle saisit un de ces longs soufflets en fer dont on se servait alors, et le brandissant avec la force que lui donne l'émotion à laquelle elle est en proie : Si tu as le malheur de le toucher, s'écrie-t-elle, je t'assomme ! Je sais bien que l'échaufaud m'attend, mais peu m'importe ! Je le répète, touche-le, si tu l'ôses !

Et de ses deux mains, elle tenait son arme suspendue sur la tête du sacrilège. Celui-ci surpris, presque épouvanté de tant d'énergie et de résolution, se contente de jeter un regard ébahi sur cette femme courageuse, et va reprendre sa place auprès de ses compagnons interdits.

TROISIÈME JOUR. — *Ils déterrent la statue de Louis XV.* — Que se passera-t-il aujourd'hui ? De quelles scènes désastreuses serons-nous encore témoins ? Quand donc ces épouvantables hôtes s'éloigneront-ils de nos murs ? Nos magistrats prendront-ils enfin des mesures pour réprimer tant de désordres ? N'ont-ils pas à leur disposition un régiment et la garde nationale ? En faut-il davantage pour imposer à de misérables dévastateurs ?

Telles sont les questions que, dans leur anxiété, s'adressent les bons citoyens. Mais l'air déterminé de ces hommes, l'effroi qu'inspirait leur nom, ces dégâts audacieux et si rapidement exercés, avaient jeté les autorités de Nancy dans une panique qui les enchaînait encore ; à peine avaient-elles eu le temps de se reconnaître ; et ce silence, cette inaction, encouragent, enhardissent les auteurs de ces dévastations ; loin de quitter nos murs au bout de deux jours, comme ils l'avaient annoncé, ils menacent de prolonger parmi nous leur séjour indéfini ; on leur a fait un accueil si flatteur que la reconnaissance les empêche de nous quitter si tôt ; d'ailleurs ils se proposent de mettre à exécution un important projet ; car tout n'est pas fini pour eux ; le plus beau de leurs exploits n'est pas encore accompli.

Qu'est devenue la statue qui occupait ce piédestal ?

Quelques bonnets rouges, plus révolutionnaires que la Convention elle-même qui avait ordonné la conservation des statues, répondirent à cette question en frappant du pied l'endroit où gisait l'effigie royale et trahirent ainsi un secret que tout bon patriote, tout homme ami des beaux-arts se serait bien gardé de divulguer.

C'est là qu'elle est enfouie..... Il faut la déterrer !

Dès que le bruit de ce nouvel attentat se fut répandu dans la ville, une foule de curieux se rendirent sur la place du peuple où les mêmes agents qui la veille avaient dirigé les Marseillais dans leurs excursions, se trouvaient réunis à ces vandales, et les encourageaient de leur présence et de leurs discours.

Bientôt vingt bras sont mis en mouvement : celui-ci enfonce la pioche dans le sol ; celui-là frappe de la pince ; un autre écarte les décombres avec la pelle. Rien n'égale leur joie et leur impatiente ardeur. Les avides spectateurs jettent un regard curieux sur cette fosse qui se creuse, s'étend, s'élargit, et en un instant s'ouvre béante. Déjà les coups ne tombent plus lourdement sur le sol ; car la dent aiguë de la pioche vient de retentir contre le bronze.

Cette découverte leur arrache un cri de joie et redouble leur acharnement ; des hyènes, dans la rage de la faim, ne montrent pas plus de fureur à déterrer un cadavre. Bientôt la tête apparaît, puis les épaules, les bras ; le buste se dégage ; ils la découvrent jusqu'aux genoux, enfin jusqu'à la base.

Voilà donc ce chef-d'œuvre que l'on avait enfoui dans la terre avec la même sollicitude qu'un avare cache son trésor, le voilà découvert et à la merci des vandales !

D'abord ils essaient de l'ébranler par toutes sortes de moyens : pinces, leviers, cables, madriers, tout est mis en usage ; mais en vain, la masse de bronze résiste à leurs efforts, le vigoureux Brisant, les bras nus, le front couvert de sueur, assis, haletant, sur un morceau de décombres, avoue son impuissance. Pousser plus loin serait donc une tentative superflue ; tous reconnaissent qu'il est impossible de l'exhumer de sa fosse.

Alors il faut recourir à un autre expédient, car ces obstacles ne font qu'irriter leur rage.

Eh bien, puisqu'il s'obstine à ne pas sortir de sa fosse, s'écrient plusieurs voix, il faut l'y brûler ; puis nous le briserons plus facilement ! Cet avis fut trouvé si sage qu'on l'adopta aussitôt à l'unanimité.

Oui, il faut le chauffer, répètent une foule de femmes, espèces de furies qu'on rencontre toujours dans les troubles populaires, agitant la torche, hurlant la menace, les yeux en feu, hideuses de fureur, capables de commettre des atrocités devant lesquelles reculeraient souvent le plus scélérat.

On court chez les marchands de bois, on fait irruption dans leurs magasins, et cinquante fagots sont bientôt transportés sur la place. On dresse un bûcher tout autour de la statue ; la flamme s'élève et l'enveloppe. Elle disparaît entièrement sous ce déluge de feu qui jette des reflets sinistres sur tous les édifices de la place ; de loin vous croiriez qu'un immense incendie est concentré au milieu de ces superbes monuments, qu'il les embrase et les dévore. Autour du bûcher s'est formé un cercle complet de Marseillais, d'enfants, d'hommes et de femmes du peuple, portant le bonnet rouge. On entend tout à tour des chants, des cris de joie s'échapper du sein de cette foule dont l'exaltation ressemble à la folie. Aux enlentours des grilles se tiennent quelques groupes séparés dont les personnages presque silencieux paraissent effrayés de tant d'audace. Dans les rues de la Poissonnerie et de l'Esplanade, on voit de temps en temps des volets ou des fenêtres s'entr'ouvrir ; de paisibles citoyens avancent timidement la tête, dirigent vers la place un œil alarmé et se retirent aussitôt, heureux de se renfermer dans leur solitude.

La flamme est toujours aussi vive ; mais le bronze n'atteint pas promptement le degré de chaleur nécessaire pour être facilement entamé ; l'action du feu n'est pas assez puissante ; il faut y joindre un autre combustible ; on entoure la statue d'une grande quantité de houille que le soufflet attise sans relâche. Ce moyen réussit ; déjà le bronze prend une teinte rouge, sombre et bleuâtre.

Brisant a saisit sa masse de fer : au signal donné, les haches, les merlins, les marteaux s'élèvent et retombent retentissant sur le métal sonore ; jamais les ardents Cyclopes, dans leurs antres profondes, ne frappèrent l'enclume de coups plus terribles. La tête éclate et saute ; les bras sont abattus, une partie du buste tombe par fragments : la bâton royal est lancé dans la foule ; un sansculotte s'en empare, en arme son bras droit, et par une grotesque imitation de la pose de la statue, excite l'hilarité générale.

Ainsi cette tête imposante, ce noble profil, ces contours harmonieux, toute cette beauté, toute cette majesté, cette vie, cette âme enfantée par le génie de l'artiste, tout s'efface, périt et s'anéantit sous les coups de ces stupides destructeurs !

De ce chef-d'œuvre il ne reste plus qu'un corps sans forme et sans nom ; enfin leurs coups se ralentissent, et s'émoussent avec leur fureur.

On se prend à gémir, le cœur se fend quand on pense qu'un an plus tard le même vandalisme s'exerça dans toutes les villes de France ; ce n'était plus alors le bras des Marseillais qui brandissait la hache ; mais un délire, une fièvre de destruction s'était emparée d'une partie de la population dans chaque ville, et toutes semblaient avoir pris à tâche d'éclipser l'ignoble gloire des Vandales.

Mais à la vue de tant d'excès, les magistrats et la saine partie de la population s'émeuvent et s'indignent. Quoi ! Voilà deux jours que Nancy est plongé dans l'effroi et la consternation ! Jusqu'où pousseront-ils leur audace ? où s'arrêteront leurs brigandages ? Sommes-nous destinés à leur demander merci ? Ne sera-t-il plus permis aux bons citoyens de respirer sous l'égide de la loi ? Après avoir dévasté les édifices publics, qui les empêchera de violer nos demeures et de dominer en maîtres au milieu de nous ?

Il faut, il est nécessaire qu'ils partent.

On s'adresse donc au chef; on le blâme non seulement de ne point réprimer les désordres de ses soldats, mais de les approuver par son silence; on lui déclare que la patience des habitants est poussée à bout et qu'il ait à prévenir ses hommes de leur départ pour le lendemain.

— Ni moi, ni les miens, n'avons de reproche à nous faire, répond-il fièrement : mes soldats en brûlant quelques tableaux, en brisant une statue, n'ont fait que répondre au vœu de la république et de la nation; s'ils ont poussé trop loin leur zèle, on doit les excuser en considération du motif qui les anime..... Quant à notre départ.....

Il n'alla pas plus loin, mais on le comprit.

Que résoudre donc dans une position aussi critique? faiblir, montrer de la crainte, c'était aiguiser leurs armes ou leur en prêter de nouvelles; c'était se mettre à leur merci.

Cependant on veut décidément en finir avec eux. Il faut de l'énergie, eh bien ! les autorités et les habitants en montreront.

En conséquence, on propose pour le lendemain une revue de la garnison et de la garde nationale ; et pour que cette revue soit plus brillante, on engage le bataillon des Marseillais à s'y montrer également sous les armes.

Le projet paraît hardi et même téméraire ; mais il fallait trouver un moyen de surprendre habilement l'ennemi. Voyons si cet expédient réussira.

Quatrième jour. — *Le Départ.* — Le 15 novembre 1792, à 9 heures du matin, les tambours de la garde nationale et du bataillon des Marseillais battent le rappel dans toutes les rues de la ville ; la trompette sonne dans les quartiers de la garnison ; les autorités, décorées de leurs insignes, sont réunies à la commune où elles attendent, dans une sorte d'anxiété, le résultat de leur détermination. Le citoyen revêt son uniforme ; tandis que les volontaires, qui ne se doutent point du projet, parfument leurs moustaches et leur chevelure, et se flattent d'éclipser toute la garnison par leur tenue sous les armes.

Qu'on se représente alors la difficile et périlleuse situation des magistrats : de quelle prudence, de quel courage et de quel sang-froid ne fallait-il pas faire preuve dans un cas aussi grave, où il s'agissait de protéger la sécurité d'une ville en exposant la vie d'une partie de ses habitants, en courant les risques d'une dangereuse collision. Il est vrai que les Nancéiens appuyaient de leurs vives sympathies les mesures adoptées par la municipalité.

A dix heures, la garde nationale arrive l'arme au bras, sur la place du Peuple, où s'aligne déjà un régiment de cavalerie ; au même instant un bataillon du 8° de la Meurthe, sortant du quartier Sainte-Catherine, se dirige du même côté ; ils prennent, pour ainsi dire, possession de la place où ils forment le carré. Puis s'avance, précédé et suivi de son cortège ordinaire, le bataillon des Marseillais, qui est obligé d'occuper le centre, de sorte qu'il se trouve cerné de toutes parts.

A la vue de cette masse d'hommes, de ces multiples rangs, pressés, hérissés de sabres et de baïonnettes, un mouvement de surprise paraît sur leurs figures ; car Nancy comptait alors un régiment de grosse cavalerie, six bataillons de gardes nationaux, un bataillon d'infanterie et huit pièces de canon. Les admirateurs et les partisans, même les plus acharnés des Marseillais, sentent leur dévouement et leur zèle pour eux s'affaiblir peu à peu en considérant ce déploiement de forces militaires.

Les tambours battent aux champs, les chefs des divers bataillons se réunissent et la revue commence au son d'une musique guerrière.

Dès qu'elle fut terminée, le maire Duquesnois réitère au chef des Marseillais, au nom des autorités et des habitants, l'injonction de s'éloigner avec son bataillon, qu'un jour de plus dans nos murs compromettrait la tranquillité publique, et qu'il ne répondait pas de l'indignation et de l'animosité des citoyens.

Aussitôt que ces paroles furent connues des Marseillais, de sombres murmures se font entendre dans leurs rangs, ils déclarent formellement qu'ils ne partiront point.

Plusieurs heures se passent en pourparlers ; on s'observe, on s'anime de part et d'autre.

Mais les gardes nationaux s'indignent que des étrangers persistent à vouloir s'installer au sein de leur famille et veuillent s'ériger au milieu d'eux en insolents dominateurs ; ils jurent de ne point déposer les armes qu'ils ne les aient chassés de la ville.

Une dernière sommation est adressée à ces hôtes opiniâtres : qu'ils partent de bonne grâce, ou bien on saura les y contraindre par la force.

Pour appuyer cette déclaration énergique, le bataillon du 8e de ligne charge ses armes en leur présence, car leur obstination et leurs bravades ne devaient céder que devant les moyens extrêmes.

Enfin ils se laissent convaincre par une telle démonstration et ils consentent à partir. Mais qu'ils furent horribles leurs adieux ! Que d'anathèmes, que de frémissements de rage ! Il est vrai qu'aucun citoyen ne paraissait trop s'émouvoir de cette colère impuissante.

Enfin le chef, aussi courroucé que les soldats, après

avoir jeté un regard terrible autour de lui, s'est décidé à faire entendre ces mots : En avant ! Marche !

Le bataillon se met en mouvement, défile par la rue de la Constitution et se dirige vers la porte Saint-Georges, escorté de la garde nationale qui semble le pousser devant elle.

Tout à coup, un de ces furieux sort des rangs, frappe le sol de la crosse de son fusil, et l'écume à la bouche il s'écrie d'une voix étouffée par la rage : Nancy est pavé de pierres, mais quand nous reviendrons, il sera pavé de têtes !

Après cette fulminante imprécation, il agite dans l'air un poing menaçant, tandis que ses compagnons se retournent et saluent la garde nationale d'un sauvage hourrah.

Enfin, ils sont sortis de nos murs ! grâce à l'énergie des autorités et des citoyens !

Trois heures sonnent ; voilà donc cinq heures que l'on parlemente, qu'on se débat et qu'on lutte opiniâtrement pour disputer à des étrangers la place qu'ils voulaient usurper à nos foyers. N'est-il pas surprenant et tout à la fois heureux que, dans une circonstance aussi critique, un conflit sanglant n'ait pas eu lieu entre des hommes justement exaspérés et une soldatesque qui ne savait respecter aucun droit ?

Le même jour, entre neuf et dix heures du soir, Vic ouvrait ses portes aux Marseillais. L'autorité locale, instruite du vandalisme qu'ils avaient exercé à Nancy, ordonna aux habitants d'éclairer sur leur passage et de leur faire bon accueil, afin d'éviter tout mauvais traitement. Le surlendemain, ils quittèrent cette ville où ils ne s'étaient signalés par aucun excès, et se portèrent sur Metz et de là sur Trèves. Mais le général qui commandait l'armée du Nord, sachant d'après les notes qu'il avait reçues à quels hommes il avait affaire, et combien il était difficile de les assujettir à la discipline. les exposa à l'attaque du lieu dit la Montagne verte, où ils périrent presque tous.

On nous a rapporté d'une autre manière la destruction de ce corps ; voici ce qui a été écrit à cet égard :

Le bataillon des Marseillais a été presque entièrement détruit dans un village, à deux kilomètres de Frémestroff, près de Sarrelouis, sur la rive gauche de la Sarre où il avait relevé le 13ᵉ bataillon d'infanterie légère. Les officiers de ce dernier bataillon les avaient prévenus de se garder avec beaucoup d'attention, à cause de deux divisions de cavalerie autrichienne et d'un bataillon qui occupait la rive droite, et dont ils n'étaient séparés que par un gué franchissable. Mais l'indiscipline, le désordre et la suffisance d'une horde à laquelle rien n'avait résisté, leur fit négliger ce salutaire avertissement, et, la nuit suivante, vers une heure du matin, le village fut surpris et les volontaires taillés en pièces un à un ; les Autrichiens les faisaient sortir de leurs logements en leur criant : Aux armes ! voilà l'ennemi ! Ils furent secourus, il est vrai, mais trop tard, par le 13ᵉ bataillon d'infanterie légère, qui était à cette heure-là en bataille en avant de Frémestroff, qu'il occupait, mais qui ne trouva plus que les blessés et quelques hommes échappés à ce massacre. Ce qui resta de ces Marseillais fut renvoyé sur les derrières de l'armée et incorporé dans divers régiments.

Le lendemain du jour où les Marseillais avaient abandonné nos murs, la ville semblait sortir comme d'un long deuil ; les rues, naguère tristes, silencieuses et désertes, reprenaient un aspect de vie, s'animaient d'un mouvement d'autant plus vif qu'il avait été comprimé pendant plu-

sieurs jours. Les personnes que la terreur avaient tenues
cachées dans leurs domiciles osent enfin se montrer ; elles
parcourent les endroits dévastés et considèrent, avec une
curiosité mêlée d'effroi, les débris dispersés sous leurs
yeux.

Ce qui fixait surtout l'attention et arrachait des regrets, c'était la statue de Louis XV, entourée de ses fragments épars, mais dont une grande partie avait déjà été
enlevée et gaspillée. Quelques jours après, elle fut entièrement déterrée et déposée à l'Hôtel de Ville, et plus tard
envoyée aux fonderies de Metz.

Le 15 juillet 1755, à 7 heures du soir, la statue de Louis XV,
de onze pieds de proportion, fut coulée à Lunéville en trois
minutes (Durival).

La Saint-Fiacre (1846).

Voici bien le Saint le plus joyeux, le plus vénéré, le plus
fêté du Paradis. Jetez les yeux sur le calendrier et voyez
si, parmi les convives célestes, il en est un plus gai, plus
débonnaire et plus honoré. Nous avons bien le grand saint
Nicolas, justement regardé depuis un temps immémorial
comme le patron de la Lorraine ; saint Pierre, dont le
culte, jadis si populaire parmi nous, menace de tomber en
désuétude ; mais tous ces saints personnages sont tristes et
silencieux à côté du patron des jardiniers ; un seul pouvait autrefois lutter avec lui par le nombre de ses prosé-
lytes, c'était saint Crépin, le patron des prolétaires et des
artistes en cuir. Tous les ans, ses adorateurs lui dressaient
pour autels, en plein air, des tables chargées de brocs de

vin dont ils faisaient d'enivrantes libations jusqu'au soir. Cette fête, ou pour mieux dire cette orgie, n'existe plus, et le Saint n'en est pas fâché, avec d'autant plus de raison qu'il existe aujourd'hui dans notre ville une association religieuse à son nom.

Autrefois, chaque corporation avait son Saint; c'était une fête, un culte perpétuels; l'artisan, doté, il est vrai, d'une plus grande foi, se trouvait plus heureux et ne songeait pas à une coalition pour une augmentation de salaire; mais aujourd'hui que chez un grand nombre les besoins se sont accrus en proportion des passions, qu'on célèbre des divinités plus profanes et par là même plus coûteuses, on se trouve plus souvent dans la détresse.

Je sais qu'il y a de nombreuses et honorables exceptions; aussi je ne parle pas de ces malheureux pères qui, chaque jour, expriment la sueur de leurs fronts pour nourrir leurs enfants, et dont le faible gain suffit à peine aux besoins les plus impérieux; ceux-là souffrent horriblement de la rigueur des circonstances, de l'esprit de cupidité et du barbare égoïsme de notre époque.

Depuis quelques années, les négociants de cette ville ont réhabilité la mémoire de saint Michel, et font chanter une messe en son honneur; c'est à cette simple cérémonie que se borne cette modeste solennité. Moi qui tiens aux anciens us quand ils ne répugnent pas à nos mœurs et à la raison, et qui respecte autant l'antique fête des rois que l'une des trois glorieuses, je verrais avec plaisir cet exemple suivi par les différentes professions; on n'en serait pas plus pauvre, mais on en serait plus joyeux, et c'est déjà quelque chose.

Mais comment espérer ce retour quand on a supprimé parmi nous la fête la plus noble, la plus imposante, la plus légitime, la Fête-Dieu ? Elle se fait dans nos églises ; oui, mais combien elle était plus grande, plus majestueuse lorsque la ville entière servait de temple à celui que l'on promenait en triomphe, lorsque chaque avenue de notre belle cité lui offrait un autel que la foule entourait en s'inclinant. Oh ! j'en appelle à tous ceux qui en ont été témoins, n'est-ce pas avec un amer regret qu'ils ont vu reléguer dans une étroite enceinte cette fête toute de fleurs, d'encens, de prières, de parfums et de vierges aux voiles blancs, aux voix suaves ? Mais je reviens à saint Fiacre, en demandant bien pardon à ceux de mes lecteurs dont l'opinion, à cet égard, pourrait ne pas sympathiser avec la mienne.

Dès la veille, les cloches de la métropole annoncent, en joyeuses volées, la fête du bienheureux Saint : prélude harmonieux qui commence au milieu du jour, qui s'endort avec le crépuscule pour se réveiller à l'aurore.

Ému par ce joyeux concert, le jardinier se lève, le visage radieux ; pour lui, ce jour est un jour solennel, ce n'est pas seulement la fête du Saint, c'est sa fête à lui et celle de sa famille ; il la vénère autant que la fête de Pâques. Retranchez-la, il croira que le melon ne doit plus mûrir sur ses couches, que la pêche odorante, la poire parfumée n'orneront plus ses espaliers, que le raisin ne rougira plus sa treille, que tous ses travaux, en un mot, seront frappés de stérilité ; car ce saint est sa providence à lui, et s'il venait à tomber en discrédit, je crois qu'aucun autre ne pourrait hériter de son culte et de ses honneurs.

Il faut voir le jardinier sortir de sa demeure ; il a revêtu ses plus beaux habits ; ce n'est plus aujourd'hui la serge qui le couvre ou le modeste droguet vert ou bleu ; car depuis quelques années sa position s'améliore, et il voit

prospérer sa fortune ; il fait nombre dans la haute bour-
geoisie des horticulteurs, là où la vanité a déjà tracé sa
ligne de démarcation ; aussi un costume noir, sur lequel
ressort une cravate blanche, le drappe des pieds à la tête.
Sa femme lui donne le bras ; une robe de percale ou de
soie bleu de ciel, un bonnet garni de vifs rubans dont
l'éclat contraste avec son teint hâlé, composent sa parure ;
près d'eux marche leur fille, jeune plante qui s'est vue
croître à la rosée du matin, à l'ombre des rosiers et du
vert acacia ; elle est ordinairement fraîche et vermeille
comme la rose. Mais je le dis à regret, elle semble avoir
perdu l'aimable simplicité qui relevait sa beauté et sa
grâce. Ce n'est plus aujourd'hui cette jeune fille à l'air
simple et naturel dont un tissu de rayure ou de lin formait
la toilette pastorale : c'est la jeune personne élégante et
coquette : un riche bonnet de dentelle, fait dans le dernier
genre, orne sa tête, un superbe schall descend le long de
ses épaules : un corset de baleine étrangle sa poitrine et lui
donne un air contraint et guindé ; elle a voulu imiter nos
jeunes personnes vaporeuses de la ville qui se pincent
comme des guêpes et se condamnent à respirer par ce
tuyau comprimé qu'elles appellent leur taille. Mais peut-on
lui en vouloir ? Elle subit l'influence et la contagiou de
nos mœurs ; car c'est un malheur à constater que l'aisance
ne peut entrer dans un lieu sans que le luxe n'y pénètre
aussitôt.

Mais remontons au vrai type ; les hommes de cette profession que j'ai toujours contemplés avec plaisir et une
sorte de vénération, ce sont les Anciens, ceux qui ont vu
Stanislas et 89, qui ne laissent échapper aucune occasion
de parler de l'un ou de l'autre, qui conservent encore, avec
orgueil, derrière la tête, comme une précieuse relique,

comme un débris sacré arraché aux orages révolutionnaires et à ceux du temps, quelques rares cheveux retenus
prisonniers dans un ruban jadis noir.

Dès la veille, l'ancien a sorti de l'armoire le costume réservé pour les grands jours, le vénérable tricorne, l'habit
qui a vu consacrer son hymen, et dont la coupe, les larges
et brillants boutons d'acier, d'un style riche, quoique su-
ranné, attestent la respectable antiquité ; le gilet chamarré
et brodé de fleurs de différentes nuances, la culotte de ve-
lours dont l'œil cherche à deviner la couleur, mais on suppose qu'il était cramoisi, les souliers à boucle de cuivre,
de forme carrée.

Il y a encore de l'énergie dans cette charpente courbée
en arc ; il y a encore du feu dans ces yeux qui brillent sous
ce front sillonné de rides et dont les sueurs ont tant de
fois arrosé la terre ; tout cet extérieur lui donne un air pa-
triarcal qui impose. Regardez-le cheminer vers la Primatiale (c'est ainsi qu'il désigne la Cathédrale), quel air de
béatitude et de contentement repose sur cette mâle figure
que les ardeurs de la canicule ont pour ainsi dire calcinée !
Ce jour-là, l'Église tout entière lui appartient ; il peut aller
de plein pied s'installer devant la balustrade, en face du
maître-autel, car c'est autant pour lui que pour le Saint
qu'elle se trouve ornée et parée ; il tire de la poche de son
gilet une paire de lunettes qu'il embranche verticalement
sur la pointe ou le sommet de son nez, et ouvrant un pou-
dreux missel usé à toutes les pages par le contact et la fré-
quente pression d'un doigt qu'il humecte chaque fois qu'il
tourne un feuillet, il se dispose à entendre dévotement l'office : il prie ou mêle sa voix à celle des chantres ou jette
de temps à autre un regard de complaisance sur l'autel
dont le coup d'œil le transporte, car l'église a été trans-

formée tout-à-coup en un véritable éden : le superbe laurier rose, l'oranger, l'œillet de pourpre, le rosier, la giroflée, le géranium, rangés symétriquement dans les différentes parties du chœur et sur l'autel, confondent les mille nuances de leurs fleurs, de leur verdure et de leurs parfums au parfum de l'encens, à la flamme des candélabres ; c'est un spectacle aussi ravissant pour l'œil qu'enivrant pour l'âme.

La cérémonie du matin se termine, il sort le cœur plein de joie. Chemin faisant, il raconte aux plus jeunes que depuis soixante-dix ans il voit fêter le Saint ; il ajoute avec une satisfaction marquée, qui révèle toute la force de l'espérance dans le cœur de l'homme, et surtout dans celui du vieillard, que ce jour se renouvellera pour lui plus d'une fois encore ; il semble même dire comme l'octogénaire de Lafontaine :

> Je puis enfin compter l'aurore
> Plus d'une fois sur vos tombeaux.

Le soir, les cloches, en chantant dans les airs, le rappellent au saint lieu ; et, exact comme un vieux soldat, il se trouve à son poste. Mais sa figure est tant soit peu enluminée ; on devine que le vieux disciple de saint Fiacre a déjà vidé plus d'une coupe en l'honneur de son patron, qui, du reste, le lui pardonne volontiers ; car lui aussi a dû éprouver les horreurs de la soif, et peut-être alors, répète-t-il en lui-même cette sentence du poète latin : *miser, miseris succurrere disco.* Il veut faire la génuflexion, mais son âge et sa jambe, tant soit peu avinée, le font chanceler sur son axe ; pour ne pas succomber à une faiblesse irrévérente en présence du Saint, il s'appuie de chaque côté sur ses deux pouces, et après un salut beaucoup plus long et plus respectueux que son patron ne le demandait, il parvient enfin à se relever.

La cérémonie se terminait autrefois par une scène bien étrange et qui paraîtrait bien ridicule de nos jours ; je veux parler de cette coutume aussi ancienne que bizarre, de mettre à l'enchère le Saint que l'on vient de fêter. Cet usage a été supprimé, et c'est à tour de rôle maintenant que les membres de la confrérie de Saint-Fiacre out l'honneur d'abriter, pendant une année sous leur toit, la statue de leur vénéré Patron.

La fête de l'Être suprême.

(Extrait d'un programme du Temps.)

Ordre de marche et description de la fête de l'Être suprême, célébrée dans la commune de Nancy, le 20 prairial, l'an II de la République française, conformément à la loi du 18 floréal an Ier.

Le 19 prairial, à sept heures du soir, il se formera sur la place du Peuple un groupe de tambours et de musiciens : un officier municipal, revêtu de son écharpe, monté sur un cheval, tiendra à sa main une branche de chêne et la proclamation de la fête ; il sera accompagné du chef de légion et d'un porte-drapeau également à cheval ; deux appariteurs, précédés d'un trompette à cheval ouvriront la marche de ce petit cortège, et quatre hommes armés la fermeront.

Ce cortège se rendra sur toutes les places des deux villes ; là, après un roulement de tambour et trois fanfares de l'officier municipal, la trompette annoncera par proclamation que le lendemain le peuple français rendra un hommage public à l'Être suprême. Ensuite la musique jouera l'air : Où peut-on être mieux ? etc.

Trois coups de canon annonceront, à neuf heures du soir, les apprêts de la fête.

Le 20 prairial, à quatre heures du matin, divers groupes de tambours battront la générale dans toutes les rues de la ville et des faubourgs.

Aussitôt chaque citoyen placera à l'extérieur de son domicile des banderolles tricolores, et des guirlandes de fleurs décoreront les maisons autant que possible.

Un chœur composé de deux mères de famille, deux filles de douze ans, deux de quinze, quatre garçons du même âge, un vieillard et quatre pères de famille, se rendra au faubourg de la République (faubourg des Trois-Maisons).

Un chœur semblablement composé se rendra au faubourg de la Constitution (faubourg Saint-Pierre).

Un chœur composé de six mères de famille, six jeunes filles, six garçons et douze hommes se rendra sur la place de la Réclusion (extrémité de la rue Saint-Nicolas).

Un chœur semblablement composé se rendra sur la place de la Constitution (place du Marché) ; un autre sur la place de l'Union (place Saint-Epvre), et un autre sur la place de la Liberté (cours d'Orléans).

Les hommes seront vêtus proprement, les filles auront une robe blanche avec des ceintures tricolores ; les femmes porteront les mêmes ceintures et les garçons un habit national.

Ces chœurs seront formés et rendus sur lesdites places à six heures sonnant du matin.

Deux coups de canon se font entendre et les chœurs chantent l'hymne n° 1. (Il y avait un hymne pour chaque section.)

Ensuite tous les chœurs se rendront, en chantant cet hymne, sur la place du Peuple, et se placeront autour du faisceau qui sera couvert de guirlandes de fleurs et de verdure.

Les vieillards se placeront près de la grille ; les jeunes filles formeront le premier cercle ; les mères de famille le second ; les jeunes garçons le troisième, et les pères de famille le quatrième : tous, les yeux fixés sur le faisceau, chanteront l'hymne n° 2.

Les musiciens se trouveront sur le balcon de la maison commune et accompagneront le chant des chœurs ; cette première cérémonie se terminera par les cris de : Vive la République !

A huit heures, les groupes de chaque section s'apprêteront. A la même heure, les autorités constituées et la Société populaire, réunis dans la salle du club, les sociétaires deux à deux, sur deux colonnes, au milieu desquelles seront portés les bustes des martyrs de la liberté, se rendront au temple où la musique les attendra.

A leur entrée dans le temple, l'orgue jouera le bruit de guerre ; ensuite l'hymne de la liberté sera chanté en chœur par les musiciens ; un orateur prononcera un discours analogue à la fête.

A neuf heures, un coup de canon se fait entendre ; à l'instant le peuple remplira les rues et les places publiques ; les tambours rouleront et battront le rappel dans chaque section ; les pères de famille se rangeront en haie du côté droit de la rue ; ils conduiront leurs fils armés, autant que possible, d'une épée ou d'un sabre ; les pères et les fils tiendront à la main une petite branche de chêne. Les mères de famille se rangeront en haie de l'autre côté ; elles porteront des bouquets de roses ; leurs filles les accompagneront et formeront de petits groupes portant des corbeilles de fleurs.

A la tête de chaque section, se formera un bataillon carré des adolescents, armés de leurs mousquetons et environnant le drapeau du bataillon. Les citoyens soldats, en dépôt à Nancy, se diviseront de manière qu'il y en ait au moins douze pour former le bataillon avec les adolescents ; les autres seront confondus avec les citoyens et marcheront sur la même ligne.

Première section. — Au milieu est un jeune enfant à demi nu, ceint de rubans tricolores, et traîné sur un petit chariot par quatre adolescents, vêtus en garde national ; cet enfant, couronné de violettes, porte une pique surmontée du bonnet de la liberté ; à la pique est attachée une banderolle sur laquelle se lisent ces mots : Semez dans nos cœurs la vertu, et nous serons dignes de vos travaux civiques. (Il figure l'enfance.)

Deuxième section. — Au milieu, paraît sur un cheval blanc, couvert de guirlandes, un jeune homme bien cuirassé, les deux bras nus, un sabre à la main droite, une couronne de lauriers à la main gauche ; il porte un casque garni de myrte. (Il figure l'adolescence.)

Troisième section. — Au milieu, paraît sur un phaëton une jeune fille de douze ans, vêtue de blanc, les deux bras nus, un nœud de ruban tricolore sur chaque épaule, une ceinture de même couleur ; elle est couronnée de roses et de myrtes ; elle tient d'une main une branche de lauriers ornée de guirlandes, composées d'épis de blé, de fleurs et de raisins ; de l'autre, elle est appuyée sur un faisceau d'armes. (Elle figure l'Union et l'Abondance.)

Quatrième section. — Au milieu, paraît sur un char, un groupe d'enfants portant tous les instruments des sciences; des petites filles portent des fuseaux, des tours à filer et des tricots. (C'est le char de l'Instruction publique.)

Cinquième section. — Au milieu, paraît sur un phaëton orné de guirlandes el de rubans tricolores, une jeune fille de onze ans, vêtue d'un corset bleu plissé, d'un jupon rose couvert de mousseline, retroussé à la romaine; elle porte un bonnet rouge, surmonté d'une couronne de chêne et de roses; elle tient de la main droite le niveau, et de l'autre le tableau des droits de l'homme.

Sixième section. — Au milieu est un char sur lequel se trouvent un homme et une femme environnés de leurs enfants; leur mère en allaite un qu'elle repose de temps à autre dans une barcelonnette placée entre elle et son époux; un des enfants les couronne de fleurs; un autre les embrasse; un autre lit appuyé sur les genoux de son père. (Ils figurent le bon ménage.)

Septième section. — Au milieu, paraissent sur un char un aveugle et un estropié, tenant une branche de myrte et de roses; ce char est traîné par deux chevaux couverts de guirlandes, les enfants de la patrie l'environnent; ils ont tous une branche de chêne et des fruits à la main. (Ils figurent le malheur honoré.)

Huitième section. — Au milieu, sur un char surmonté de colonnades de verdure et de fleurs, paraissent deux vieillards couronnés de pourpre et d'oliviers; de jeunes enfants les entourent et leur offrent, dans une corbeille, des fruits et des liqueurs. (Ils figurent la vieillesse respectée.)

Deux coups de canon se font entendre à dix heures sonnant ; alors toutes les sections se mettent en marche et arrivent sur la place en chantant l'hymne : Défendons nos lois, etc.

Les autorités constituées et la Société populaire se rendront sur la place du Peuple: au milieu du Conseil général de la commune est un char traîné par quatre bœufs couverts de guirlandes de fleurs : sur le char brille un trophée, composé des instruments des arts et métiers, puis différentes marchandises, produits du territoire. Chaque membre des autorités constituées portera à la main un bouquet d'épis de blé, de fleurs et de fruits.

Sur un char est placée la statue de la Liberté, un chœur de jeunes filles, portant des corbeilles de fleurs, en jettent sur la statue pendant la marche.

Sur un autre char précédé des citoyennes généreuses qui travaillent les linges pour les blessés, est une urne funéraire, couronnée de lauriers et soutenue par des banderolles tricolores ; ce char est environné de femmes vêtues de noir, et de jeunes gens chantant l'hymne aux mânes des défenseurs de la patrie.

A l'arrivée des sections sur la place, le cri de : Vive la République se fait entendre, et le cortège se dirige ainsi qu'il suit :

Un groupe de tambours, précédé de deux trompettes marchant au pas ordinaire, suivi de la Société populaire au milieu de laquelle flotte le drapeau de la surveillance ; puis viennent les sections, les hommes d'un côté, les femmes de l'autre.

On va, par la terrasse de la Pépinière, au cirque ; les sections restent en file ; les autorités constituées approchent de l'amphithéâtre dressé au milieu du cirque. Cet amphi-

théâtre est chargé des emblèmes de la féodalité et de
la superstition ; le maire y met le feu après que l'hymne
n° 3 est chanté; du milieu des flammes, sort la statue de
la sagesse, au bas de laquelle on lit cette inscrtption :
Peuple, la raison t'éclaire et la sagesse te guide.

Après cet autodafé, le cortège reprend sa marche, en
chantant l'hymne n° 4, et se rend par la rue Egalité,
(rue du Haut-Bourgeois), sur la place de la Liberté, au
milieu de laquelle s'élève une montagne où se trouve
planté l'arbre de la liberté.

Les sections forment le carré ; les divers emblèmes
s'approchent de la montagne; le conseil général de la
commune entoure l'arbre de la liberté ; le maire, ou un
autre citoyen désigné, s'avance ; aussitôt la musique joue
une fanfare, les chœurs chantent l'hymne n° 5; ensuite un
orateur prononce un discours sur l'existence de l'Etre
suprême; deux coups de canon se font entendre ; midi
sonne, et après un roulement, le maire ou un citoyen
désigné à cet effet, adressera l'hommage du peuple à
l'Eternel.

Alors le silence règne ; une musique douce et harmo-
nieuse se fait entendre ; les pères de famille avec leurs fils
chanteront l'hymne n° 6 ; après eux, les mères et leurs
filles chanteront l'hymne n° 7. L'hymne n° 8 est chanté
ensuite par tout le peuple. Le cri de vive la Répuplique se
répète trois fois.

A cet instant les mères de famille soulèvent dans leurs
bras leurs petits enfants mâles, les présentent en hommage
à l'auteur de la nature ; les jeunes filles jetteront des fleurs
vers le ciel ; les fils déposeront dans les mains de leurs
pères leurs sabres ou épées, en jurant de les rendre victorieux et de faire triompher l'égalité et la liberté.

Les pères les embrassent, et, étendant la main, ils les bénissent en disant : Que l'Etre suprême te bénisse comme je te bénis. Alors les embrassements se réitèrent ; les mères embrassent leurs filles ; les cris de : Vive la République se répètent ; tous les citoyens confondent leur sentiment dans un embrassement général et fraternel ; ils n'ont plus qu'une voix ; le cri général Union, Fraternité ! Vive la République ! se fait entendre au bruit de quatre coups de canon.

Un roulement annonce le départ ; tout se remet en ordre, et le cortège défile par la rue des Michottes, descend par la rue Francklin (petite rue des Carmes), se rend sur la place de la Constitution ; les groupes de chaque section environnent l'arbre de la liberté ; l'hymne de la liberté est chanté.

Ici se termine la cérémonie.

A six heures du soir, le peuple se rend au temple ; les autorités constituées et la société populaire s'y réunissent précédées de la musique. Un orateur prononce un discours sur l'objet ce cette fête solennelle et sur le fruit que chacun doit en recueillir.

Le soir, il y aura des danses sur les places publiques.

Nancy en 1814.

I. — Un puissant empereur venait d'être renversé d'un trône qui avait pour piédestal presque tous les trônes de l'Europe ; le Rhin n'opposait plus une barrière infranchissable et inviolable ; les provinces de l'Est étaient envahies, l'ennemi se répandait comme un torrent par toute la France.

Nancy, comme toutes les villes situées sur les frontières, devait promptement subir le joug du vainqueur ; mais, le croira-t-on ? Nancy que ni bastion, ni rempart, ni forteresse, ni fossés, ne défendent et ne protègent, Nancy, ouvert et exposé de tous côtés à l'attaque, Nancy voulut se montrer belliqueux, pour ne pas dire téméraire. Le 11 janvier 1814, une pièce de canon braquée au faubourg Saint-Pierre, à l'angle de la rue de la Prairie, et deux autres au-dessus de Jarville, attestaient l'audace d'une défense.

Quel était l'auteur de cette mesure ? Je n'en sais rien ; exprimait-elle le vœu des Nancéiens ? Qui pourrait le croire, après avoir.été témoin de la terreur que cette manifestation guerrière avait répandue parmi eux ? Comment surtout dépeindre l'alarme, la rumeur, la consternation des habitants de ce faubourg peu disposés à guerroyer contre une race d'hommes qu'une épouvantable renommée représentait comme des buveurs de sang, des Iroquois et des Cannibales. La plupart désertaient leur toit, se réfugiaient, avec un sinistre empressement, dans l'enceinte de la ville ; de sorte que ces trois canons, destinés à repousser ou à épouvanter l'ennemi, jetaient la terreur dans l'âme de ceux qu'on voulait protéger ou défendre ; en effet, la faiblesse des moyens contrastait singulièrement avec la gravité des circonstances. On le comprit sans doute, car le lendemain ce simulacre de résistance avait disparu.

II. — Le 13 du même mois, à quatre heures du soir, quelques sauvages habitants du Don parcouraient et franchissaient, sur de petits chevaux aussi vifs que l'éclair, les rues silencieuses et solitaires de Nancy. Il me semble encore les suivre du regard, dit M. P. Barthélemy, ces hommes à l'œil de feu, à la barbe hideuse, à la figure amaigrie et colorée, la tête enveloppée dans une espèce de capuchon affectant toutes sortes de couleurs ; souvent couverts de haillons et de lambeaux, noués les uns aux autres ; les côtés armés de deux longs pistolets ; le corps penché en avant; la lance en arrêt, poussant un sauvage hourra ; piquant à outrance les flancs ensanglantés de leurs maigres chevaux; fuyant comme si la lance de l'intrépide Polonais ou du lancier français les poursuivait encore le fer dans les reins, tout surpris qu'ils étaient d'entendre retentir sous le sabot de leurs sauvages coursiers, le sol de l'antique cité ducale. C'étaient les éclaireurs qui préparaient le chemin, qui frayaient la route au colosse du Nord, au géant qu'un seul homme avait conçu le projet de renverser, et qui devait se briser dans ce choc téméraire. 600,000 hommes, chargés des dépouilles de Dresde et de Leipsick, faisant gronder à nos oreilles ces mêmes canons qui tant de fois les avaient frappés et mis en déroute, s'avançaient menaçants et criant partout : malheur aux vaincus !

Qu'elles étaient tristes, ce jour-là, les rues de la ville sémillante et coquette ! Un froid glacial que l'ennemi semblait nous avoir apporté des régions hyperboréennes, joint à la terreur, l'abattement général, lui imprimaient un caractère de mort et d'anéantissement.

Et quelle âme généreuse, quel cœur français ne se sentait oppressé en songeant aux malheurs de la patrie, au rang qu'elle occupait naguère à la tête des nations, et à l'état d'abaissement, d'humiliation où elle était tombée ! Tout le fruit de nos conquêtes était perdu, tout le sang de

nos guerriers épuisé, notre gloire nationale lâchement
trahie et insultée ! Reine arrachée de son trône, la France
expiait dans une tortueuse agonie, quinze années de triomphe ; tous les rois qu'elle avait fait trembler étaient là
pour jouir de ses derniers râlements, assister à ses funérailles et emporter ses dépouilles.

Toutes les avenues étaient donc désertes ; seulement, de
distance en distance, quelques bourgeois debout, immobiles sur le seuil de leur habitation, mesuraient d'un
regard anxieux la longueur de la rue ; tandis que les
femmes, les enfants, et surtout les jeunes filles, celles
qu'une terreur exagérée n'avait point poussées à chercher
dans les caves ou dans les greniers un abri contre une
brutale agression, laissaient percer un œil curieux et inquisiteur à travers les volets ou les persiennes, avides
qu'elles étaient de considérer ces bizarres cavaliers qui,
à chaque instant, passaient et repassaient, et fuyaient
comme des ombres.

Tout à coup l'un d'eux, après avoir parcouru à plusieurs
reprises l'étendue de la rue du Moulin, retire subitement
les rênes de son cheval, s'arrête devant une petite maison ;
c'était la demeure d'un cordonnier. Qui la lui avait indiquée ? aucune marchandise n'était mise en évidence ; ni
formes ni souliers ne révélaient la profession de l'artisan,
qui, vu la circonstance, avait eu soin de dérober aux
yeux d'un ennemi mal chaussé tout indice de l'état qui le
faisait vivre : il est vrai que son nom se lisait en gros
caractères noirs au-dessus de sa fenêtre ; mais pouvait-il
supposer qu'un Cosaque sût lire, et surtout en français ?
Nécessairement ces lettres devaient être pour lui autant
d'hiéroglyphes. Cependant le farouche soldat lance un
regard perçant à travers les vitres, frappe la terre de sa

longue pique, en proférant quelques farouches paroles ; son cheval hennit, piaffe d'impatience en agitant son cou effilé et sa tête légère. Le maître sort, et un colloque inintelligible s'engage entr'eux. Le cosaque voyant qu'on ne peut, ou plutôt qu'on ne veut pas le comprendre, lève son pied engagé dans l'étrier, montre au cordonnier une botte percée en maint endroit, et tire de sa casaque une bourse, garant de sa bonne foi. A cet aspect, l'artisan se dévoile et va chercher au fond de son arrière-boutique deux paires de bottes qu'il présente à l'acheteur ; celui-ci les examine et ne les trouvant pas à sa convenance en demande d'autres que le confiant bourgeois lui apporte à l'instant. Durant cet entretien mimique, quelques femmes et quelques enfants du voisinage s'étaient enhardis et faisaient cercle autour de ce sauvage policé qui, dès son arrivée parmi nous, encourageait ainsi le commerce, et protestait si énergiquement, la bourse à la main, contre cette réputation de rapine et de brigandage qu'une menteuse renommée s'était plu à leur faire. Il paraît que cette nouvelle chaussure lui convenait, car il en demanda le prix ; mais à l'instant son cheval se cabre, écartant la foule des curieux ; le cavalier feint de s'épuiser en efforts pour le maintenir en place ; mais plus il essaie de le dompter, plus l'animal se montre indocile ; alors il le frappe de l'éperon, lui lâche les rênes, et hurlant un affreux hourra, il s'enfuit en emportant sa bourse et ses bottes !

Le lendemain, l'enseigne du cordonnier était effacée.

III. — Bientôt d'innombrables bataillons ennemis inondaient nos campagnes, nos rues et nos places ; chaque jour nos portes les vomissaient par milliers : Russes, Prussiens, Anglais, Bavarois, Autrichiens, en un mot tous les esclaves de la sainte alliance. Qui ne se rappelle avec douleur le surprenant spectacle qu'offrait alors notre belle place Stanislas ! Là gisaient sur la neige, parmi le fumier, la paille et quelques feux allumés çà et là, les soldats de la garde impériale russe. Entre ces superbes édifices, au centre desquels s'élevait alors sur son piédestal l'imposante statue représentant le génie de la France, d'immondes cosaques avaient établi un dégoûtant bivouac. Quel contraste ! Ce vieux génie planant encore majestueusement au-dessus de ce ramas de peuples, ses trois couronnes à la main, comme une amère ironie, ou plutôt, comme un monument de sa gloire passée et de sa foi dans l'avenir.

Quels tristes, quels lamentables souvenirs à ajouter à nos annales lorraines ! Vous tous qui, pendant les belles soirées, venez fouler de vos pas le sol doux et uni de cette place vraiment royale, avez-vous jamais songé que des hordes barbares l'ont aussi foulée de leurs pieds ; qu'elle a retenti de leurs cris, de leurs chants de guerre et du cliquetis de leurs armes ; que vos pères, que vos mères étaient forcés de pourvoir à leur nourriture avant de penser à la vôtre ; qu'il leur ont souvent jeté en pleurant la part du pain qu'ils vous réservaient, et qu'en face de tant de malheurs, ils se reprochaient peut-être de vous avoir donné le jour ! Oh ! si vous y songez, cette pensée, n'est-ce pas, doit vous être poignante !

IV. — Nancy tout entier n'était qu'une vaste caserne, ses environs un bivouac, un camp immense ; 40,000 hommes l'étreignaient de toutes parts.

Toutes les demeures des particuliers, riches ou pauvres, regorgeaient de cavaliers ou de fantassins ; depuis l'opulent propriétaire, jusqu'au locataire le plus infime, chacun avait son lourd contingent ; dans les faubourgs, sur les places, dans les rues, sur le seuil des portes, depuis les fenêtres du rez-de-chaussée jusqu'à l'œil de bœuf de la mansarde, partout le regard étonné n'apercevait que des physionomies étrangères et une bigarrure d'uniformes. Aussi quel aspect étrangement animé présentaient nos rues. Ici un officier procédait à une revue préparatoire de sa compagnie ; il examinait non seulement la tenue des armes et de l'uniforme, mais la propreté des mains ; et pour s'assurer si chaque homme s'était rasé, il promenait le revers de sa main sur le menton et les joues du soldat, et si par malheur son épiderme frottait contre un malencontreux poil, il appliquait un vigoureux soufflet sur la place où le rasoir avait oublié de passer ; là, des voitures chargées de fourrages, des hommes écrasant sous des sacs remplis de munitions, encombrent toutes les issues ; d'un côté, un sergent exerce un peloton au maniement du fusil ; le ventre fortement comprimé dans un pantalon qui le sangle, la poitrine protubérante, la tête coiffée d'un lourd schako à large forme, le cou serré dans une cravate qui le force à relever le menton, la moustache raide et horizontale, puis frappant le sol du pied pour exécuter toute espèce de mouvement, voilà le soldat russe sous les armes. Ailleurs, c'est un chef qui passe avec son écharpe d'argent, ses triples médailles sur la poitrine ; aussitôt tous les hommes qui se trouvent sur son chemin s'arrêtent à dix pas de lui, restent immobiles, le bonnet à la main, les bras collés au côté, et demeurent dans cette position jusqu'à ce que l'officier soit déjà loin d'eux. D'autres, assis sur une trappe de cave ou sur un banc de pierre tel qu'on en voit encore dans quelques rues, nettoient leurs armes, se lavent la tête, ou frottent le cuir de leurs bottes avec un bout de chandelle, débris d'un dernier repas, et qui porte encore l'empreinte d'une dent vorace ; car quelques-uns avaient un goût très prononcé pour ce singulier genre de comestible, et le saisissaient avidement partout où ils le trouvaient ; de sorte qu'il n'était pas rare d'en rencontrer dévorant un morceau de pain de munition, accompagné d'un bout de chandelle qu'ils savouraient avec une voluptueuse sensualité. Plus loin, on entend un concert d'une mélodie des plus étranges ; un certain nombre de soldats russes réunis à l'angle d'une rue, ou sur une place, forment le cercle et chantent en chœur : ces chants où le rythme et la cadence sont assez bien observés, sont loin cependant de flatter l'oreille ; les uns font le fausset, les autres sifflent, celui-ci fait entendre une voix flûtée, celui-là lance des notes criardes ; tous s'accompagnent en frappant ensemble la terre de leurs bottes ferrées ; il y avait quelque chose de sauvage dans cette harmonie qui ne manquait jamais cependant d'attirer un grand concours d'auditeurs.

V. — Dès leur entrée en France, les souverains alliés avaient fait placarder sur les murs de nos villes une proclamation empreinte des intentions les moins hostiles et dans laquelle ils protestaient de leur respect pour les personnes et les propriétés ; ils n'en voulaient qu'à l'usurpateur dont le joug pesait sur la France. Il est vrai de dire que la discipline était rigoureusement observée, et que, sauf exception, les actes de violence, les rapines, les mauvais traitements présentaient des cas assez rares, et qu'on en punissait les auteurs sur-le-champ et avec sévérité.

J'ai remarqué, dit encore M. P. Barthélemy, que le bourgeois redoutait surtout de loger des Prussiens ou des Bavarois, qui se montraient plus exigeants et intraitables que les Russes ; mais par compensation, il arrivait souvent à ces derniers de dévaliser tout doucement et sans bruit la

chambre où ils couchaient, dès qu'ils en trouvaient l'occasion. En voici un exemple :

Une pauvre femme, habitant au rez-de-chaussée une
chambre et un cabinet qu'elle louait, s'était vue forcée de
loger, dans cet étroit espace, trois fantassins russes, qui
se montrèrent jusqu'au moment du départ fort accommo-
dants et très doux, sans doute pour mieux cacher leur
dessein. Le lendemain nos hommes s'apprêtent à quitter
leur logis; déjà ils ont le sac sur le dos, le schako sur la
tête, lorsque l'un d'eux s'approche du lit, feignant d'y
chercher quelque chose; il écarte la couverture, et tire les
draps qu'il plie avec autant de symétrie et de sang-froid que
s'il venait de les acheter. A cette vue, la pauvre femme
alarmée jette des cris et veut s'élancer sur le pillard; mais
ses camarades, qui se sont placés de chaque côté du lit,
croisent la baïonnette et repoussent ses assauts. Il me
semble encore la voir tournant autour de sa couche avec
larmes et désespoir, implorant tour-à-tour la pitié du
voleur ou l'accablant d'injures, tandis que ses complices,
sans proférer une seule parole, se contentent de maintenir
les élans de l'hôtesse, jusqu'à ce que leur compagnon ait
consommé son délit.

Quelquefois ils s'emparaient par violence des clefs de
la cave, goûtaient à tous les tonneaux, puis s'arrêtant à
celui dont le liquide flattait le plus leur grossier palais,
ils se livraient avec avidité et fureur à une débauche de
libations dégoûtantes; ils buvaient tant que leurs mains
pouvaient porter le verre à leurs lèvres mornes d'ivresse.
Bientôt on les trouvait couchés sans mouvement, ivres-
morts autour des tonneaux, ou étendus sur les degrés
qu'ils n'avaient pu franchir.

Mais aussi combien ces attentats à la fortune des particuliers étaient cruellement punis lorsqu'ils étaient découverts ou que le citoyen lésé avait encore le temps de les dénoncer. Qui de nous ne se rappelle avoir entendu dire que, au coin de certaines rues, on avait vu de ces malheureux soldats russes succombant sous les meurtrissantes lanières du knout, ou sous les coups de plat de sabre pour violation de la discipline militaire ? Combien de fois n'a-t-on pas été témoin d'un de ces spectacles qui excitaient si fort la pitié et souvent l'indignation, tant ils répugnent à nos mœurs et à notre humanité.

Un russe était logé chez un receveur de l'octroi du faubourg Saint-Pierre : voyant continuellement un grand nombre de personnes entrer au bureau et y verser de l'argent entre les mains du receveur, il s'imagine que ce dernier en fait son profit. Jugeant donc le métier aussi facile que lucratif, il pense qu'il a le droit de l'exercer tout aussi bien que le titulaire ; il se sent tout à coup des dispositions toutes particulières pour percevoir l'impôt ; le fisc lui sourit. En conséquence, il repousse, chasse l'employé du bureau, et s'y installe à sa place ; là, notre receveur improvisé attend avec impatience l'occasion de remplir ses nouvelles fonctions. Mais on ne lui laissa pas le temps de faire fortune, car un officier qui passait par hasard et auquel on porta plainte, le destitua aussitôt de la place qu'il venait d'occuper et d'usurper, et lui fit administrer comme gratification cent cinquante coups de plat de sabre. Deux dragons russes furent chargés de cette besogne, en attendant qu'on leur rendît à eux-mêmes un semblable service ; ils frappaient l'un après l'autre sur les reins et sur les épaules du malheureux fonctionnaire si subitement déchu, et qui, malgré ses douleurs, était obligé de compter lui-même, et tout haut, les coups qu'on lui appliquait si durement.

Enfin le supplice étant terminé, le patient s'approche de l'officier pour le remercier, car ainsi le veut la discipline militaire chez les Russes ; celui-ci le regardant d'un air courroucé lui adresse, pour toute réponse, un violent coup de poing sur la mâchoire. Le soldat se retire la bouche ensanglantée, le corps chancelant, et pour ainsi dire brisé. Quelques jours après, il avait déjà mérité et reçu le même châtiment.

Mais il est dans tous les temps et dans toutes les circons_tances, pour l'observateur et le curieux, des scènes remarquables et des tableaux de mœurs assez piquants. Quel singulier coup d'œil offrait cette foule de convives se restaurant au milieu de nos places, aux frais de la bonne ville de Nancy ! Les uns assis sur leurs talons, les autres debout, mangeant la soupe avec la fourchette, celui-ci avalant un morceau de lard avec le résidu d'un tabac exprimé dès la veille, et perdu dans les parois de sa mâchoire ; celui-là interrompant son festin pour se moucher avec ses doigts qu'il replonge sans cérémonie dans le plat commun, et sans causer le plus petit dégoût ni le moindre scandale parmi ses commensaux. Tout le monde sait que les officiers eux-mêmes se mouchaient de la même manière et s'essuyaient ensuite avec leur mouchoir.

Non loin de ces nombreux hôtes mangeant et digérant ainsi sans façon au milieu de nous, il en était un surtout qui fixait l'attention générale ; c'était un vieux cosaque de soixante-dix ans : une barbe grisâtre descendant jusque sur la poitrine ; un front chauve et proéminent au bas duquel s'enfonçaient deux yeux ardents comme deux charbons dans l'ombre ; des joues caves mais enluminées, des lèvres s'enfuyant dans une bouche ébréchée, tel était l'homme devant lequel on s'arrêtait complaisamment.

Assis à terre, le dos appuyé contre un mur (1), il tenait à deux mains un énorme jambon d'une très belle apparence et dont la chair devait être bien tendre, car il y faisait de larges entailles ; il le dévorait sans pain, tandis que son cheval, attaché par la bride aux barreaux d'une fenêtre, hennissait comme s'il eût voulu partager la grasse collation de son maître, ou lui reprocher son intempérance.

VI. — Quelques jours après, une nombreuse artillerie roulait pesamment sur les larges dalles qui formait alors le pavé de nos rues ; on la vit défiler pendant deux heures, s'étendant comme une longue chaîne de bronze, de la porte Saint-Nicolas à la porte de Toul. Même tristesse, même solitude. Ce n'était plus cette élan d'une foule empressée, se précipitant avec joie de sa demeure au moindre son de la trompette ou du tambour, lorsqu'un régiment français entrait par une de nos portes ; le roulement sourd et monotone des roues, confondu avec le pas régulier des chevaux, retentissait seul au milieu d'un lugubre silence. Qu'ils paraissent faibles et languissants, ces pâles artilleurs sur leurs chevaux harassés ! Enlevés aux rives d'Arkangel, d'Odessa, de Riga, aux champs de Moscou et d'Astrakan, de toutes les villes, de tous les hameaux, de tous les points du vaste empire du Czar, victimes résignées, ils payaient un tribut forcé aux despotiques ambitions qui se disputaient l'Europe. Eh ! que leur faisaient à eux la gloire, l'ambition et toutes les folles querelles des potentats ? Puissance aveugle, ils marchaient parce qu'on les poussait. Leurs huttes, leurs toits de neige, leur ciel glacial, la

(1) Cette scène se passait dans la rue de la Constitution, le cosaque était adossé au mur du bâtiment qui renfermait alors les bureaux de l'ancienne Préfecture.

charrue de leurs pères, voilà les seuls souvenirs qui agitaient leurs cœurs.

VII. — Quatre monarques séjournaient alors dans nos
murs : L'empereur Alexandre, remarquable par son modeste frac vert, par l'expression douce et calme de sa physionomie ; il était descendu à l'ancienne Préfecture, et occupait les salons où se trouve aujourd'hui le grand cercle.
L'empereur d'Autriche et le roi de Prusse habitaient le
palais du gouvernement ; le premier, grand, mince, efflan-
qué, portait un habit gris à longues basques ; le second,
d'une petite stature, avait le teint extrêmement coloré, la
moustache courte et noire. Le quatrième, logé chez M. St-G.
était Bernadotte, naguère frère d'armes de Napoléon, et qui
alors...

Un matin vers dix heures, le Czar, monté sur un superbe
cheval blanc et suivi d'un brillant état-major, allait visiter
son beau cousin, l'empereur d'Autriche. Arrivé devant le
péristyle du magnifique palais, Alexandre met pied à terre.
Aussitôt, du sein d'un petit groupe de curieux, une voix
s'élève et crie : Vivent nos bons princes ! C'était une espèce
de niais endimanché qui aurait aussi bien crié : Vive le
grand Turc ! A cette exclamation isolée et si peu attendue,
les spectateurs ne peuvent retenir un grand éclat de rire.
Mais un tout jeune aide de camp de la suite de l'empereur
se retourne, et jetant un coup d'œil sur les rieurs : « Monsieur, dit-il, en s'adressant au badaud, vous avez d'autant
plus de mérite, que vous êtes au milieu de la canaille ! » A
cette insolente apostrophe, une muette indignation se pei-
gnit sur tous les visages ; plus d'un cœur bondit de cour-
roux ; mais que peut la force de l'âme contre la force matérielle et brutale ? Chacun se demandait où était le mérite
de cet homme qui faisait des vœux pour les ennemis de la

France ; et quelle reconnaissance, quel amour on devait vouer à ceux qui infestaient le pays, et nous écrasaient d'un impôt de 500 millions !

VIII. — Je ne puis résister au désir de terminer mon récit par une petite anecdote assez plaisante, mais qui a causé à l'auteur de ce récit une sensation telle que le souvenir ne s'en est jamais effacé de sa mémoire. C'était en 1815 ; l'auteur jouait tout enfant sur le seuil de la maison, deux dragons russes viennent à passer ; derrière eux suivait un long troupeau d'oies : Tiens, voilà tes frères, dis-je à l'un d'eux, en lui montrant du doigt les bipèdes qui clapotaient dans la boue. La comparaison n'était pas flatteuse, je l'avoue ; mais pouvais-je m'imaginer qu'elle serait sentie, ou qu'elle piquerait son humeur nationale ? Aussitôt je vois un sourire malin paraître sur la figure de celui que j'avais si courtoisement apostrophé ; il regarde son camarade, lui fait un signe d'intelligence, lui glisse doucement la bride de son cheval, et descend d'un air sournois et mystérieux. Je compris le châtiment qui me menaçait ; le Russe dégageait son pied de l'étrier lorsque je pris mon essor et m'enfuis comme le vent. Je fus bien inspiré, car l'ennemi me poursuivait à six pas, le knout à la main. J'entendais derrière moi les sifflements de sa respiration précipitée et le bruit de ses bottes qui retombaient sur le pavé comme ces pièces de bois ferrées dont on se sert pour enfoncer les dalles. Qui pourrait exprimer la terreur qui m'agitait ? Je courais en aveugle ; j'aurais franchi tout obstacle. Chacun regardait, curieux de connaître le dénouement de cette scène ; mais personne ne songeait à m'ouvrir une porte de salut ou à me prendre sous sa protection : d'ailleurs, c'eût été peut-être trop de dévouement. Enfin au bout de trois minutes, le Russe s'arrêta, essoufflé et vaincu.

Connaissant par expérience combien un cosaque peut être susceptible, je ne fus plus tenté d'établir désormais aucun point de ressemblance entre cette race chatouilleuse et un être quelconque du genre animal.

CONCLUSION

Quelques pensées et réflexions
d'un vieux Nancéien.

A la suite des pages historiques et presque locales que
le lecteur vient d'avoir sous les yeux, et qui ont été puisées
à des sources sûres, je ne veux cependant pas m'arrêter
brusquement, sans avoir donné à mes compatriotes un
aperçu de mes impressions personnelles sur la vie d'autrefois comparée à celle de nos jours.

Qu'était donc à cette époque la vie de famille dans toute
l'acception du mot ? Les voyages étant difficiles, coûteux
et rares, on ne se disséminait pas comme aujourd'hui ; les
liens qui existaient n'en demeuraient que plus affectueux
et plus étroits, partant les mœurs et les habitudes plus
régulières. On dînait généralement à midi, et on soupait à
sept heures. A huit heures du soir, la Ville éclairée par ses
lanternes à huile, était plongée dans le calme le plus profond, troublé seulement parfois par le roulement de la malle-
poste, des diligences et autres voitures de messageries.

On n'allait guère dans les cafés qui, à cette époque,
étaient assez rares et généralement très peu fréquentés ;
on se dissimulait le plus possible, en passant par un cou-
loir avoisinant l'établissement. Les femmes n'allaient pas
dans ces lieux publics, et ce ne fut que beaucoup plus tard
que le locataire du café de la Comédie fit construire sous
le péristyle du théâtre un fort joli salon dans lequel il était
interdit de fumer, et qui était réservé aux dames de la
ville, accompagnées de leurs maris et venant y consommer

des glaces et des sorbets, pendant la belle saison ou pendant les entr'actes du théâtre. On se couchait généralement assez tôt, et la police avait rarement à intervenir, les établissements publics étant fermés de bonne heure.

Vers l'année 1830 et après, existait une entreprise de transports que l'on appelait vulgairement le roulage. En allant faire une promenade dans les faubourgs des Trois-Maisons, Saint-Pierre et Saint-Georges, il était facile de remarquer devant certaines auberges spéciales de longues files de voitures, qui stationnaient quelquefois une grande partie de la journée et de la nuit. Ces voitures à quatre roues et attelées d'un cheval, encombraient très souvent nos grandes routes, et s'obstinaient à occuper le milieu de la voie, ce qui amenait parfois des difficultés. Les rouliers avaient un service pénible, puisqu'il leur fallait suivre presque constamment à pied leurs équipages ; en revanche, ils ne se laissaient manquer de rien, vivaient plantureusement et à fort bon compte. Je me rappelle notamment d'un certain soir, où en compagnie de trois de mes amis, nous nous acheminâmes vers 7 heures du soir vers la grande auberge de l'Agriculture, tenue alors par Bénier-Chabod, et qui était le quartier général de messieurs les rouliers, à l'angle de la rue de la Prairie, aujourd'hui hôpital civil. On entrait dans une immense cuisine avec cheminée antique ; au devant, nn énorme fourneau couvert de casserolles et de marmites de toutes dimensions exhalant une bonne odeur de cuisine bourgeoise ; tout cela tenu avec la plus grande propreté. On passait ensuite dans la salle à manger, pièce tout aussi grande que la cuisine, mais de plus lambrissée avec d'énormes armoires pratiquées dans le mur. Des tables et des bancs, ni nappes, ni serviettes, couverts en fer battu. Mais quelle cuisine et quel souper !

Je détaille : une énorme tourte servie toute chaude, excellente, bien composée et bien comprise, vraiment cuite à point ; après cela, de très bonnes pommes de terre en ragout, puis un morceau de veau bien rôti et baignant dans son jus naturel, enfin une salade délicieuse, le tout terminé par un véritable dessert bien complet, arrosé par une excellente bouteille de véritable vin de pays, bouché solidement depuis longtemps déjà. Chacun absorba facilement le contenu de sa bouteille, et le pain de ménage si savoureux et si nourrissant fut donné à discrétion.

Nous demandâmes le prix de la carte à payer ; il s'élevait à 1 fr. par personne, nous en fûmes ahuris et y retournâmes plusieurs fois. Nous éprouvions un véritable plaisir à voir nos voisins de table dévorer avec avidité les mets qui leur étaient servis, essuyer longuement leurs lèvres avec un air de satisfaction que nous partagions franchement avec eux.

A côté de cela, je dois encore ne pas passer sous silence les dragons de la Seille ! Ne vous effrayez pas, cher lecteur, les dragons que je vais avoir l'honneur de vous présenter ne sont pas bien terribles, car c'est sous cette dénomination que l'on désignait, il y a quarante ou cinquante ans, nos braves et laborieux cultivateurs de la riche vallée nommée la Seille. On leur avait donné le nom de Dragons, parce qu'à cette époque déjà lointaine, riches ou pauvres portaient uniformément la petite veste en droguet vert, avec petites poches. Les jours de marché on les voyait arriver sur leurs gros chariots à quatre roues, assis sur les piles de sacs de blé et autres denrées. On se rendait à la halle aux blés, près la porte Saint-Georges, où avait lieu généralement la réunion des cultivateurs, c'était là que s'établissait le taux des mercuriales. Les apéritifs et autres

denrées de la même catégorie étaient complètement inconnus ! La santé n'en était pas plus mauvaise pour cela. On
consommait des produits de bien meilleure qualité et la
santé n'en était que plus florissante.

Après avoir pris chez leurs propriétaires, ou dans une
bonne auberge, un repas substantiel, ils remontaient sur
leurs chariots et s'en retournaient dans leurs villages, en
traversant des chemins difficiles et parfois dangereux.
Dans les grandes et riches familles, les fermiers étaient généralement regardés et considérés comme les enfants de la
maison. Ils avaient place à la table du maître, et souvent
accompagnés de la laborieuse fermière, ils venaient régler
leurs fermages en argent et en nature. On apportait alors
des jambons bien fumés, de succulents pâtés de village qui
avaient bien leur mérite, de bonnes volailles grasses, des
gâteaux dorés, une espèce d'échaudés spéciale à la Seille
et que l'on consommait avec plaisir, car tous ces aliments
étaient confectionnés avec des ingrédients de premier
choix.

Au milieu des incertitudes et des tristesses de l'heure
présente, il est parfois bon de se rappeler le temps déjà si
éloigné de nous, et qui devrait cependant nous fournir bien
des enseignements !

J'ai éprouvé parfois un charme indéfinissable à me transporter par la pensée, pendant des heures entières dans le
silence du cabinet, au milieu de tous les miens, dont la
mémoire me sera toujours très chère.

Que nous réserve l'avenir ? Dieu seul le sait.

LISTE ALPHABÉTIQUE DES SOUSCRIPTEURS

MM.

AULNOIS (Mme Edmond des), 6, place d'Alliance.

ADAM (Mme Veuve Emile), née Lacour-Beurné, 27, rue Victor-Hugo.

ALLAIN (Mme Marie), née Pelgrin, 7, rue des Carmélites, à Guingamp (Côtes-du-Nord).

ADAM (Mme Alfred), 17, rue des Trois-Villes, à Epinal (Vosges).

ALSACE (le Comte d'), prince d'Hénin, député des Vosges, au Château de Bourlémont, par Neufchâteau (Vosges).

AMBROISE, docteur en droit, avoué près le Tribunal civil de Lunéville.

ANDRÉ (Mlle Marie), 17, rue Banaudon, à Lunéville.

ANDRÉ père, ancien entrepreneur, 6, rue du Manège.

ARNOULD (Lucien), lieutenant au 69e régiment d'Infanterie de ligne, Nancy.

ASCHER (A.), et Co, libraires, 13, Unter den Linden, à Berlin.

AUBRY (Albert), 6, avenue Hoche, Paris.

BOLLEMONT (Alfred de), Château de Ste-Lucie, à Rambervillers (Vosges).

BOPPE (Lucien), ancien Directeur de l'Ecole Forestière, 27, rue de la Commanderie.

BEAUDETTE (Amédée), employé de commerce, 80, rue Charles III.

BEUGNET (l'abbé), Professeur au Grand Séminaire de Nancy.

BASTIEN, conducteur des ponts-et-chaussées, 47, faubourg Stanislas.

BAZOCHE, notaire honoraire à Commercy, à Ménil-aux-Bois, par Sampigny (Meuse).

BERLET (Charles), 8, place d'Alliance.

BOURGON (Désiré), architecte, 6, cours Léopold (deux exempl.).

BACOURT (le Comte Etienne Fourier de), 56, rue Cortambert, à Paris.

BERNARD de JANDIN, ancien magistrat, 16, rue Montesquieu.

BRINCOURT (J.-B.), 2, rue Blanpain, à Sedan (Ardennes).

MM.

BRIOT (l'abbé), curé-doyen de la basilique de St-Epvre, 6, rue des Loups.

BARBAS (le Commandant), 26, rue Désilles.

BOPPE (le Commandant Paul), 40, rue de Toul.

BUFFET (Aimé), Inspecteur général des ponts-et-chaussées en retraite, 46, quai Henri IV, à Paris.

BERGER (Philippe), membre de l'Institut, professeur au Collège de France, 3, quai Voltaire, à Paris.

BRIEL (l'abbé), curé de la paroisse St-Gengoult, à Toul.

BEAUPRÉ (le Comte Jules), 18, rue de Serre.

BAUFFREMONT (le Prince Duc DE), 87, rue de Grenelle, à Paris.

BABIN (le Colonel), 97, rue Saint-Georges.

BERTRAND (l'abbé), aumônier de la maison des Orphelines.

BENOIT (l'abbé), aumônier du Cercle catholique d'ouvriers, rue Drouin.

BOURGOGNE (Frédérik DE), propriétaire à Lamarche (Vosges).

BICHELBERGER (P.), à Etival (Vosges).

BARTHÉLEMY (François), de l'Académie de Stanislas, 61, rue de Rome, à Paris.

BUTTE (Edouard), ancien maire de Malzéville.

Le R. P. Prieur de la Chartreuse de Bosserville.

BERTHE DE POMMERY (Amédée), à Boudonville.

BARBEY (G.), 5, rue Ste-Catherine.

BOUR (Edouard), propriétaire, 127, rue St-Dizier.

BOURGEOIS (Jules), à Sainte-Marie-aux-Mines (Alsace).

BOUR (Adrien), 12, rue d'Alliance.

BONVALOT (B.), place des Vosges, à Paris.

BAROTTE (Léon), artiste peintre, 23, rue de l'Equitation.

BERGERET, Imprimerie artistique de l'Est, 63, rue des Jardiniers.

BADEL (Emile), professeur d'histoire, rédacteur à l'*Est Républicain*, 51, rue St-Dizier.

BENOIT-GÉNY (Auguste), avocat à la Cour d'Appel, 49, rue Stanislas.

BRAUX (le Baron PIAT DE), à Boucq, par Foug (Meurthe-et-Mos.).

BIZEMONT (le Vicomte DE), au Tremblois, par Bouxières-aux-Chênes.

CHATTON (l'abbé E.), curé de Remenoville.

COLLIN-St-MICHEL (H.), à Jéricho-Malzéville.

CONRARD (Charles), propriétaire, 21, rue de l'Eglise, à Malzéville.

COANET (Emile), 2, rue Lafayette.

CÓETLOSQUET (Maurice DU), à Rambervillers (Vosges).

MM.

CHAMBRUN (Mme la Vicomtesse DE), 6, place d'Alliance.

COURNAULT (Charles), rue de la Rivière, à Malzéville.

CARRIER (l'abbé), Chanoine honoraire, curé-doyen de St-Nicolas de Port.

CHARLOT (Alexandre), ancien juge au Tribunal Civil, 5, rue des Dominicains.

COURCEL (Valentin DE), à Montcourcel, par Athis-Mons (Seine-et-Oise).

COULON (Mme), née Mathilde Varin, 69, rue des Aubépines, à Bois Colombe, près Paris.

COLIN (l'abbé), curé de Virecourt, par Bayon.

COLIEZ (Emile), docteur en médecine, à Lonwy-Haut.

CHÉRY (Louis), Inspecteur du travail industriel, 6e section, 20, rue Ste-Marie.

CHAPELIER (l'abbé), curé-doyen de Lamarche (Vosges).

COLLOT (l'abbé), curé de Saulxures-les-Nancy.

CLANCHÉ (l'abbé G.), professeur à l'école St-Léopold, 26, rue de la Pépinière.

COLLENOT (Félix), ancien magistrat, 9, rue d'Alliance.

CHARLEMAGNE (le chanoine), supérieur général des Sœurs de la Doctrine Chrétienne.

CLOUD (Victor), 30, Grande-Rue, à Blâmont (Meurthe-et-Moselle).

CRÉPIN-LEBLOND (Alfred), imprimeur, 21, rue St-Dizier.

CREVOISIER D'HURBACHE (René DE), avocat à la Cour d'Appel, 7, rue Mably.

CHRISTOPHE (Mme C.), à Ménil-la-Tour, par Toul.

CHAVET (Mme Veuve), 3, rue de Passy, Trocadéro, à Paris.

DUMONT (Paul), bibliothécaire universitaire, 17, place de la Carrière.

DANNREUTHER (H.), pasteur de l'Eglise réformée de Bar-le-Duc, 7, rue de la Fayencerie, Nancy.

DENIS (Albert), conseiller général, maire de la ville de Toul.

DENIS (Paul), conseiller général, président du Tribunal Civil de Toul.

DASSIGNY (Joseph), à Mirecourt (Vosges).

DEHAN (Léon), étudiant en droit, 11, rue du Montet, Nancy.

DUBAIL-ROY, secrétaire de la Société Belfortaine d'Emulation, 42, faubourg de Montbéliard, Belfort.

DUCRET (C.), Chemin des Prés, Nancy.

DOMGERMAIN (le Comte DE), 3, rue de Lille, à Paris.

DÉBUISSON (Eugène), à Bayon (Meurthe-et-Moselle).

MM.

DUFOUR (l'abbé), curé-doyen de St-Pierre, rue de Strasbourg.

DIDIER-LAURENT (l'abbé), curé de Thiéfosse (Vosges).

DIGOT (Mme Veuve Auguste), 52, rue St-Georges, Nancy.

DONNET (Fernand), administrateur de l'Acad. Roy. des Beaux-Arts, président de l'Ad. Roy. d'archéologie de Belgique, Anvers, 33, rue du Transvaal.

DIOT (Eugène), ancien receveur municipal, 2, place Carnot, à Nancy.

DRYANDER (Edgard), 34, rue de la Ravinelle, à Nancy.

ELIE, inspecteur des eaux et forêts, à Neufchâteau (Vosges).

ELIE-LESTRE, ancien officier de cavalerie, 43, cours Léopold.

FOUCAULT (Sa Grandeur Monseigneur), évêque de Saint-Dié (Vosges).

FLORANGE (Jules), expert en médailles, 21, quai Malaquais, à Paris.

FRUMINET (l'abbé P.), chanoine, curé-archiprêtre de St-Jacques, à Lunéville.

FRIOT (le Dr Albert), conseiller général et municipal, 16, rue St-Nicolas.

FROMENT (A.), ancien magistrat, 24, rue d'Ambrail, à Epinal.

FRACHET (Victor), préposé d'octroi, rue de l'Equitation.

FOURNIER (le Dr A.), à Rambervillers (Vosges).

FISSOT (le R. P.), Prieur des Dominicains, 4, rue Crevaux.

GOURCY (M. le Comte X. DE), château de Luz, par Baccon (Loiret).

GEOFFROY (M. le chanoine), curé de la Cathédrale, 6, rue des Chanoines.

GOUY DE BELLOCQ-FEUQUIÈRES, 3, rue d'Alliance.

GOUY (le lieutenant-col. d'état-maj. Léon), 85, boulevard Beauvoisine, à Rouen.

O'GORMAN (M. le Comte), 19, rue St-Dizier.

GALLÉ (Emile), industriel, 39, rue de la Garenne.

GUYOT (Arthur), correcteur d'imprimerie, 40, Chemin du Stand.

GEORGE (l'abbé A.), curé de St-Max, près Nancy.

GENTAIRE (l'abbé), curé de Malzéville.

GEGOUT (Bernard), à Vézelise.

GANDOIN (Charles), professeur de musique, 35, quai Isabey.

GERVAIZE, avocat, député de Meurthe-et-Moselle.

GENAY (Paul), cultivateur à Bellevue-Chantcheux, près Lunéville.

GARDEIL (Eugène), professeur de droit criminel à l'Université de Nancy, 15, rue de la Commanderie.

GARNIER, ancien juge au Tribunal Civil, 8, rue de la Source.

GUILLAUME, notaire honoraire, à Vézelise.

MM.

GAIGNEPAIN, préposé en chef de l'octroi municipal, rue de l'Equitation.

GANDELET (M. le Comte Albert), chambellan de S. S. Léon XIII,
15 *bis*, rue d'Alliance.

GENAY (Ferdinand), architecte-inspecteur du Gouvernement, 38,ter-
rasse de la Pépinière.

GOMIEN (Paul), sous-intendant militaire en retraite, 1, rue Sainte-
Catherine.

GRILLOT père, industriel, rue des Jardiniers, maison Chatton.

GEORGE (Sébastien), propriétaire, 59, rue Sadi-Carnot, à Malzéville.

GUYOT (Charles), directeur de l'Ecole Nationale Forestière, 12, rue
Girardet.

GIRONCOURT (Regnard DE), conducteur principal des ponts-et-
chaussées, 5, rue Désilles.

GUÉRIN, adjoint au maire, 53, rue Charles III.

GÉRARD (l'abbé), chanoine de la Collégiale de Bonsecours †.

GROSJEAN (Mme Nicolas), 26, rue Héré.

GERMINY (le Comte Marcel Le Bègue DE), 51, rue de Miromesnil, à
Paris.

JACQUOT (Th.), 16, rue Lepois.

JACOB, archiviste du département de la Meuse, à Bar-le-Duc.

JÉROME (l'abbé), professeur au Grand Séminaire de Nancy.

JACQUOT (Albert), luthier, 19, rue Gambetta.

JOYBERT (Mme la Baronne DE), au château de Saulxures-les-Nancy.

JACQUES (l'abbé), directeur du collège de la Malgrange, par Jarville.

KESLING (Mme la Baronne DE), 17, rue de Guise.

KIEL-ZAEGEL (M. et Mme), 1, rue Lionnois.

KERN (l'abbé Louis), préfet de discipline, St-Pierre Fourier, à
Lunéville.

KINNEL (Pierre), employé de Banque, 2, rue des Ponts.

HAY (Eugène), receveur particulier des contributions indirectes,
Salines de Varangéville.

HUN (D.), publiciste, rédacteur du journal le *Vosgien*, 22, rue Jeanne-
d'Arc, à Epinal.

HEITZ, percepteur des contributions directes, à Vézelise.

HENRY (l'abbé), à St-Firmin, par Tantonville.

HAUSEN (D'), Château de Ste-Marie, par Blâmont (Meurthe-et-
Moselle).

HAMONVILLE (le Baron Louis D'), au Château de Manonville, par
Noviant-aux-Prés.

MM.

HILLIER (Henri DE St-), capitaine au 18e chasseurs, 11, rue de la
Villette, St-Germain en Laye.

HAUSSONVILLE (le Comte D'), de l'Académie française, ancien
député, 32, rue St-Dominique, Paris.

HOUOT, notaire, 114, rue St-Dizier.

HENNEZEL (le Comte D'), à Villers-les-Nancy.

HUMBERT, loueur de voitures, rue des Fabriques.

JEAN (l'abbé Louis), curé de Château-voué et de Wuisse, par Ham-
pont (Lorraine).

LUXER, président de Chambre à la Cour d'Appel, 15, rue Lepois.

LECOQ (Eugène), vérificateur à la Cie des chemins de fer de l'Ouest,
rue de l'Eglise de Vaucelles, 16, à Caen (Calvados).

LALLEMAND (l'abbé Paul), profess. de seconde, St-Pierre-Fourier,
à Lunéville.

LANDRIAN (le Comte DE), 7, rue Bailly.

LOUIS (Albert), chimiste aux Hauts-Fourneaux de Jarville, 4, rue
des Ponts, à Nancy.

LHOTE (l'abbé), chanoine honoraire, professeur au Grand Séminaire
de St-Dié.

LARDEMELLE (DE), colonel du 79e régiment d'infanterie, 7, rue du
Manège.

LECOMTE (Paul), ancien inspecteur général des Eaux et Forêts, 2, r.
d'Alsace-Lorraine, à Malzéville.

LECOMTE (Maurice), architecte, 74, rue Charles III.

LEMOINE (le Père), recteur des Rédemptoristes, à Saint-Nicolas de
Port.

LORTA, directeur des Contributions indirectes à Bar-le-Duc (Meuse).

LACOMBE (l'abbé), professeur de rhétorique, à l'Institution Saint-
Pierre-Fourier, à Lunéville.

LORRAIN (l'abbé), doyen du Chapitre de la Cathédrale, place de la
Cathédrale.

LACOUR (l'abbé), chanoine honoraire, aumônier de Ste-Rose, 13, r.
du Manège.

LANGLARD, directeur d'assurances, 30, rue des Tiercelins. †.

L'HOSTE (Louis), conseiller d'arrondissement, maire de Hattonchâ-
tel, par Vigneulles (Meuse).

LONDEIX (Victor DE), à Vandelainville, par Onville (Meurthe-et-
Moselle).

LAHALLE (Mlle Sidonie), 31, rue Toussaint Verneau, Thorigny, par
Lagny (Seine-et-Marne).

LARGUILLON (le Commandant), faubourg St-Georges, 43.

LAMBERTYE (le Comte Gaston DE), 6 *bis*, rue du Haut-Bourgeois.

MM.

LUZOIR (Henri), surveillant général, lycée Lakanal, Sceaux (Seine).

LALLEMANT (Mme Louis), 27, rue de la Pépinière.

LAMBERTYE (le Marquis DE), au Château de Cons-la-Grandville.

LEFEBVRE (Henri), de la Société d'Archéologie lorraine, 17, rue de Rigny.

LEDERLIN (E.), doyen de la Faculté de droit, 12 *bis*, faubourg Stanislas.

LUDRE (le Comte FERRI DE), au Château de Ludres, par Flavigny-sur-Moselle.

MESSIN (l'abbé Victor), supérieur de l'Institution St-Pierre-Fourier, à Lunéville.

MATHIS DE GRANDSEILLE (René), au Château de Grandseille, Verdenal, par Blâmont (Meurthe-et-Moselle).

MARTIN (l'abbé Eugène), professeur à l'école Saint-Sigisbert.

MORIN (Eugène), préposé d'octroi, 60, rue de Mon-Désert.

MENGIN (Henri), bâtonnier de l'Ordre des Avocats, 8, r. Lafayette.

MARCHAL (le Dr Eugène), ancien adjoint au maire de Nancy, 23, r. St-Michel.

MARTZ (René), conseiller à la Cour d'Appel, 34, rue des Tiercelins.

MATHIEU (Ernest), 11, rue St-Nicolas.

MARTON (l'abbé), chanoine titulaire de la Cathédrale, 4, place d'Alliance.

MALCÉ (J.), rentier, 7, rue de la Ravinelle.

MISCAULT (H. DE), 5, rue d'Alliance.

MORQUIN (le Capitaine Lucien), 149e rég. d'infanterie, au fort du Parmont, par Remiremont.

MONT (Pierre DE LALLEMAND DE), ancien secrétaire général de Préfecture, 1, rue Girardet.

MILLERY (Eugène), chimiste aux Hauts-Fourneaux de Jarville, 33, r. du Montet.

MARCOT (Léopold), ancien maire de Réméréville, 13, Grande rue Ville-Vieille.

MARCOT (René), conseiller municipal, 13, rue de la Ravinelle.

MARTIN (l'abbé), chanoine honoraire, supérieur du Petit Séminaire de Pont-à-Mousson.

MÉZIÈRES (Alfred), député, membre de l'Académie française, 57, boulevard St-Michel, Paris.

MAHUET (le Comte Antoine DE), 38, rue Gambetta.

MARINGER, conseiller général, maire de Nancy, 36, rue du faubourg St-Jean.

MONARD (le Général DE), commandant le 20e corps d'armée, palais du Gouvernement.

MM.

MUEL (l'abbé), aumônier de l'hôpital de Toul.

MONTJOIE (Amédée DE), au Château de Lasnez, par Villers-les-Nancy.

MAXANT (Eugène), ancien greffier à la Cour d'Appel, 161, r. Saint-Dizier.

MIRGUET (l'abbé), curé-doyen de Liverdun.

MICHAUT (G.), 18, rue de la Gare, à Lunéville.

MARCHAL (l'abbé Jules), chanoine honoraire, curé de Mattaincourt (Vosges).

MARCHAL (Mᵐᵉ Hortense), propriétaire et rentière, à Jarville.

MARCHAL, dessinateur au chemin de fer de l'Est, 42 *bis*, rue de Toul (4 Exemplaires).

MAUGRAS (Émile), directeur des Salines de Varangéville (Saint-Nicolas de Port).

MANGENOT (l'abbé), professeur au Grand Séminaire de Nancy.

MEIXMORON DE DOMBASLE (Charles DE), 19, rue de Strasbourg.

MOREAU (A.), brasseur à Vézelise.

LOUYOT (l'abbé Paul), professeur à l'Ecole St-Léopold, Nancy.

NIPPERT, sous-directeur de la Providence, 32, rue des Tiercelins.

NANQUETTE, ancien directeur de l'Ecole Forestière, à Revin (Ardennes). (2 exemplaires.) †.

NOEL (Lucien), à la Tour, commune de St-Max, par Nancy.

Mᵐᵉ la Supérieure de la Maison des Orphelines.

OLIVIER (l'abbé), professeur au Petit Séminaire de Châtel-sur-Moselle (Vosges).

OTTENHEIMER (Jules), rentier, 7, rue des Carmes, Nancy.

PUTON (Bernard), procureur de la République, à Remiremont.

PAPELIER (A.), député de Meurthe-et-Moselle, aux Docks Nancéiens.

PARISOT (Robert), ancien officier, professeur au Lycée, 29, rue Exelmans, Bar-le-Duc.

PIERFITTE (l'abbé), curé-doyen de Portieux (Vosges).

PHILBERT (l'abbé Charles), curé de Bezange-la-Grande, par Arracourt.

PIERSON (Martin), sculpteur statuaire, à Vaucouleurs (Meuse).

PETIT, receveur de l'Enregistrement en retraite, 15, place d'Armes, à Verdun (Meuse).

PIERSON DE BRABOIS, au Château de Villers-les-Nancy.

PARISET, professeur-adjoint à la Faculté des Lettres, 15, rue St-Lambert, à Nancy.

POUPART, ancien notaire, 7, rue Pierre-Fourier, à Nancy.

MM.

POULET (Henry), chef du secrétariat du président de la République, 34, avenue du Trocadéro, Paris.

PERNOT (Ch.), maire de Tramont-Emy, par Vandelainville.

PARISOT (l'abbé), curé de Villers-les-Nancy.

PAQUET, percepteur de la 1re division, contributions directes, rue Ste-Anne.

PÉROT (Emile), intendant militaire en retraite, 14, rue St-Léon.

PASSERAT (Hubert), inspecteur des Domaines en retraite, à Bar-sur-Aube (Aube).

PIERRE (Paul), professeur de dessin, passage du Casino. †.

PERNOT (l'abbé), curé de Germiny, par Colombey-les-Belles.

PICARD (l'abbé), chanoine titulaire de la Cathédrale de Nancy,117, rue St-Dizier.

PRÉVOT (Emile), employé de commerce, 14, rue La Salle.

PFISTER (Charles), professeur à la Faculté des Lettres, 11, rue du Bastion.

Le Préfet de Meurthe-et-Moselle, pour le département.

PRÉTOT (l'abbé), curé de Buissoncourt, par St-Nicolas de Port.

POIRSON (J.), administrateur des Docks nancéiens, à Nancy.

QUINTARD (Léopold), président de la Société d'Archéologie lorraine, 30, rue St-Michel.

REMY (le Dr), 42, rue des Quatre-Eglises.

FERDINAND DES ROBERT, de l'Académie de Stanislas, 20, quai Claude-le-Lorrain.

RAVINEL (le Baron DE), Château de Villé, par Rambervillers (Vosges). (2 Exemplaires.)

RAGUEL (Fernand), notaire, adjoint au maire, à Châtel-s.-Moselle) (Vosges). (2 Exemplaires.)

ROUSSEL (Emile), secrétaire en chef de la mairie, pour les archives. (5 Exemplaires.)

RICHARD (l'abbé), curé de Crévic.

RECOUVREUR (Adrien), artiste peintre, 48, rue des Capucins, à Commercy (Meuse).

RENAULD, avoué à Bar-le-Duc, 154, rue des Quatre-Eglises, Nancy.

REUSS (E.), inspecteur des Forêts, 7, rue Carnot, Fontainebleau (Seine-et-Marne).

ROBERT (Louis), dessinateur, 15, rue de la Poterne, à Pont-à-Mousson.

SADOUL, docteur en droit, directeur de la Cie d'assurances « La Générale », 57, rue Stanislas.

SIETTE, comptable, 26 *bis*, rue Jean Lamour. †.

MM.

SIMONIN (Prosper), ancien conseiller à la Cour d'Appel, 36, place de la Carrière, Nancy.

SIMOUTRE (le chanoine), professeur au Grand Séminaire de Nancy.

SIDOT (Nicolas), libraire, 3, rue Raugraff.

SIMONIN (Fernand), ancien magistrat, 29, rue des Carmes.

STOLL (Eugène), commis des postes et télégraphes, 63, rue des Jardiniers.

SCITIVAUX DE GREISCHE (DE), Château de Remicourt, à Villers-les-Nancy.

SCHNÆBELÉ (Guillaume), ancien professeur, 69, rue des Quatre-Eglises.

THOMAS (Mlle Blanche), aide des postes et télégraphes au bureau de Malzéville.

TEILLOY (Alexandre DE ROCHE DU), vice-président de l'Académie de Stanislas, 5. rue de Rigny.

TONNELIER (Léon), ancien négociant, 13, rue du Pont-Mouja.

TONNELIER (Eugène), avocat, directeur d'assurances, 102, r. Stanislas.

TONNELIER (Léon), homme de lettres, 22, rue des Carmes.

TURINAZ (Sa Grandeur Monseigneur), évêque de Nancy et de Toul.

VIENNE (Henri DE), ancien magistrat, 6, rue d'Alliance.

VESQUE (Edmond), ancien pharmacien, 43, sur la Carrière.

VOSGIEN, vicaire génér. honor.,supér. du Grand Séminaire de Nancy.

VILLEMIN (Paul), avocat à la Cour d'Appel, 2, rue La Salle.

VOINOT (l'abbé Charles), vicaire général du diocèse, à l'Evêché.

VINCENT (Louis), instituteur stagiaire, école primaire supérieure, aux Cordeliers.

VAGNER (l'abbé Auguste), curé de Ludres (Meurthe-et-Moselle).

VAUGIRAUD (le Marquis DE), au Château de Montaigu, Jarville.

VAXELAIRE-PIGNOT & Cie, négociants, rue St-Dizier.

VINCENT (l'abbé), curé de la paroisse St-Georges, chanoine de Nancy et d'Angers.

VOSGIEN (Lucien), négociant, 101, rue St-Dizier.

VERCLY (DE), 5, rue d'Alliance. (2 Exemplaires.)

VIARD (le Baron), 18, rue de Serre.

XARDEL, ancien président de la Chambre de Commerce, à Malzéville.

WARREN (le Comte Lucien DE), 3, place de l'Arsenal, à Nancy.

WÉBER (Félix), 23, Grande-Rue Ville-Vieille.

WATRINET, instituteur en retraite, 8, cours Léopold, à Nancy.

WIENER (Lucien), conservateur du Musée lorrain, 28, rue de la Ravinelle.

ZEILLER (Paul), 92, rue de Viller, à Lunéville (Meurthe-et-Moselle).

TABLE DES MATIÈRES

Nancy. — A. Crépin-Lebloxd, Imprimeur, 21, rue St-Dizier.